Die Stadt und ihre Würze

Ernst Köhler
Die Stadt und ihre Würze

**Für Rolf Pape

© 1983–2024, Ernst Köhler
Alle Rechte vorbehalten.

Erstauflage 1983 Verlag Klaus Wagenbach
Bamberger Straße 6, 1000 Berlin 30
Umschlaggestaltung Rainer Groothuis
Fotografien Stephan Hallmann

Für die Abbildungen auf den Seiten 86 und 103 danken wir der MAGGI
GmbH für die freundliche Abdruckgenehmigung.
ISBN 9783803120977

Inhalt

Vorbemerkung

Die zum zweiten Mal zerstörten Städte, die zerbaute Oberfläche der Bundesrepublik: das ist ein zäher Stoff, der sich der literarischen, der »schönen« Darstellung leicht entzieht. Wenn von dieser verschandelten Realität die Rede ist, dann meist in Analysen, die so trocken sind wie ihr Gegenstand.

»Ich behaupte, man kennt Singen im Prinzip schon, wenn man einmal durchgefahren ist. Das meiste hat man schon einmal irgendwo gesehen, und von der Oberfläche kann man ohne weiteres auf den Kern schließen.« Das Buch Ernst Köhlers handelt, wenn man will, von Singen am Hohentwiel; und ohne daß es von der entschiedenen Härte dieses Urteils an irgendeiner Stelle auch nur das geringste zurücknehmen würde, gelingt ihm doch etwas Überraschendes: Es erzählt unverwechselbare Geschichten über diese Stadt ohne Kontur, über die Menschen, die darin leben, und ihre sichtbaren und weniger sichtbaren Querelen. Der Leser merkt sehr schnell, daß er Singen noch nicht kennt - und mithin die Stadt nicht kennt, die er bewohnt.

Der sozialkritische Blick war in den vergangenen Jahren oft mit Schlichtheit geschlagen: Er deckte die oberen Machenschaften auf und vermutete unten geprellte Güte. Er war in gewisser Weise manichäisch: Er sonderte die Verantwortlichen vom gewöhnlichen Leben ab, siedelte sie über dem Alltag an. Die Darstellung des politischen Drahtziehens und die des täglichen Lebens blieben getrennt, das Ganze leblos: Man erfuhr, daß Lebens- und Entfaltungsmöglichkeiten beschnitten werden, erfuhr auch, wie das eingefädelt wird - nichts aber wurde darüber gesagt, wie und warum es *funktioniert*. Und die Rede vom ›Konsens‹, die dann zuweilen anhebt, führt auch nicht weiter: Denn man weiß ja nicht, ob es aktiver Konsens, Duldung oder - das ist sicher das wahrscheinlichste - eine Mischung aus Zustimmung, Läßlichkeit, Renitenz und Wut ist.

Ernst Köhlers Blick ist neugierig und böse. Das Monströse unserer Städte nimmt er als schriftstellerische Chance: Die darin leben, beschreibt er als Wesen von einem fremden Stern. Damit wird alles neu und unbekannt. Andere Beschreibungen betonen gerne die säuberliche Schnittlinie zwischen denen da oben und uns da unten. Köhler interessiert sich mehr für die Schnitte, die durch alle einzelnen hindurchgehen: Er sucht nach dem *Ensemble* bildender und deformierender Kräfte. Wie kommt es, daß ein fortschrittlicher Gewerkschafter zur Feindschaft gegenüber Minderheiten neigt? Wie ist es einem großen Betrieb gelungen, die nationalsozialistische Betriebsgemeinschaft unmerklich in das zu überführen, was Partnerschaft genannt wird? Warum hat es funktioniert und warum gab und gibt es dennoch Renitenz? Warum versteckt sich eine erfolgreiche Bürgerinitiative hinter Argumenten ökonomischer Vernunft, die bei der anderen Seite ausgeliehen sind? Warum lastet der Schatten der Arbeit so schwer auf Arbeitslosen, daß sie in Selbsthilfe etwas Minderwertiges sehen?

Köhlers Buch - einem Mosaik gleichend - stellt das prekäre Gleichgewicht dieses Landes am Beispiel einer Stadt dar, die einer ungeheuer raschen industriellen Expansion unterworfen wurde und die dennoch auf seltsame Weise altertümlich geblieben ist. Es könnte dabei helfen, die altmodische Modernisierung der Bundesrepublik, die auf uns zuzukommen scheint, besser zu begreifen.

Ernst Köhlers Buch - Analyse und Bericht, Reflexion und Erzählung - ist von einer Subjektivität getragen, der ganz und gar die Klebrigkeit und Halbherzigkeit fehlt, die in aller Regel das subjektive Schreiben entstellen: Es ist ein Stück brillanter Prosa.

Thomas Schmid

Die letzten Neuankömmlinge

Kartenhaus

»Im Zweiten Weltkrieg haben wir Mexikaner angeworben, damit sie hier arbeiten. Als der Krieg vorbei war und unsere jungen Männer nach Hause kamen, haben wir sie abgeschoben. 1954 wurde es mit den Deportationen so schlimm, daß der General, der damals für die Einwanderung zuständig war, Operation Wetback anordnete. [Mexikaner werden oft so schnell geschnappt, daß sie vom Durchschwimmen des Grenzflusses Rio Grande noch naß sind.]« (Leonel I. Castillo, ehemaliger Direktor des United States Immigration and Naturalization Service, in: Studs Terkel, *Der amerikanische Traum*, Berlin 1981, Seite 23)

»Lindau/Hörbranz. Durch die kalte Leiblach, Grenzfluß zwischen Österreich und der Bundesrepublik, waten immer wieder Gastarbeiter, die in Deutschland einen Job finden wollen. Wenn sie nicht über eine Aufenthaltsgenehmigung verfügen, werden sie bei offiziellen Grenzübergängen abgewiesen. Während der letzten Zeit konnte die bayerische Grenzpolizei etliche Türken aufgreifen, die sich durch das kalte Wasser nicht abschrecken ließen. Ein Mann wurde innerhalb weniger Tage gleich zweimal erwischt. Besonderes Pech hatte ein arbeitsuchender Mann, der nach geglückter Durchquerung der Leiblach versuchte, mit Autostop weiterzukommen. Er stieg in einen haltenden Personenwagen, der ihn direkt zur Grenzpolizei-Inspektion fuhr: Am Steuer saß ein Grenzpolizist in Zivil, dem der angenäßte Türke verdächtig vorgekommen war.« (›Südkurier‹, 9. 2. 1982)

Es muß in der Anfangszeit meiner ersten Arbeitslosigkeit gewesen sein. Ich hatte mich noch nicht gefestigt. Heute trage ich ein feines freches Lächeln auf den Lippen. Ich hoffe es jedenfalls. Ich bin immer noch sehr unauffällig. Ich rede dem

Beamten noch immer nach dem Mund. Daran hat sich nichts geändert. Aber in meinem Innern sieht es jetzt anders aus. Ich beobachte ihn. Ich sehe mir ganz kaltblütig an, wie er sein Kartenhaus vor mir errichtet. Ich blase nie. Das ist nicht meine Art. Ich lasse es ihm stehen. Ich fände es ungezogen, es wäre für beide Seiten unangenehm und peinlich. Im Gegenteil, ich verhalte mich ganz still, wenn möglich regungslos. Aber man ersieht daraus natürlich den Abstand, den ich heute habe.

Wenn ich mich recht erinnere, hatte der Beamte mir vorgeschlagen, vorübergehend als Deutschlehrer für Vietnamesen zu arbeiten. Daran muß sich dann der umfassendere Diskurs über die Ausländer angeschlossen haben. Sie drängen, sagte er. Ich erinnere mich daran so genau, weil ich das in dieser Situation als wohltuend empfunden habe. Ich hatte das Gefühl, wir seien jetzt beim gemütlichen Teil angekommen. Ich meine, wir hatten uns nicht von der Stelle bewegt und es war auch noch dasselbe Amtszimmer, aber wie im Traum hatten sich plötzlich die Formen und die Farben verändert. Sie drängen jetzt geradezu herein, sagte er und zeichnete mit der Hand einen Halbkreis in die Luft, der wahrscheinlich unser von allen Seiten bedrängtes Deutschland darstellen sollte. Es ist ja nur ein Handtuch, fügte er nämlich hinzu.

Unterirdisches Fest

Es ist schon ein Vergnügen, wie diese jungen Türken einen reifen Mann wie mich behandeln. Ich weiß, daß ich mich hier in Widersprüche verstricke. Aber es ist eine Freude. Ich bin noch nie mit so erlesenen, formellen, gänzlich unverdienten Respektbezeugungen überhäuft worden. Da merkt man erst einmal, was man hier die ganze Zeit vermißt hat. Wenn du die anfängliche Beschämung überwunden hast, genießt du es schamlos. Du bist gelöster, humorvoller, sogar sinnlicher als sonst. Du bist einfach mehr Mann als sonst. Es ist, als ob du nach langer Wanderung durch das gefährliche Land der Frauen in Sicherheit wärst. Mir ist auf der Reise durch die

Türkei einmal eine Frau mit einem dunklen jungen Einheimischen entsprungen. Der ließ es zwar an Respekt fehlen - wie auch der junge Kellner, der alles mitbekommen hatte und sich wie nur irgendein Westeuropäer vor Schadenfreude kaum halten konnte. Aber es war trotzdem herrlich. Du stürzst, du fällst, aber schon das hat mehr Stil als gewöhnlich. Und dann fangen sie dich auf. Nicht indem sie dich privat trösten, sie manifestieren vielmehr öffentlich ihre Mißbilligung. Sie schneiden die Frau auf der Straße.

Und du, alter Heuchler? Hast du denn überhaupt keine Skrupel? Du läßt dich widerstandslos von dieser uralten Solidarität aufrichten. Es ist eine Schande, aber die Heimat ist weit. Niemand kennt dich hier. Es ist zu verführerisch.

Hier war natürlich alles anders. Aber sie versuchen auch hier, daran festzuhalten. Ich sträube mich schon die ganze Zeit gegen ein Wort: zwei, drei von ihnen sind *zärtlich* mit mir umgegangen. Dabei fand das Fest, über das ich jetzt berichten will, in einer Schule statt und man sollte meinen, daß an einem solchen Ort etwas derartiges nicht möglich ist. Der Rektor galt als anständig, es kommt ja vor, daß man im Beamtenkörper auf eine weiche Stelle trifft. Als ich den Saal betrat, war mir sofort klar, daß er zu groß war, auch zu häßlich. Wer würde da bestehen können? Das Licht war schmutzig. Es war eine jener unterirdischen, bunkerartigen Turnhallen, in denen der junge Deutsche auf den Existenzkampf über Tage vorbereitet wird.

Aber sie versuchten es. Die jungen Männer, die den Gästen selbstzubereitete Gerichte auftischten, trugen teilweise Nationaltracht, diese eleganten Pluderhosen, manchmal kombiniert mit Kleidungsstücken im westlichen Stil, was nicht stillos, sondern souverän wirkte. Das waren ja keine Tanzpuppen, keine Donkosaken aus Istanbul, sondern Arbeiter. Sie achten darauf, daß du nicht verlegen herumsitzt. Sie wollen dich unter eine Kaskade von altmodischen Aufmerksamkeiten bringen. Sie zeigen dir, es freut sie, daß du gekommen bist. Sie kennen anscheinend noch nicht die seelische Erschöpfung von Leuten, die dauernd zu viel Gäste begrüßen.

Langsam füllte sich der Saal dann doch. Oder es sah jedenfalls so aus, denn an den Tischen hatten sich jetzt ganze Familien niedergelassen. Sie saßen dort nicht mit dem Stolz, den

sie als wirkliche Gäste ihrer Söhne sicher gezeigt hätten. Das
Fest war eine Konzession. Man wollte damit etwas demonstrieren, man würde sehen, was genau. Sie warteten. Besonders
ders die Männer blieben ernst und aufmerksam, fast konzentriert. Sie hatten die Gesichter von Leuten, die etwas schwer
Definierbares zu erkennen versuchen. Warum überhaupt ein
solches Zugeständnis, eine solche Geste? Ich glaube überhaupt, daß ein selbstbewußter Mensch immer sofort das Ge-
zielte, das Instrumentelle einer bestimmten Freundlichkeit
begreift. Und selbstbewußt waren die Türken. Aber die Ein-
ladung war akzeptiert worden. Die Jungen hatten nun ihre
Familien im Rücken und tauten langsam auf.

Aber ich muß erst noch die Rede des Leiters erwähnen. Ich
kann mich beim besten Willen nicht mehr an den Inhalt erinnern. Ich weiß nur noch, daß mir das Ganze peinlich war. Der
Mann hat geredet, als ob er die umwerfende Wucht unseres
Geschenkes etwas abmildern wolle. Wir wollen ja niemand
überwältigen. Daher werfen und breiten wir ein bißchen brü-
derliche Nettigkeit über die fast demütigenden Ausmaße unseres Entgegenkommens.

Ich glaube mich zu erinnen, daß man ihn schon während
seiner Rede aufforderte, ein deutsches Arbeiterlied zur
Klampfe zu singen. Er tat das gerne, auch öffentlich, er war
bekannt dafür. Ich glaube nicht, daß sie das aus Bosheit taten.
Vielleicht wollte man ihn nur lieber singen als reden hören.
Sie haben ja bekanntlich viel übrig für den Sologesang eines
Mannes. Sie wollten ihn vielleicht entschärfen. Sie hätten ihm
auf jeden Fall groß applaudiert am Schluß. Diese Übertrei-
bung hätte sie sicher amüsiert. Aber er ließ es sein, kluger-
weise.

Die Mehrheit der eingeladenen Amtspersonen war zwar
noch immer da, aber man tat sich nun keinen Zwang mehr an.
Man vergaß sie wahrscheinlich. Die Leute drängten sich um
das Mikrofon, um ihre alten Liebeslieder vorzutragen - so
selbstvergessen, als seien sie ganz anderswo. In *Bergama* habe
ich auf einem Beschneidungsfest einer aus Anatolien stam-
menden Familie einen etwa zwölfjährigen Jungen vor einer
großen Zuhörerschaft singen hören. Er sang ohne Spur von
Verkrampfung, ohne alle Befangenheit. So, als exponiere er
sich eigentlich gar nicht. So, als wolle er sich gar nicht hervor-

12

tun und glänzen und müsse dabei eben das Risiko der Blamage eingehen. Es mußte eine ganz andere Situation sein. Es scheint, diese jungen Sänger brechen gar nicht aus. Etwa um als kleine Kometen durch das kalte Firmament der Talente zu zischen. Es lag eine Welt zwischen diesem Gartencafé in Bergama, in dem der Kreis der Familie sich von der ruhigen Masse der Neugierigen hatte umlagern lassen, und dieser toten Turnhalle. Hier waren die Verbindungen unterbrochen. Die Funktionäre des Sozialstaates, die sich da an zwei Tischen verschanzt hatten, kamen über ihr Wohlwollen nicht hinaus. Wir kamen nicht zum Genuß, wir stellten noch nicht einmal anständiges Publikum dar, denn das muß unbedingt den Mumm haben, etwas schlecht zu finden. Eine Freimütigkeit dieser Art war in diesem Rahmen aber undenkbar, wie man sich vorstellen kann. Wir konnten die Fremden, die wir hier ein bißchen feiern ließen, nicht gut auch noch kritisieren. So lächelten wir also ständig, bis uns das Gesicht wehtat, und klatschten regelmäßig und sehnten uns nach Hause.

Die jungen Türken auf der anderen Seite - ich sage nicht entwurzelt, aber abgeschnitten von den menschlichen Netzwerken ihrer Heimat - versuchten das Chaos und die Gleichgültigkeit um sie herum versinken zu lassen. Das hatte etwas Frenetisches an sich, etwas von Selbstvergötzung. Vor dem, der gerade sang, lagen die anderen fast auf den Knien, wie trunken. Das war eine Verwilderung. Sie entglitten ihren Familien, die sie aber gewähren ließen. Auf diesem wüsten Terrain würde sich ja auch nichts gestalten oder gar wiederherstellen lassen. Wer weiß auch, wie diese Emigranten über den Zerfall ihrer Traditionen denken. Wir unterstellen ihnen immer, daß sie entschlossen dagegen ankämpfen.

Irgendwann sang in diesem Lärm auch der Ausländerpädagoge. Und zwar mehrere Lieder hintereinander. Sehr schöne - weiche und kämpferische. Er hatte es noch nicht verlernt. Die Jungen hingen an seinen Lippen. Zwischendurch nahmen sie seine Hände in die ihren und streichelten seine Schultern und wählten mit ihm das nächste Lied aus. Ich bin überzeugt, er hatte sich nicht aufgedrängt. Sie selbst hatten ihn dazu gebracht. Aber warum tat er das? Es paßte doch gar nicht zu ihm. Bei ihm sah das so falsch aus. Gestern hatte er die Jungen verraten, heute ließ er sich von ihnen küssen. Aber

das meine ich gar nicht. Wie kann denn einer, der so assimiliert ist, sich plötzlich in einen Sänger des Volkes zurückverwandeln? Tag für Tag drückte er diesen Jungen das Abc der
deutschen Grammatik hinein. Ich hatte gedacht, das sei sein
Leben. Und jetzt vereinte er sich mit ihnen, wenn auch wahrscheinlich nur für einen Moment der Euphorie und der Erinnerung, und ließ die alten Quellen der Lyrik wieder springen.
Ich glaube nicht, daß es ein Betrug war, eher ein Selbstbetrug.
Er hatte mir einmal ein soziologisches Werk über die Türkei
zu lesen gegeben, eines jener bekannten Zahlenkompendien
über Unterentwicklung. Wahrscheinlich glaubte er wirklich
daran. Er hatte dieser Sicht vermutlich nichts entgegenzusetzen, er hatte sich dem Vormarsch des Westens angeschlossen.
Aber es war da vielleicht etwas, das sich davon überfahren
fühlte.

Wer war das wirklich? Das wäre eine seichte, allzu harmlose Frage. War das überhaupt noch jemand?

Splitter

»Solange ein Ausländer gesund sei und voll arbeiten könne,
sei er relativ gut angesehen. Diskriminierungen durch die
Umwelt seien bei den Ausländern häufiger, die auf Hilfe angewiesen seien. So berichtete eine Sozialbetreuerin, deutsche
Hilfesuchende hätten im Sozialamt ihre Landsleute beschimpft, weil diese auch Leistungen erhalten würden.«
(*Ausländer in Konstanz*, herausgegeben von der Stadt Konstanz. Sozial- und Jugendamt, November 1979, S. 54)

»Auffallend häufig erwähnten Behördenmitarbeiter, ihrer
Ansicht nach seien die Ausländer über die Vorteile der sozialen Sicherung in der Bundesrepublik bestens informiert. Eine
diesbezügliche Frage wurde vom Interviewer nicht gestellt.
Zum Teil wurde ausdrücklich festgestellt, eine weitere Aufklärung der Ausländer sei nicht erforderlich. Es gebe Ausländer, die würden nur die Worte ›Sozialhilfe‹ und ›Kindergeld‹
kennen.« (*Ebenda*, S. 51 ff.)

»Im Vordergrund steht der Wunsch nach einer eigenen
Bade- oder Duschmöglichkeit und der Wunsch nach einer
größeren Wohnung. Hierbei ist bemerkenswert, daß die Türken erheblich häufiger das eigene Bad nannten als die größere
Wohnung. Bei den Italienern ist es gerade umgekehrt. Stark
im Vordergrund steht bei den Türken auch der Wunsch nach
einer eigenen Toilette.« (*Ebenda*, S. 26)

»Noch eine weitere Einschätzung zur Lage der Ausländer
war bei den Behördenmitarbeitern häufiger anzutreffen:
Wurde die schlechte Wohnsituation der Ausländer angesprochen, dann erklärten verschiedene Mitarbeiter, die Ausländer
wollten möglichst große Summen in ihr Heimatland schicken
und würden deshalb in derartig schlechten Wohnungen leben. Eine solche allgemeine Feststellung ist zumindest sehr
fragwürdig. Bedenkt man, daß immer mehr vollständige, ausländische Familien in der Bundesrepublik wohnen, und die
Aufenthaltsdauer der Ausländer ständig zunimmt, läßt sich
nicht verkennen, daß die Ausländer in der Bundesrepublik
vermehrt ihren Lebensmittelpunkt sehen.« (*Ebenda*, S. 52)

»Es ist schon bemerkenswert, daß die Ausländer mit der
geringsten Wohnqualität, nämlich die Türken, die höchsten
Quadratmeterpreise zahlen. Es läßt sich nicht leugnen, hier
wird mit kleinen und zum Teil schlecht ausgestatteten Wohnungen ein gutes Geschäft gemacht.« (*Ebenda*, S. 29)

Gutes Gewissen

Unsere Beamten sind komplizierter, sensibler als man denkt.
Anders als ihre westeuropäischen Kollegen müssen sie bei der
Durchführung ihrer Funktionen eine gewisse innere Unsicherheit überfahren. Mehr ist es nämlich nicht, was von der
Erinnerung an den Nationalsozialismus übrig geblieben ist.
Und es macht die bundesdeutschen Beamten auch nicht etwa
milder, rücksichtsvoller, großzügiger als andere. Eher ist es
so, daß sie der Härte der Bedenkenlosigkeit noch die Härte
der Irritation und des heimlichen Skrupels hinzufügen. Es ist

schon nicht leicht, mit einem Beamten fertig zu werden, der
ein gutes Gewissen hat. Es ist aber wahrscheinlich noch
schwerer, mit einem fertig zu werden, der ein schlechtes hat.
Oder mit einem, der noch nicht ganz sicher ist, ob er nun ein
gutes oder ein schlechtes hat. Der wird nämlich vermutlich
alles daran setzen, sein gutes Gewissen gegen die Reste von
schlechtem Gewissen durchzusetzen. Er wird versuchen,
sein Inneres, seine Moral zu sanieren, und da möchte ich
nicht unbedingt in der Nähe sein.

Ich spreche hier von den höheren Beamten. Die niederen
haben es leichter. Sie können sich sagen, daß sie nichts dafür
können. Man kann heute auf dem Arbeitsamt oder dem Sozialamt öfters erleben, daß sich einfache Beamte aufgebrach-
ten Klienten gegenüber über die Rationalisierung und Perso-
naleinsparung in den Ämtern beschweren. Ich will das nicht
als eine indirekte Form von Fraternisierung interpretieren,
obwohl es auch so etwas geben mag. Aber auch wenn es nur
ein Entlastungsversuch ist, so ist es doch einer, der die Schuld
oben sucht und nicht unten, und das ist schon etwas in einem
so liberalistischen öffentlichen Klima, wie man es hier momentan zu erzeugen sucht. Selbst wenn es eine bloße Ab-
wehrtaktik ist, die man den unteren Chargen auf Mitarbeiter-
besprechungen nahelegt, so zeigt sie doch immerhin, daß
man seinen Untergebenen nichts zumuten zu dürfen glaubt,
was die normale Arbeitnehmermentalität allzusehr über-
schritte.

Die leitenden Beamten haben es schwerer. Ich war einmal
Zeuge eines Disputs zwischen dem Direktor des Konstanzer
Arbeitsamts und einem Gewerkschaftsvertreter über die Ar-
beitserlaubnis für einen türkischen Arbeiter. Das Arbeitsamt
hatte sie beharrlich verweigert, obwohl der Mann bereits
mehr als drei Jahre in der Bundesrepublik war, seine Frau sogar schon zehn Jahre. Der Türke hatte sich schon mehrfach
selbst einen Arbeitsplatz gesucht und daraufhin die Arbeits-
erlaubnis beantragt. Jedesmal vergeblich: jedesmal hatte das
Arbeitsamt wieder eine Phalanx von Karteileichen gegen diesen lebenden Arbeitslosen aufgeboten und die Arbeitsauf-
nahme mit der kaum nachprüfbaren Begründung blockiert,
es stünden für diesen Arbeitsplatz soundsoviele Deutsche zur
Verfügung. Das Streitgespräch, das übrigens in keinem Mo-

ment die Gleise der allerkorrektesten Höflichkeit verließ, erhielt eine besondere Note, einen gewissen Ausnahmecharakter dadurch, daß der Gewerkschaftler im Verwaltungsrat eben jenes Arbeitsamtes saß, dem der Direktor vorstand. Es war also eine Art Gipfelgespräch, dessen Gegenstand der kleine Türke und sein Schicksal da wurden, und welcher Türke kann sich dessen schon rühmen.

Man kann die Argumentation des Direktors, ohne ihr allzuviel Gewalt anzutun, in drei Abschnitte oder Sätze gliedern. Im ersten Abschnitt sagte er, er habe schließlich seine Vorschriften. Er könne da nicht einfach eine Ausnahme machen, »auch dann nicht, wenn sich eine so hochgestellte Persönlichkeit einschaltet«. Er könne das schon seinen Mitarbeitern gegenüber nicht verantworten, die sich dann doch desavouiert vorkommen, die sich dann doch fragen müßten, warum sie eigentlich diese harten Entscheidungen träfen, wenn der Chef sie hinterher doch wieder kassiere. Ich möchte das die Entfaltung der bürokratischen Logik nennen. Ganz logisch war es freilich nicht: denn wenn die Vorschriften in diesem Punkt tatsächlich zwingend waren und dem Amt keinerlei Ermessensspielraum ließen, dann hätte der Direktor ja nicht auch noch die Loyalität gegenüber den Mitarbeitern zu bemühen brauchen. Eine Ausrede ist bekanntlich besser als zwei.

Trotzdem: man sollte meinen, das hätte genügt. Logisch oder nicht, diese Argumente waren plausibel. Zudem leuchteten und strahlten sie nur so in ihrem makellosen, blendenden Egalitarismus, und ich sah wohl, daß die hochgestellte Gewerkschaftspersönlichkeit ganz still geworden war - fast, als ob sie sich ein wenig schäme. Aber da begann nun die zweite Phase. Man könnte es das Adagio der humanitären Anteilnahme nennen. Als der Direktor nämlich begriff, daß der andere schon geschlagen war, zeigte er übergangslos ein menschliches Gesicht. Er zeigte, daß er im Grunde seiner Seele ein eher weicher Typ war. Der Türke tue ihm leid. Die ganzen Ausländer täten ihm leid. Er könne gut verstehen, daß ein Gewerkschaftler sich für diese Leute einsetze. Er selbst würde das auch nicht anders machen, hoffentlich. Das sei das gute Recht eines Gewerkschaftlers. Das sei sogar die Pflicht eines Gewerkschaftlers.

Ich glaube nicht, daß das Heuchelei war oder Sentimentalität. Es war Auflösung, Seelenmatsch. Es war der verschwommene Wunsch, nicht so ganz anders als der andere zu sein. Die harten Schalen aufzubrechen, die weichen Kerne zu verschmelzen. Wie ein halbfertiger Fötus den Zwilling zu umarmen, bevor der Prozeß der Individuation einen gnadenlos auseinanderreißen würde. Unsere Beamten wollen alles sein: hart und weich, Mensch und Maschine. Sie wollen die Quadratur des Zirkels leben. Das hat eine quallige, privatisierte, folgenlose Menschlichkeit hervorgebracht, in der sich die fraglose Loyalität gegenüber dem Staat trübe mit der Erinnerung an die Untaten des Staates mischt - ein elementarer Gesetzespositivismus, für den Recht ist, was Gesetz ist, mit dem Unbehagen über die legale Verfolgung und die staatliche Vernichtung der Juden in Deutschland.

Dann der Sprung in die Synthese, mehr zappelnd als dialektisch. Schließlich war der Türke kein Jude. Schließlich war die Geschichte verblaßt bis zur Unwirklichkeit, das Gesetz aber real und präsent und bleischwer vom Zeitgeist. Der Direktor kam wieder zur Sache. So schmerzlich es im Einzelfall sei, aber das sei ja gerade der Sinn der jüngsten Gesetzesänderungen: die Leute davon abzuhalten, nach Deutschland zu strömen. Wenn man einen Türken hier arbeiten lasse, habe man bald eine ganze Großfamilie im Land. Er müsse sagen, daß er auch persönlich diese Einschränkungen für richtig halte. Er sehe keine andere Möglichkeit ... Das war nun nicht mehr der Bürokrat, sondern der Ideologe. Der Bürokrat war aus der Konfrontation mit seiner Menschlichkeit als Ideologe hervorgegangen. Er war siegreich aus sich selbst hervorgegangen. Und dabei blieb es dann auch.

Gleichschritt

Es war immer etwas anstrengend mit ihnen, sie sprachen ja kaum deutsch. Außerdem waren wir ja auf dem Weg zu der Baustelle, auf der sie ab der nächsten Woche zu arbeiten hatten. Hier schieden sich also unsere Wege sowieso. Ich ging etwas langsamer und ließ mich von dem türkischen Betreuer einholen. Er sprach sehr gut deutsch, ich hatte zudem das sichere Gefühl, daß dieser noch nicht dreißigjährige Mann sehr clever war. Er studierte noch, Ausländerpädagogik. Er war dabei, einen gerade erst eingerichteten Studiengang in Weingarten zu absolvieren. Aber diese brandneue Ausbildungsmöglichkeit mußte ihm auf den Leib geschnitten sein, eine Belastung durch diese Studien war ihm jedenfalls nicht anzumerken. Oder er warf diese Last einfach ab, wenn er sich an seinem Arbeitsplatz einfand. Etwas Studentisches hatte er nicht, er wirkte nicht wie ein Praktikant. Keine Spur von jener überschwenglichen Aufgeschlossenheit, mit der man die hartköpfigen Insider zu besänftigen sucht. Er bewegte sich im Berufsfortbildungswerk, als ob er hier geboren worden sei. Ein durchschnittlicher Neuling von der Hochschule wird zum Beispiel das Finanzielle herunterspielen, verlegen darüber hinweggehen, als Anfänger ist der Akademiker Idealist. Dieser nicht. Ich war einmal zufällig Zeuge, wie er sich beim Chef, der aber ganz sanft blieb und sogar Gefallen an dieser Unterhaltung zu finden schien, über Bezahlungsfragen informierte. Umsichtig wie ein Betriebsrat, der sein ganzes Können einmal für einen Moment vom Tarifvertrag abzieht und es für sich selbst in die Waagschale wirft. Er hat dann seine Unterlagen auf dem Schreibtisch des Chefs ausgebreitet und auch ausgefüllt. Auch dies unter freundlicher Anteilnahme des Chefs.

Ich kann nicht sagen, daß mir das sympathisch war. Er zog mich an, wahrscheinlich der Härte wegen. Schließlich war er Ausländer. Weite Wege mußten hinter ihm liegen. Er hat mir gegenüber nie ein Wort darüber verloren. Ich habe nicht danach gefragt, es interessierte mich auch nicht; höchstens als Folie, als ergreifender orientalischer Märchengrund einer sonst ganz zeitgemäßen Karriere. Aber man muß nicht übertreiben, aus den Dörfern Anatoliens wird er nicht gerade gekommen sein.

Ich gesellte mich ihm also zu und ließ mich in seinen Schritt fallen. Die Situation war, wie gesagt, heikel. Denn wir führten diese schönen lebendigen Leute zum Sklavenmarkt. Ein paar Wochen hatten wir sie geschult, damit sie die Kommandos verstehen würden. Unser Lehrbuch, das der DGB für uns ausgewählt hatte, war ein Meisterstück kommandoorientierten Sprachunterrichts. Ich hatte einen Hammer, eine Zange, ein Metermaß vor mich auf das Pult gelegt und dann einen der jungen Männer aufgefordert, den Hammer seinem Nachbarn zu bringen und diesen aufzufordern, den Hammer wieder einem anderen zu bringen. Auf diese Weise waren die deutschen Wörter bald nur so hin- und hergeflogen mit der Leichtigkeit von Kanarienvögeln.

Der Betreuer war mir zunächst mit offenem Mißtrauen begegnet. Man dürfe keinen Augenblick vergessen, wen man da vor sich habe. Ich könne doch sehen, diese Leute befänden sich in einer sehr schwierigen Lage. Sie könnten kaum zurück, sie müßten unbedingt Fuß fassen hier, und das in einer solchen Zeit. Das sei hier nicht der rechte Ort für pädagogische Experimente. Gewiß, es gebe Unterschiede. Eine kleine Minderheit der Schüler wolle sich wirklich qualifizieren. Die müsse man eben herausfinden und dann gezielt fördern, wenn man die Zeit dazu habe. Viele gäben das aber nur vor. Aber die wüßten überhaupt nichts von den Verhältnissen hier, die könnten sich gar nicht vorstellen, was eine Lehre oder Berufsausbildung in Deutschland bedeute. Das sei nichts weiter als eine Schutzbehauptung. Sie wollten sich nur ein bißchen vom Prestige des Facharbeiters stehlen. Sei versuchten eben instinktiv, sich bei den immer abweisender reagierenden deutschen Instanzen einzuschmeicheln. In Wahrheit seien die allermeisten bloß hergekommen, um zu arbeiten und sofort Geld zu verdienen. Die Väter dieser jungen Leute wollten das so. Sie erzwängen es in der Regel. Ein junger Türke sei in erster Linie Familienmitglied, Arbeitskraft der Familie sogar, er könne gar keinen individuellen Lebensplan machen. Der Sohn habe seinen Lohn dem Vater abzugeben, und zwar restlos.

»Ein wesentliches Hemmnis für die Wahrnehmung vorhandener Bildungsangebote durch die ausländischen Jugendlichen ist neben Sprach- und Bildungsdefiziten häufig die fehlende Bildungsmotivation der ausländischen Jugendlichen, insbesondere aber ihrer Eltern.« (Bundesvereinigung der Deutschen Arbeitgeberverbände, zitiert nach: *Morgens Deutschland, abends Türkei,* hrsg. vom Kunstamt Kreuzberg, Berlin 1981, S. 287) Der Ausländerpädagoge hatte mir

empfohlen, die Väter hinter diesen Jungen zu respektieren;
mit anderen Worten, diesen Jungen, die oft noch ziemlich
verspielt seien und die ersten noch müßigen Monate ihres
Aufenthaltes in der Bundesrepublik fast wie einen Traum
durchlebten, fest entgegenzutreten, im Einvernehmen mit
der väterlichen Gewalt.

Aber das war ja nun vorbei. Wir näherten uns auf schlam-
migen Wegen langsam der Baustelle. Da nahm er mich am
Arm: ob ich ihm nicht die Rädelsführer nennen könne. Er
habe wohl gemerkt, daß die Jungen mich ganz gerne hätten.
Das freue ihn. Ob sie mir nicht etwas anvertraut hätten. Eine
Andeutung vielleicht. Da sei eine Unruhe da. Auf einigen
Baustellen der Stadt sei es schon zu frechen Widerworten und
sogar Widersetzlichkeiten gekommen. Ein türkischer Jugendlicher habe die Schaufel, die ihm der Polier vielleicht etwas grob in die Hand gedrückt habe, zum Schlag gegen den
Polier erhoben. Gottseidank niemand aus unseren Kursen.
Aber auch da sei etwas im Gange. Ob ich nicht auch diese
Verhärtung uns gegenüber gespürt hätte. So etwas müsse man
im Keim ersticken. Gerade als Gewerkschaftler. Als gewerkschaftliche Bildungsinstitution unterstünden wir, wie ich mir
vorstellen könne, einer scharfen öffentlichen Kontrolle. Es
gebe genügend Leute in dieser Stadt, die nur auf eine Möglichkeit lauerten, uns als rote Kaderschmiede diffamieren zu
können. Eine Katastrophe, denn dann würden die Betriebe
uns boykottieren, und wir könnten unsere Leute nicht mehr
vermitteln. Ich sagte nichts, aber es war das Ende meiner Zu-
traulichkeit zu dem Bastard. Wir betraten die Baustelle.

Bis auf den Polier, der die Besichtigung leiten sollte, war
niemand da. Der Mann lächelte, als ob er sagen wolle: heute
seid ihr noch Schüler und ich führe euch hier herum, aber
morgen seid ihr schon Arbeiter. Und die jungen Türken lächelten, als ob sie sagen wollten: aber heute sind wir noch
junge Herren, die hier in Lackschuhen hereinspaziert kommen, und du alter deutscher Sklaventreiber mußt dich hier
aufführen wie ein Museumsführer. Wir kletterten also durch
den nassen Rohbau. Der Polier erläuterte die Struktur der
Decken und die Funktion einiger Werkzeuge. Demnächst
würden die Elektriker kommen. Ob sie denn in der Türkei
überhaupt schon einmal etwas vom elektrischen Strom ge-

hört hätten. Da ging einer der Jungen, der, wie ich wußte, in
der Nähe der syrischen Grenze aufgewachsen war und wie
ein arabischer Prinz aussah, auf den Mann zu und stellte sich
vor ihn hin. Er sagte etwas auf türkisch. Die Jungen lachten
und bildeten langsam einen Kreis. Der Betreuer flüsterte mir
kichernd zu, der Junge habe den Alten gefragt, woher er denn
diesen Mastsack von Pansen habe, wenn hier wirklich gearbeitet werde. Laut übersetzte er: Meister, er fragt Sie, woher
Sie denn das Bäuchlein haben, wenn hier tatsächlich so tüch-
tig geschafft wird. Der Mann sah wirklich aus, als ob sein
Körper nur durch breite Lederriemen zusammengehalten
werden könne. Zuerst murmelte er, er habe sich eben hochgearbeitet und brauche heute persönlich nicht mehr körperlich zu arbeiten. Aber dann kriegte er doch die Kurve und
machte einen Witz.

Splitter: Arbeitskameraden

»Sehr wichtig: Durch uns wird den Deutschen eine bessere
Zukunft zugesichert und der jetzige Wohlstand ermöglicht.«
»Entwicklung der deutschen Wirtschaft (Sklaven der
Deutschen).«
»Sie fühlen sich wichtiger als der Emigrant, der keine bes-
seren Lebensverhältnisse hatte. Sie verstehen nicht, daß wir
die Stufe der Leiter sind, die sie hochsteigen. Wenn hier Zivi-
lisation ist - und daran zweifle ich nicht - dann nicht in der
Arbeiterklasse, in die wir gehören.«
(Portugiesische Gastarbeiter bei Alusingen - dort waren
1973 rund 1000 Portugiesen beschäftigt - über ihre ökonomi-
sche Funktion in der Bundesrepublik Deutschland, in: M.
Nober/H. Meyer, *Das Konzept der Grunddaseinsfunktio-
nen. Dargestellt am Beispiel von »Gastarbeitern« in Singen/
Hohentwiel*, Zulassungsarbeit am Geographischen Institut
der Universität Freiburg im Breisgau, Maschinenschrift 1974,
S. 139 f.)

Zwei junge Forscher 1973:
»Unsere erste Suche nach Informationsmaterial, nämlich

22

unsere Anfrage in den öffentlichen Ämtern (Amt für Statistik, Sozialamt, Caritas, Arbeiterwohlfahrt ...) von Singen, brachte uns eine Enttäuschung: Informationsmaterial, statistische Angaben über Ausländer in Singen existierten nicht.« (M. Nober/H. Meyer, a. a. O., S. 143) Die Ausländer machten damals in Singen etwa 15 % der Bevölkerung aus (›Schwarzwälder Bote‹, 27. 10. 1973); und das blieb so: heute sind es immer noch 15,1 % (›Südkurier‹, 7. 8. 1982).

»Meist versetzen wir die Kinder dann aus Altersgründen.« (Bemerkung eines Lehrers an der Waldeckschule - mindestens 100 portugiesische Kinder - über das Niveau der Ausländerpädagogik in Singen, in: M. Nober/H. Meyer, a. a. O., S. 132)

»Während wir für die ›Unterhaltung des Fahnenbestandes‹ 2300,- DM ausgeben, ist uns die ›Bewirtschaftung‹ des Italienertreffpunktes ganze 400,- DM wert, der Spanier- und Portugiesentreffpunkt gar nichts.« (›Schwarzwälder Bote‹, 27. 10. 1973, zitiert nach M. Nober/H. Meyer, a. a. O., S. 128 f.)

»Es wäre für uns alle wichtig, wenn jemand für unsere Nationalität zur Verfügung stände, der sich um unsere Probleme kümmerte wie z. B. die Caritas. Singen ist eine Emigrantenstadt, in einer Firma gibt es schon 900 Portugiesen, aber es gibt nur ein portugiesisches Centro, und das ist zum Tode verurteilt.«
»Ich möchte, daß man mir persönlich zuhört.«
»Wir sollten mehr Rechte als Bürger haben, damit wir als Menschen nicht nur in der Arbeit berücksichtigt werden.«
(Notizen ausländischer Arbeiter bei Alusingen auf einem Fragebogen, zitiert nach M. Nober/H. Meyer, a. a. O., S. 129, S. 169, S. 140)

»Im Betrieb sind die ausländischen Kollegen weitgehendst integriert, weil der Arbeitsablauf einfach keine andere Möglichkeit zuläßt.« (›Arbeitskamerad‹, Werkzeitung von Alusingen, 2/1973, S. 15, zitiert nach M. Nober/H. Meyer, a. a. O., S. 120)
»Ich denke nach, wie ich am besten aufhören kann, Emigrant zu sein.« (Portugiesischer Arbeiter bei Alusingen auf

die Frage, was er nach Beendigung der Arbeit tue, zitiert nach
M. Nober/H. Meyer, a. a. O.)

»Es ist jedoch nicht so, daß sich die Gesamtbelegschaft
während der vergangenen 40 Jahre nur aus einheimischen
Ortsansässigen und ländlichen Arbeitnehmern zusammengesetzt hat. Die großen Ereignisse, welche die Wirtschaft und
damit das gesamte Wirtschaftsleben oft bis in ihre Fundamente erschütterten, haben auch auf die Zusammensetzung
der Belegschaft eingewirkt. Am stärksten traten diese Er-
scheinungen während des 2. Weltkrieges hervor, wo anstelle
der zum Wehrdienst eingezogenen Männer in immer stärke-
rem Ausmaß ausländische Arbeitskräfte aus den besetzten
Ländern, vorwiegend aus den Ostgebieten, neben zahlreichen Kriegsgefangenen in den Arbeitsprozeß eingereiht wurden.« (*40 Jahre Aluminium-Walzwerke Singen*, 1952, S. 28)
So kann man es auch ausdrücken. Heute sind die Gastarbeiter der ersten Generation vergessen. Auch Gegner des
Dritten Reiches erinnern sich nur noch vage an sie. Ich glaube
nicht, daß das nur der Zahn der Zeit ist. Es muß schon damals
eine unüberbrückbare Kluft bestanden haben zwischen den
deutschen Antifaschisten und diesen Sklaven, mindestens soweit sie aus dem Osten kamen und in Barackenlagern untergebracht waren (»möglichst wohnlich«, wie die Werkzeitung
der Alu 1952 schreibt, a. a. O., S. 33). Es war streng verboten,
Kontakt zu diesen Leuten aufzunehmen. Aber es scheint, daß
man dieses Verbot korrekter erfüllt hat als viele andere. Die
Arbeiter hätten ihnen ab und zu etwas Eßbares zugesteckt,
»sie sahen doch ziemlich ausgehungert aus«, sonst habe man
sie aber gemieden, erzählt mir ein alter Aluminianer.

Heimatrecht

»Am häufigsten gehen Einbürgerungswünsche beim Land-
ratsamt ein von Gastarbeitern, die um das Jahr 1960 in den
Landkreis gekommen sind. Sie haben sich meist so etabliert,
daß sie an eine Rückkehr ins Heimatland gar nicht mehr den-

ken. Die Kinder gehen in deutsche Schulen, haben deutsche Freunde, sprechen oft kaum noch die eigentliche Muttersprache. Die ganze Familie fühlt sich im Gastland wohl.« (›Südkurier‹, 3. 4. 1982)

Das sei einer jener »organischen Führer«, die aus der Masse herauswüchsen. Mein Chef griff also in einer Anwandlung von Humor auf Antonio Gramsci zurück. In gewissen Situationen seien sie plötzlich da, und wenn man sie dann nicht entweder korrumpiere oder sofort unterdrücke, könne es schwierig werden. Einer der Lehrer hatte in forschem Ton angekündigt, er werde sich bei ihnen schon Respekt zu verschaffen wissen, da bräuchten sie gar keine Angst zu haben. Er habe sich bisher noch immer Respekt verschafft. Er sei bekannt dafür. Da hatte der Mann, ein Jugoslawe seinem Deutsch nach zu urteilen, dröhnend dazwischengeworfen: jawohl, der Herr, mit dem Gewehr am besten. Und dabei hatte er pantomimisch einen bewaffneten Schergen angedeutet. Eine mittlere Geschmacklosigkeit in diesem Rahmen, der Mann hätte seine Partisanenmentalität besser zu Hause im Balkan gelassen. Die anderen, alles Deutsche, deutsche Arbeiter, lachten aber verhalten, bewegten sich einigermaßen übermütig in ihren Bänken, die nur so krachten, und nahmen die verschränkt vor ihnen liegenden Hände auseinander. Der erwähnte Lehrer ist in diesem Kreis sogar später einmal direkt als »Obersturmbannführer« bezeichnet worden und auch da habe ich wieder dieses tiefe, beinahe physische, wenn auch lichtscheue Vergnügen beobachtet. Ich weiß nicht, ob Sie das kennen: die Lust scheint aus dem Geschlecht selbst emporzuschießen, die Augen bleiben aber züchtig niedergeschlagen.

Er war aber kein Führer. Er war auch kein Jugoslawe. Er war es nicht mehr: Ende der sechziger Jahre hatte er die deutsche Staatsangehörigkeit erworben. Er hat mir den Vermerk »deutsch« in seinem Reisepaß gezeigt, als sei es eine Errungenschaft oder eine Auszeichnung, das Dokument selbst dann aber, als sei es schon etwas vergilbt - so wie man mit jemandem die Bilder in einem Familienalbum durchgeht. Er war 44 Jahre alt, davon rund 20 in der Bundesrepublik Deutschland, davon rund 18 in der *Maschinenfabrik Fahr* in

Gottmadingen bei Singen. Er hatte in dieser Firma 18 Jahre lang als Eisenhobler gearbeitet. Ich habe nur verstanden, daß man dabei mit schweren Metallplatten hantieren muß. Jahrelang hätten sie das meiste ohne maschinelle Hebelvorrichtungen bewältigen müssen. Aber er sei damals ein baumstarker junger Mensch gewesen, er stamme vom Lande, das habe ihm damals nichts ausgemacht. Das habe er damals jedenfalls geglaubt, denn mit der Zeit sei ihm diese Arbeit dann doch schwer auf die Knochen gegangen.

Manchmal sah er auch jetzt noch baumstark aus, dann sah man es ihm nicht an, wie krank er war, der Körper hat auch seinen Stolz. Er war aber schwerkrank. Ich habe selbst die medizinischen Befunde einer Klinik in Tübingen gesehen, er hatte sie sich heimlich fotokopieren lassen. Man kommt nämlich nicht ohne weiteres daran. Schwere Verschleißschäden an einigen Nackenwirbeln, schwere Schäden an einigen inneren Organen, Verdacht auf schwere neurologische Schäden. Vor allem diese drückten ihn zu Boden. Irgend etwas sei mit seinem Kopf los. Er habe Angst davor, daß man ihn eines Tages in ein Irrenhaus bringen könnte. Man werde von einer Kur reden, vielleicht, und dann seien plötzlich Gitter um ihn herum. Er sei aber nicht blöd im Kopf. Aber irgend etwas sei nicht in Ordnung. Man hatte ihm schwere Beruhigungsmittel verschrieben, in großen Mengen. Er nahm das Zeug anscheinend schon länger. Er nahm es, als ob es nichts wäre. Was zählte, war die augenblickliche Erleichterung. Es kann auch sein, daß er trotz allem noch an die Bundesrepublik glaubte. Die Tatsache, daß ihn die Pharmaka von einem ordentlich approbierten Arzt ordnungsgemäß verordnet worden waren, mochte ihm die Verdrängung der Suchtgefahr erleichtern. Ich glaube aber, daß da noch eine Unerfahrenheit und Arglosigkeit anderer, älterer Art eine Rolle spielte. Wir haben nach dem Kurs öfter zu dritt in einem nahegelegenen billigen Restaurant gegessen. Es konnte passieren, daß er nach dem Essen ganz unbefangen das Fläschchen mit den Tabletten hervorholte, sich daraus ein paar auf den Handteller kippte und dann auch seinem Freund davon anbot. Die Tabletten waren Bomben, aber es war eine freundschaftliche Geste. In solchen Momenten schien es mir, als ob er unter der industrialisierten Oberfläche ein Bauer geblieben sei.

26

Was soll ein Arbeiter machen, der schon mit 40 ein Wrack ist? Ich glaube, es hatte ihn zwei Jahrzehnte lang inspiriert, dieser Gesellschaft die Gleichberechtigung abzutrotzen. Er hat mir seine Lohnauszüge gezeigt, er hatte in der Regel so zwischen 1600 und 2000 DM netto verdient. In seinem beruflichen Können habe er niemandem nachgestanden. Die anderen hätten das auch respektiert. Er habe sie dazu gezwungen.

Aber er war gescheitert. Die Gesellschaft, die er von vorne besiegt hatte, hatte ihn von hinten geschlagen. Irgendein Plan schien in ihm zu reifen. Vielleicht will er wieder in seine Heimat zurückkehren. Er habe einen Bruder dort, den er sehr gern habe und bei dem er wohnen könne. Auch sei die Landschaft dort viel schöner, vielleicht könne er da wieder gesund werden. Hier könne er es ja doch nicht. Auf den Einwand seines Freundes, ob er sich denn wirklich nach so langer Zeit wieder an diese primitiven Verhältnisse werde gewöhnen können, lachte er nur gereizt.

Fast etwas Italienisches

Sie würden sicher versuchen, dem deutschen Michel nach dem Munde zu reden. Sie würden ihm in sein wissendes Lächeln hinein sagen, es sei dort alles ganz genau so, wie er es ja schon immer befürchtet habe, und noch schlimmer. Sie würden zu weit gehen und alles zuschütten mit Karikaturen oder Vereinfachungen, die sie auf die angstvoll erwartete Selbstgerechtigkeit des Bundesbürgers zuschneiden würden. Nur ihre eigenen Erinnerungen nicht, das würden sie nicht können. Ihre Erinnerungen würden unter diesem ideologischen Schutt lebendig bleiben. Es wäre wie ein übertriebenes Wohlverhalten, das man einem anbietet, der stärker ist und ganz dick drin sitzt. Man will es im Grunde gar nicht, man verstrickt sich aus Unsicherheit dahinein. Sie würden sich damit schädigen und verletzen und das auch spüren. Jeder spürt es, wenn er überstürzt etwas aufgibt oder verleugnet, von dem er sich, wenn er ganz Herr seiner selbst wäre, nur langsam und behutsam lösen würde. Diese Dinge würden eine Wand zwischen uns errichten.

Ich habe mir das natürlich nicht im vorhinein überlegt, aber es war die Basis meines Unbehagens. Es war etwas anderes als der direkte Widerwille, den ich empfinde, wenn ich prominente Intellektuelle aus dem Ostblock, Dissidenten, an die Werte des Westens appellieren höre. Diesen Leuten würde ich ohne Zurückhaltung und ohne besondere Sensibilität entgegentreten, egal was einer persönlich durchgemacht hätte - nicht anders als einem beliebigen Intellektuellen aus einem westlichen Land. Der Abscheu über das, was sie zu sagen haben, ist bei mir viel stärker als die Anteilnahme an ihrem Schicksal. Hier dagegen hatte ich eher Hemmungen, die Katze aus dem Sack zu lassen und mich politisch zu erkennen zu geben. Alles das verwerfen, was sie sich hier erst erkämpfen wollten? Jemanden, den deine Reichtümer und deine Sattheit faszinieren und einschüchtern, noch tiefer heruntertrumpfen mit der Karte des Antikapitalismus? Du schon erhaben über den ganzen Plunder, sie noch ganz besessen davon? Abgesehen davon, daß es eine Lüge wäre, es wäre auch eine Demütigung.

Es war aber noch anderes im Spiel als ein bißchen Sinn für Fairneß. Ich hatte die ungeheure Anziehungskraft der kapitalistischen Metropolen auf der ganzen Welt bisher persönlich nicht kennengelernt oder nicht zur Kenntnis nehmen wollen. Mein Antikapitalismus war etwas Provinzielles, ein wohlbehütetes mimosenhaftes Pflänzchen, er war nicht durch die Konfrontation mit Armut und Abhängigkeit hindurchgegangen. Gut, ich hatte mich fast schon professionell mit der berüchtigten Konsumentalität der Westdeutschen befaßt, auch mit der Massenflucht aus der DDR in den Westen. Aber das waren keine wirklichen Herausforderungen für mich gewesen. Es ist ein Leichtes, diese Phänomene aus ganz speziellen historischen Zusammenhängen herzuleiten, so daß der universale Zug an ihnen zurücktritt oder verschwindet. Irgendwann hatte ich auch einmal davon gehört, daß Stalin in den armen Ländern Asiens bis auf den heutigen Tag großes Ansehen genießt als der Schöpfer der sowjetischen Industrialisierung. Aber das war nur ein vereinzeltes Schlaglicht gewesen. Zudem hatte ich mich hier auch damit trösten können, daß dieses befremdliche Prestige Stalins in Teilen der Dritten Welt etwas mit dem revolutionären Ursprung seiner Diktatur zu tun gehabt habe. Was die Gastarbeiter in der Bundesrepublik betrifft, so hatte ich sie immer nur als eine Masse, als ein Menschenheer, als die industrielle Reservearmee des 20. Jahrhunderts wahrgenommen, die der Spätkapitalismus nach seinem Interesse eben anzieht oder wieder abstößt. Daß das über persönliche Motive und Hoffnungen in Millionen von Individuen vermittelt war, davon hatte ich nichts wissen wollen. Oder ich hatte es wegmoralisiert: Jene Türken, vorher schon Jugoslawen z. B., die hier nur Proletarier sind, um sich später in ihrer Heimat eine, wenn auch noch so bescheidene, mittelständische Existenz aufzubauen!

Und diese Leute hier wollten sogar richtige Bundesdeutsche werden, um in den Genuß des Wohlstands zu gelangen. Sie hatten ihre Abstammung von den alten deutschen Einwanderern eingesetzt, um wieder auswandern zu können. Aus Polen, dem Opfer des imperialistischen Krieges, nach Deutschland, dem Angreiferstaat, der Hochburg revanchistischer Politik. War das alles etwas ganz irrelevant für sie? Ich konnte das nicht verstehen. Ich wollte es nicht verstehen. Ich wollte mit diesen Leuten nichts zu tun haben. Deutschunterricht ja, ein möglichst wirksamer Service, dafür hatte man mich engagiert, das würden sie bekommen. Aber ansonsten möglichst kein Kontakt.

Inzwischen habe ich eingesehen, daß man wahrscheinlich nur etwas wegwerfen kann, das man lange genug und sicher genug und in Überfülle besessen hat. Es ist nicht viel Staat mit dieser Einsicht zu machen, das gebe ich zu. Es ist eher so, daß wir die avantgardistischen und puritanischen Positionen von gestern räumen und uns träge in den common sense zurückgleiten lassen. Es wird etwas von diesem mürben Pragmatismus dabeigewesen sein, wenn ich mich dann doch mit diesen Spätaussiedlern versöhnt habe. Nach kürzester Zeit war es mir schon unbegreiflich gleichgültig geworden, ob sie nun kalte Krieger waren oder nicht. Ein älterer Mann, aus Rumänien, ein ehemaliger Bauer, hat sich einmal in einer Diskussion auf erschreckende Weise erregt und geschrien, Deutschland könne gar nicht genug Panzer bauen und in alle Welt exportieren, sonst täten es die anderen. Dann lieber wir. Aber

wenn ich mich an den Mann zu erinnern versuche, taucht ein
ganz anderes Bild auf: er sitzt unbeweglich und mutterseelen-
allein in einem Schulzimmer, die Putzfrau hat schon die
Stühle hochgestellt. Er sitzt da, als habe er es nicht einmal gemerkt, ganz in sich versunken. Er hat den Kopf in beide
Hände vergraben und studiert ein vor ihm liegendes Blatt. Ich
gehe zu ihm hin, es ist der Übungstext, den ich ihnen an diesem Tag diktiert habe. Er sagt, er habe so etwas schon lange
nicht mehr gemacht, er habe das Ganze daher noch einmal
neu geschrieben.

Sie waren hier vielleicht doch nicht so ins Schleudern gekommen, wie ich angenommen hatte. So seltsam es klingt,
aber ich desertierte. Ich lief von meinen politischen Frontstel-
lungen weg. Ich fühlte mich manchmal, als sei ich in ein un-
scheinbares Epos hineingeraten.

Dann hatten diese Leute auch so ihre Mittel und Wege, es
uns zu zeigen. Ich bemerkte zum Beispiel, daß sie sich über
einen bestimmten Kollegen amüsierten. Der Mann gab sein
Bestes. Er versuchte den Ahnungslosen die großen Möglichkeiten des bewußten Käufers in diesem Lande, die Kunst des
überlegten, gezielten, souveränen Kaufens nahezubringen.
Bei ihm schien der Kunde fast noch eine Art König zu sein.
Didaktisch ging er so vor, daß er alles mit Beispielen aus seinem Leben auf das Plastischste illustrierte. Er mußte schon
fast alles erlebt haben. Es war phänomenal, er mußte eigentlich fast jeden Tag in seinem Leben in einer nicht ganz unpro-
blematischen oder sogar gefährlichen Kaufsituation gesteckt
haben, die er aber dann noch jedesmal glücklich, oft glänzend
gemeistert hat. Sei es, daß er einen außerordentlich geriebe-
nen Vertreter, der ihm eine herrlich anzuschauende, aber un-
brauchbare Enzyklopädie aufgeschwatzt hatte, auf die Plätze
verwies - frappierend einfach im Grunde, er hatte die Bestel-
lung innerhalb von acht Tagen wieder rückgängig gemacht!
Sei es, daß er als Besitzer eines kleinen Häuschens einen säu-
migen Handwerker so unter Druck gesetzt hatte, ihn wie ein
richtiger, harter, exakt kalkulierender Wirtschaftsmanager so
fertiggemacht hatte, daß der eine Mann schließlich noch froh
gewesen war, die Arbeit so gut wie umsonst ausführen zu
dürfen. Es war unwahrscheinlich, wie dieser Mann die Steine
der sozialen Marktwirtschaft zum Tanzen bringen konnte.

30

Und die naiven Osteuropäer staunten und staunten, es war wohl fast ein bißchen viel für sie, denn sie benahmen sich nicht eigentlich wie aufmerksame Schüler, sondern eher wie Leute, die sich im Zirkus befinden und eine jener lustigen Akrobatennummern begaffen. Gott sei Dank klatschten sie wenigstens nicht hinterher.

Aber es war nicht nur, daß sie den großen und schlagenden Angeboten der Bundesrepublik gegenüber eigenartig gelassen blieben. Sie machten gelegentlich sogar Anstalten, den Spieß umzudrehen. Besonders die Frauen. Es gab da Momente, da sah es fast so aus, als sei diesen Frauen die traumhafte Warenfülle in unseren Schaufenstern weniger wichtig als die banale Mühe, die notwendige Kohle dafür zu beschaffen. Hatten sie etwa geglaubt, man werde ihnen hier etwas schenken? Mehr als ein doch wahrhaft betörendes Versprechen? Das hatte selbst Amerika früher nicht gekonnt. Sicher waren sie eine Art Brüder und Schwestern. Mehr noch als die Vietnamesen, die ja nicht direkt mit uns verwandt sind. Aber man faßte sie doch schon mit Samthandschuhen an. Man ließ sie hier monatelang Deutsch lernen - wären sie Türken gewesen, hätte man weniger Umstände mit ihnen gemacht. In meiner Jugend hat man mir immer gesagt: Du muß auch mal nach unten blicken. Sie machen uns ja fast noch verlegen. Wir können doch jetzt nicht mehr für sie tun als ihnen Mut machen. Wie der Beamte vom Arbeitsamt, den ich zu Informationszwecken in den Unterricht eingeladen hatte und der ihnen die ganze Zeit über Mut machte. Das ging mir fast schon zu weit, er säuselte ja schon beinahe. Manchmal geht mir plötzlich die totale Politisierung unserer Gastfreundschaft furchtbar auf die Nerven. Oder wie der Kollege, der ihnen aus der gleichen Haltung heraus einmal sagte, er kenne eigentlich niemanden aus ihren Kreisen, der direkt untergegangen sei.

Aber das war nicht der Punkt, sie wollten im Grunde mehr. Sie wollten einfach mehr als sich durch kraftvolle Stöße über Wasser halten. Vielleicht waren es deshalb vor allem die Frauen, sie haben ja die Kinder an sich hängen. In Polen, auch in Ungarn seien berufstätige Frauen mit kleinen Kindern eindeutig besser gestellt. Es gebe zum Beispiel in allen diesen armen Ländern viel großzügigere gesetzliche Regelungen der Schwangerschaft. Eine junge Frau aus Ungarn mußte mehrmals darauf hingewiesen werden, zuletzt mit offiziellem Nachdruck, daß sie nicht einfach eine Stunde früher weglaufen könne, bloß weil da zwei unbeaufsichtigte Kinder seien. Das hätte sie sich ja vorher überlegen können. Komisch: diese Leute, die doch aus totalitären Staaten kamen, hatten manchmal etwas geradezu Italienisches an sich, ich kann es nicht anders ausdrücken. Es war ein Hauch von Charme und natürlicher Disziplinlosigkeit. Eine immer noch sehr schöne Frau, die mit ihren beiden erwachsenen Söhnen und ihrem Mann an dem Kurs teilnahm, sagte einmal, in Deutschland habe offenbar niemand Zeit. Alle seien auf unfaßbare Weise hinter dem Geld her. Es gebe kaum Kontakte, nicht einmal zum Nachbar, nicht einmal abends. In Polen sei das ganz anders gewesen und dabei lächelte sie so traurig und verächtlich, als sei sie mit ihrer Familie von der guten alten Erde auf den Mond hinaufgeschossen worden.

»Sie haben wohl einen anderen Blick, das muß ich als erstes sagen, an dem erkenne ich jeden Deutschen sofort. Ich weiß, man sprach schon im Dritten Reich vom deutschen Blick, diesem etwas kühlen, distanzierten, fragenden, abschätzenden Blick, der auch sagt, bleibt mir vom Leibe. Das deutsche Auge ist heute ein sehr klares, forsches, vorwärtsblickendes, leistungsbewußtes Auge, ein Blick, der mir persönlich nicht zusagt.«

»Ich denke manchmal, warum lassen sich die Leute hierzulande so leicht ihrer Freiheit berauben. Sie haben doch endlich die Freiheit. Warum ziehen sie sich an, warum bewegen sie sich, warum benehmen sie sich so, wie es ihnen vorgeschrieben wird, seien die Vorschriften nun vom Kaufhof oder vom Hertie-Katalog oder vom Neckermann-Katalog, und ist sie eine Diktatur ungeschriebener Art, eine sanfte Diktatur, der man sich sehr stark fügt. Es ist das, woran man sehr stark die deutschen Touristen im Ausland auch erkennt. Der Ausdruck, die Art, wie sie sich geben, ist fast erschreckend oft clichéhaft.«

(Frider Schuller, Schriftsteller aus dem rumänischen Siebenbürgen, seit drei Jahren in der BRD, ›Frankfurter Rundschau‹, 6. 2. 1982)

»Zur Devisenschieberei fühlt Tosik sich nur ersatzweise berufen, um andere, höhere Ziele zu erreichen. Schon vor

langer Zeit hat Tosik den Beschluß gefaßt, Polen für immer
zu verlassen. Er fühlt sich als Pole, in dem heimlich das Herz
eines Amerikaners schlägt. Er ist bloß vorübergehend in Polen . . . In Polen ist die Zukunft ein bodenloser Abgrund, wie
sollte man also seine Hoffnungen auf sie setzen. Natürlich
gibt es zahlreiche Menschen, die sich dem konventionellen
Zwang, eine Familie zu gründen, Vermögen anzuhäufen,
Kinder in die Welt zu setzen und großzuziehen, beugen - was
in diesem Land übrigens Aktivitäten und Anstrengungen er-
fordert, die anderswo nicht üblich sind. Aber unter dieser
Oberfläche der polnischen Existenz fließt in genau entgegen-
gesetzter Richtung die mächtige Strömung der Sehnsüchte
des Volkes, die sich auftürmen, die von einer ganz anderen
Welt träumen, ›wo es sich zu leben lohnt‹, wo man ohne
große Mühe Devisen bekommt und sie problemlos ausgeben
kann, wo die Form nicht im Mißklang zum Inhalt steht, und
wo die menschlichen Bestrebungen des Individuums nicht
von willkürlichen, undurchschaubaren Entscheidungen der
etablierten Macht abhängen.

Die kollektive Phantasie siedelt diese ›ganz andere Welt‹ -
sei dies nun zu Recht oder zu Unrecht im Westen, besonders
in Amerika an. Der ›American way of live‹ ist die Projektion
der Träume des heutigen Polen.«

(Text von 1977, in: Thierry, Wolton, Herausgeber, *Under-
ground im Ostblock*, Berlin 1978, S. 115 ff.)

Patrioten

Das eine kann ich hier weitergeben: Polen, auch deutsch-
stämmige, sprechen am besten Deutsch, wenn sie über Polen
sprechen. Sie suchen dann wirklich nach Worten. Es wäre
wirklich ein Irrtum, anzunehmen, sie lernten am leichtesten
Deutsch, wenn man sie zwänge, über Deutschland zu reden.
Vielleicht aus der Überlegung, daß Deutschland ja ihre
selbstgewählte zweite Heimat sei. Das verschlägt ihnen eher
die Sprache. Der Vorstoß in die Realität der neuen Heimat

läßt sie anscheinend verstummen. Vielleicht phantasieren sie ein bißchen wie im Fieber und fühlen sich dabei als eine Art Keil, den man irgendwo mit unsäglicher Wucht hineinschlägt. Während sie andrerseits aufzuleben scheinen und aus sich herausgehen, wenn man ihnen gestattet, einen Blick zurückzuwerfen auf das Land, dem sie den Rücken gekehrt haben, fluchtartig sogar in manchen Fällen.

Das ist das linguistisch interessante Paradox dieser Sprachschüler. Du erwartest verhärtete und verbiesterte Antikommunisten, mumienhafte Auslandsdeutsche, die heim ins Reich drängen, und du triffst auf verstörte polnische Patrioten. Sie gleichen Leuten, die sich gegen die Implikationen, gegen die innere Logik ihrer eigenen Entscheidungen stellen und stemmen. Sie scheinen die ihnen reichlich entgegenschwappende gutgemeinte westdeutsche Fraternisierung als Zumutung, als Kränkung zu empfinden. Das kleine Volk, das sie verlassen haben, scheint sie noch an vielen unsichtbaren Fäden festzuhalten und von dem großen, mächtigen fernzuhalten, dem sie sich zugesellen wollen.

Es war freilich zu dieser Zeit auch noch viel in Bewegung in Polen. Und sie alle hatten Verwandte und Freunde dort. Sie konnten also das Scheitern der Reformbewegung schlecht so weitblickend, ich möchte sagen, so visionär und mit dem gierigen, geilen Entsetzen vorwegnehmen, wie wir es konnten. Dazu ging ihnen das alles wohl zu nah. Sie klammerten sich an jeden Strohhalm. Sie sträubten sich mit aller Macht gegen eine illusionslose oder fatalistische Sicht der Dinge. Ein Mann, der mir bis dahin immer als ein tief skeptischer, fast schon stoischer Mensch vorgekommen war, meinte, vielleicht schieße die polnische Armee nicht auf das Volk. Man hat ihn herzlich ausgelacht, worauf es wieder so still wurde wie vorher. Anstatt sich kaltblütig einzugestehen, daß der Prozeß der Verelendung des Volkes nicht mehr aufzuhalten sei, wichen sie nur ganz langsam, gleichsam meterweise vor den Details des Mangels und des Hungers zurück, die sie aus Briefen erfuhren. Ich glaube, sie hielten sich hauptsächlich an diese Briefe. Sie hatten ein fast traumatisches Faible für Authentizität. Einer sagte einmal, unsere Presse sei zwar scharfäugig, aber so wie ein großer Geier, der sich auf den Kadaver freue.

Jedesmal, wenn einer einen solchen Brief bekommen hatte, brachte er ihn mit und zeigte ihn den anderen. Sie standen dann immer lange in Gruppen zusammen und palaverten und waren kaum an die Arbeit zu bringen. Eine Frau hat einmal wochenlang um den Besuch ihrer besten Freundin aus Warschau gebangt und gezittert. Sie ist dann, als diese dann schließlich doch anreiste, ungeachtet der traurigen Nachrichten anscheinend ganz selig mit ihr durch Singen gelaufen, als ob das etwas genutzt hätte, ich meine: als ob das der Frau den Einstand hier in Singen im geringsten erleichtert hätte.

Einmal habe ich ihnen ein sehr ausführliches Exklusiv-Interview eines unserer cleversten Magazine mit Walesa vorgelegt. Es war interessant, weil der Volksheld sich einmal von seiner menschlichen Seite zeigte, ganz intim, liebenswert geradezu - ein wenig lausbubenhaft, bauernschlau, ein wenig in sich selbst verliebt, aber treu wie Gold. Robin Hood könnte so gewesen sein. Ich hatte gedacht, in dieser Mischung von Heroismus und Verspieltheit oder Kindlichkeit würden sie sich vielleicht wiedererkennen, vielleicht würden sie auch geschmeichelt sein. Aber sie reagierten im Gegenteil ausgesprochen abweisend und verärgert. Walesa sei hier als ein Trottel dargestellt. Vielleicht sei er auch einer. Ein Hampelmann. Mindestens sei er ein Großmaul. Während er sich hier breitlächelnd im Lichte westlicher Publizität sonne, gehe in Polen alles drunter und drüber. Wenn dieser Mann je die Kontrolle über irgendetwas gehabt habe, dann sei sie ihm längst entglitten. Im Moment habe wahrscheinlich überhaupt niemand mehr die Kontrolle über die Entwicklung. Das war im Frühjahr 1981.

Aber nicht nur die Polen waren so. Ich habe mich öfters mit einem jungen Ingenieur aus Rumänien über die desolate wirtschaftliche Situation dieses Landes unterhalten. Er hatte im Transportwesen gearbeitet, war viel herumgekommen und verfügte über eine genaue persönliche Kenntnis der destruktiven Folgen jener forcierten Industrialisierung, wie sie unter Ceauscescu eingeleitet worden war. Manches, was er erzählte, hätte das Herz jedes Ökonomieprofessors in Chikago höher schlagen lassen. Aber nicht, wie er es erzählte. Er sah die Misere mit den Augen des Technikers, der die Verschwendung von wertvollen Materialien und von menschlicher Arbeitskraft bedauert. Er redete wie einer, der es nur persönlich aufgegeben hat, gegen diesen Zerfall anzukämpfen. Er sprach ganz ohne die jubelnde, triumphierende, halbtolle Freude der Banditen von Chikago.

Semantische Frage

Es ist in diesen Unterrichtsstunden einmal ein Ausdruck gefallen, der mich wegen seiner Ungebräuchlichkeit gefesselt hat. Er war nämlich kein Lapsus. Es handelte sich vielmehr um eine gewaltsame Eindeutschung. Genauer gesagt fiel das Wort gar nicht im Unterricht, sondern während einer jener Unterbrechungen des Unterrichts, wie sie manchmal aus organisatorischen oder disziplinarischen Gründen nötig werden. Schon mein Chef im Berufsfortbildungswerk hatte mich gewarnt. Diese »Ostleute« hätten etwas Schöntuerisches an sich. Aber im Grunde interessierten sie sich nur für sich selbst. Möglicherweise stützte sich diese Einschätzung unter anderem auf die Tatsache, daß diese Leute ja den realen Sozialismus im Stich gelassen hatten. Anfangs gäben sie sich gern fleißig und beflissen, lasse man daraufhin aber die Zügel locker, habe man bald einen Saustall. Sie täten dann, was sie wollten. Sie schwänzten und trieben anderes mehr. Ich selbst hatte zwar den Eindruck, daß sie sich anhaltend dafür interessierten, ihr Deutsch zu verbessern. Jedenfalls forderten sie mich als Lehrer in einer Weise, daß mir bald Hören und Sehen verging. Sie haben mich richtiggehend ausgesogen. Es war alles ganz konventionell und köstlich zugleich. Nein, es war so köstlich, weil es so konventionell war - Schule wie im Bilderbuch, anachronistisch, alteuropäisch: keine Motivationsprobleme, keine Massenpsychologie, keine faulen didaktischen Tricks, das trockene, ungekünstelte, angespannte Lernen unserer Träume.

Freitags schaute immer mal kurz jener Kollege herein, der diese Kurse unter sich hatte. Er wollte eigentlich nur die gesammelten Anwesenheitslisten der Woche für das Arbeitsamt abholen. Das war eine an sich schwer anfechtbare Kon-

trollmaßnahme, das Arbeitsamt zahlte den Kursteilnehmern
ja ein Unterhaltsgeld. Ich hatte immer ein bißchen Angst vor
diesem Moment. Es war schon einmal vorgekommen, daß
Leute auf der letzten Liste standen, die in der Wirklichkeit
dieses sanft verströmenden Freitagnachmittags gar nicht
mehr vorhanden waren. Einmal waren sogar mehrere, deren
Name eindeutig schwarz auf weiß auf der Liste stand, in einem Café beim Kuchenessen gesehen worden. Sogar von einem leitenden Beamten des Arbeitsamts, der vermutlich auch
gerade dort zu tun hatte. Der Kollege war daher immer ein
bißchen gereizt, wenn er die ja möglicherweise wieder unglaubhaft lückenlose Unterschriftensammlung holen kam. Er
blickte blitzschnell im Kreise herum. Er hatte wohl tief in seinem Inneren Angst davor, daß diese Leute ihn zum Schnüff-
ler, zum Denunzianten erniedrigten. Sie würden ihn am Ende
noch zu einem Büttel des Arbeitsamtes machen. Ich stelle mir
das so vor: er wollte zwar ein Nachrichten-, aber kein Was-
serträger sein. Wahrscheinlich kämpfte in ihm die Würde des
Lehrers mit der Einsicht in die Legitimität dieser amtlichen
Kontrolle.

Diesmal fing er sogar an zu brüllen. Dabei war gar nichts
direkt Unrechtsmäßiges nachzuweisen. Ein paar Leute hatten sich bei mir freigenommen, und ich hatte sie augenzwin-
kernd gehen lassen. So hatte ich es schon öfters gemacht —
ein ganz bequemes Verfahren, man konnte auf diese Weise
weder mit der Staatsgewalt noch mit den Leuten in Konflikt
kommen. Jetzt bekam ich allerdings die Rechnung für meinen Opportunismus präsentiert. Der Mann ignorierte in seinem Ärger völlig meine werte Anwesenheit, und ich stand da
wie ein dummer Junge. Das war Rüpelspiel.

Als er endlich hinaus war, war es natürlich zunächst einmal
still. Dann aber fauchte eine junge Frau aus Polen, deren Augen vor Tränen blitzten: das sei »keine Kultur«. In meiner
Verwirrung bezog ich das zunächst auf die kleine Herabset-
zung, die mir soeben widerfahren war. Später ist mir dann
aber klar geworden, daß wohl das Herabsetzende der ganzen
Situation gemeint gewesen war. Ich spreche leider kein Wort
polnisch. Könnte die Frau die übermächtige Präsenz des
Staates gemeint haben - dieses ganze Ritual, in dem sich die
beiden Lehrer, der eine sichtlich aufgeregt, der andere sicht-

lich verlegen, tief vor der Hoheit des Staates verneigt hatten? Besitzt das Wort Kultur in Polen einen zivilen und libertären Sinn?

Nicht für den Menschen

Früher, d. h. vor dem Krieg, auch vielleicht nach dem Krieg, jedenfalls vor dem Zeitalter der Solidarität, hätten wir ihn einen Polacken genannt. Damit hätten wir etymologisch, wenn ich mich so ausdrücken darf, zwei Fliegen mit einer Klappe geschlagen: den polnischen Fremdarbeiter vor 1945 und den Ostflüchtling nach 1945. Er war ein 58 Jahre alter Polacke, und ich bin überzeugt, daß er aus eigener Kraft nie zu dem bekannten und beliebten Psychoanalytiker gelangt wäre. Auch in Amerika, wo es ja herkommt, haben die Psychoanalytiker kaum je mit jenen Einwanderern zu tun, die sich soeben erst an den Küsten festklammern. Die sind eher ein Gegenstand der Ethnologie.

Ich möchte dem Alten hier nicht ins Gesicht leuchten und im einzelnen etwa über den Ausdruck in seinen Augen oder ähnliches berichten. Er hat mir nicht den Auftrag dazu gegeben, er würde es mir wahrscheinlich verbieten. Er hat mich ja nicht einmal um praktische Unterstützung gebeten, obwohl das mein Job war. In Anlehnung an die trockene, reservierte Art des kleinen alten Mannes beschränke ich mich auf die mehr äußerlichen Aspekte. Er war in Polen zeit seines Lebens Landarbeiter gewesen. In Singen am Hohentwiel erhielt er jetzt die einmalige Chance, sich zum Metallarbeiter umschulen zu lassen. Er hat sie verschenkt, um es gleich zu sagen. Das Arbeitsamt, das ihn für diesen Lehrgang ausgewählt hatte, hatte ihn überschätzt. Im Nachhinein, vom Mißerfolg her, ist es leicht, eine solche Entscheidung zu kritisieren. Aber man versetze sich einmal in die Lage jenes Sachbearbeiters, der diesen Teil des Alphabets zu bearbeiten hat. Es ist ein Kommen und Gehen, aber du bist der vielen negativen Bescheide längst müde. Du sitzt in einer Behörde, die aufgehört hat, zu funktionieren, aber weiterarbeitet. Du bist Teil einer leerlaufenden Maschinerie und sehnst dich nach einer sinnvollen Tätigkeit. Da packst du ihn eben und machst kurzen Prozeß und steckst ihn da hinein. Er wehrt sich ja auch kaum. Er kennt sich hier noch nicht aus und hält sich an dich. Er glaubt sogar ein bißchen an dich. Der westdeutsche Staat soll ja ungeheuer viel effizienter sein als der polnische. Diese Leute kommen mit großen Hoffnungen. Den enttäuschten Briefen jener Bekannter und Verwandten, die ihnen vorausgegangen waren, haben sie keinen Glauben geschenkt. Sie haben sich vielleicht gedacht: die wollen alles nur für sich haben. Oder sie haben sich überlegt, daß Briefe aus dem Westen chiffriert sein müssen, daß sie anders gar nicht durchkämen.

Dieses Vertrauen ist schön, du kennst dergleichen kaum noch. Und wie du das hoffnungsfrohe Bäuerlein schon packen willst, wird dir bewußt, wie alt es schon ist und wie verschlissen es aussieht. Das siehst du schon. Aber sollst du vielleicht Schicksal spielen und entscheiden, daß der Mann zum alten Eisen gehört? Es geht nicht mehr Alter, einmal muß Schluß sein, du hast genug gearbeitet? Nein, das geht nicht. Das ist hier ein Amt. Eine saubere, eine zeitlose Zuversicht geht durch diese Räume, und man sollte die Dinge auch nicht dramatisieren. Es ist ja erst einmal nur ein Versuch, ein Experiment, ein Probelauf sozusagen. Wenn der Alte nicht spurt, kann man ihn immer noch herausnehmen.

Der Versuch mißlang also . . . Die anderen Kursteilnehmer, die sich untereinander öfters auf das Grausamste verspotteten wegen ihrer ganz eingerosteten Rechenkünste und allgemeinen Blödheit überhaupt, nahmen ihn davon aus. Es waren alles Arbeiter, es war schrecklich, sie waren offenbar unfähig, irgendjemanden ausreden zu lassen. Ausgenommen den Alten, den sie, wenn er nicht dabei war, aber auch wenn er dabei war, den »Großvater« nannten. Der Alte sagte, er könne dem Unterricht nicht folgen, er stehe vor diesen neuen Rechenmethoden wie ein Ochs vor dem Berge. Vor 50 Jahren, in der Volksschule, hätten sie ihm ganz andere Methoden beigebracht. Seitdem habe er nur noch gearbeitet. Da war es dann mäuschenstill. Höchstens, daß jemand mal etwas furchtbar Haßerfülltes murmelte.

Nach einigen Wochen sagte der Mann, er könne ja allem Anschein nach leider nicht rechnen. Dazu reiche es aber bei ihm, daß er sich ausrechnen könne, daß er hier keine Chance habe. Er habe mit seinen veralteten Praktiken auch einmal durchgerechnet, was er jetzt überhaupt bekomme. Er sei dabei zu dem Ergebnis gekommen, daß er sich seit der Teilnahme an dieser Schulung finanziell wesentlich schlechter stelle als vorher.

Man rechnete nach und nahm ihn daraufhin aus der Sache heraus. Er tauchte ein paarmal noch privat auf. Beim ersten Mal war er langsam und umständlich herumgegangen und hatte die 20 Mann und Exkollegen nacheinander mit Handschlag begrüßt. Wahrscheinlich weil er als alter Landarbeiter nicht mitbekommen hatte, daß man das auch mit einem lockeren »Hallo« erledigen kann. Meistens blieb er aber draußen vor der Tür und bat mich heraus. Ich hatte ihm angeboten, ihm einen Termin bei einem Psychoanalytiker in Konstanz zu vermitteln. Das kostete mich einen Telefonanruf; denn uns dienen diese Ärzte ja. Für ihn scheint es hingegen ein Problem gewesen zu sein. Er sprach die Angelegenheit mehrmals im Detail mit mir durch, so als fürchte er, die Kontrolle über das Manöver zu verlieren. Dabei war der Gedanke denkbar einfach. Der Facharzt sollte als zusätzlicher Gutachter ins Spiel gebracht werden und bestätigen, daß der Alte auch psychisch nicht mehr könne: schon etwas senil sei oder so ähnlich, nicht mehr ausreichend flexibel für den Sprung aus den primitiven Agrarverhältnissen des Ostens in unsere hochentwickelte Industriegesellschaft des Westens. Ich weiß nicht, wie das in den Ohren des Alten geklungen hat, aber es war ein plausibler Gedanke. Und der Alte hatte auch gar keine andere Wahl. Das Physische war bei ihm schon mehrfach ohne Erfolg durchgetestet worden. Schon vor Jahren war sein Antrag auf eine Kriegsversehrtenrente abgelehnt worden. Er war im Krieg einmal einen Tag unter Trümmern verschüttet gewesen. Aber der verantwortliche Arzt hatte zwischen diesem Ereignis und den verschiedenen, über den ganzen Körper verbreiteten Leiden des Alten keinen exakten kausalen Nexus herstellen können. Ebensogut könne es sich um ganz ordinäre Verschleißerscheinungen handeln, die den Belastungen des zivilen Arbeitslebens zu verdanken seien. Dann hatte der Mann versucht, eine Erwerbsunfähigkeitsrente zu bekommen. Auch das war gescheitert und hatte nur dazu geführt, daß man ihm beim Arbeitsamt heruntergestuft hatte. Das mit dem Psychiater jetzt war der dritte Anlauf.

Aber wahrscheinlich war alles für die Katz'. Dem Mann fehlten ein paar Jahre. Es gab da eine klaffende mehrjährige Lücke in der Serie seiner Versicherungsbeiträge. Unter Hitler sei ein Landarbeiter nicht versicherungspflichtig gewesen. Er wisse aber, daß sein Vater, in dessen Betrieb er gearbeitet habe, vor dem Krieg für ihn solche Beiträge abgeführt habe — freiwillig, das sei kein Pappenstiel für sie gewesen. Nachträglich wundere ihn diese Handlungsweise des Vaters fast; denn damals habe ja eigentlich noch kein Mensch ahnen können, was da noch alles kommen werde. Sie hätten sich damals noch ziemlich sicher auf ihrem Land gefühlt. Etwas anderes habe man sich eben gar nicht vorstellen können. Alles habe ausgesehen, als ob es so sein müsse. Wenn er sich vorstelle, wohin es ihn und seine Frau inzwischen verschlagen habe. Sie hätten ihm das bei der Rentenversicherung hier zuerst nicht glauben wollen und Beweise verlangt. Die Unterlagen seien aber im Krieg restlos verloren gegangen. Er habe sie schließlich auch nicht herbeizaubern oder aus dem Dreck herausbuddeln können. Zwei frühere Bekannte aus seinem alten Dorf, die er unter den Spätaussiedlern wieder getroffen habe, hätten seine Angaben dann aber eidesstattlich bekräftigt. Aber für die Jahre danach, in denen er Soldat gewesen sei, gebe es keinerlei Zahlungsbelege. So viel er wisse, habe die deutsche Armee nach freiem Ermessen darüber entscheiden können, ob sie für einen Soldaten Versicherungsbeiträge einzahle oder nicht. Sie hätten sich damals ja auch Pferde von den Bauern geholt. Dafür hätten sie aber ordnungsgemäß bezahlt. Nicht für den Menschen. Den Menschen hätten sie so genommen.

Im Reich der Wörter

Der Kalauer ist mein ärgster Feind. Er steht dauernd da und bietet sich an. Er ist so heimtückisch leicht zugänglich. Du sitzt noch nicht richtig am Schreibtisch, da bastelst du dir schon mit leichter Hand einen schönen Pappkameraden, legst ihn dir zurecht und haust ihn mit einem Schlage platt. Platter geht es schon gar nicht mehr. Das ist aber nur eine Möglichkeit. Eine andere, mindestens ebenso vergnügliche, besteht darin, den Pappkameraden an den Marterpfahl zu stellen und ihn mit dem rasierklingenscharfen Messer deines Sarkasmus langsam zu zerschneiden. Das Messer führst du ja immer griffbereit bei dir, kaum, daß du es über Nacht abkoppelst. Es bedarf also keiner weiteren Vorbereitung, du kannst sofort anfangen.

Andauernd muß ich Übertreibungen abmildern. Es kommt dauernd zu stilistischen Entgleisungen. Faustdicke Pointen belästigen mich. Warum bist du nur so giftig. Du bist doch sonst nicht so empört, wenn du irgendwo Unrecht siehst. Eigentlich kannst du die Situationen an einer Hand abzählen, in denen du wirklich zornig warst. Meist hat es irgend etwas mit deinen Kindern zu tun, denen z. B. so ein Bube von Lehrer zu nahe getreten sein mochte. Kaum aber sitzt du am Schreibtisch, wirst du so furchtbar böse. Es scheint ja fast, daß dich eine Ungerechtigkeit, die du persönlich miterlebt hast, erst dann so richtig empört, wenn du dich anschickst, über sie zu schreiben. Kann es denn sein, daß dich das lebendige Leben weniger berührt als die Erinnerung, als eine Rekonstruktion aus der Distanz? Was sind denn das für Abgründe?

Es kann nicht an der Ungerechtigkeit liegen, denn diese ist ganz unzweifelhaft um vieles härter, wenn sie passiert, als dann, wenn du sie dir ins Gedächtnis rufst. Das einemal ist sie ein Schlag, das andere mal nur noch ein Bild, wie lebhaft koloriert auch immer. Es muß also an dir oder am Schreiben liegen. Ich erwäge einen Augenblick, daß es vielleicht eine Art Wiedergutmachung sein könnte. Du hast in dem Moment, in dem das Unrecht geschah, nicht den Mut gefunden, praktisch einzugreifen, und willst dieses Versagen im nachheinein verbal ausgleichen. Da das im Ernst natürlich nicht möglich ist, jagst du dich zu diesen schrillen Tönen hinauf. Aber ich verwerfe diesen Gedanken gleich wieder. Er ist zu moralisch, um wahr zu sein. So beunruhigt, so unter Druck gesetzt fühlst du dich doch gar nicht von deiner Passivität. Könnte es nicht vielmehr sein, daß du tatsächlich erst im Reich der Wörter zum Leben erwachst? Hat dir nicht einmal jemand gesagt, du seiest immer so geistesabwesend und man habe oft den Eindruck, du hörtest kaum zu - in deinen Texten tätest du dann aber so, als hättest du einfach alles registriert, auch noch das feinste Gekräusel von Bekümmerung auf einer Menschenseele? Dann wärst du also ein Ästhet? Dann wäre dir das Unrecht, so wie es sich ereignet, zu diffus, zu amorph, zu unrein? Du müßtest es gleichsam erst aus dem Erz des Alltags herausschmelzen, müßtest es unbedingt pur haben? Und deine Erhitzung beim Schreiben wäre nichts anderes als die Begleiterscheinung, der rotglühende Widerschein dieses Produktionsprozesses? Ich mag gar nicht weiterfragen.

Kleine Dokumentation I

»Der wirtschaftliche Aufschwung der Bundesrepublik Deutschland, steigende Kosten des Nomadisierens und viele andere Faktoren wie zum Beispiel die Konkurrenz durch ›bürgerliche‹ Unternehmen im Schrott-, Antiquitäten- und Schaustellergewerbe verschlechterten die Marktchancen der Zigeuner. Bei vielen von ihnen war der notwendigste Lebensunterhalt großenteils durch die Hausiertätigkeit und Bettelei der Frauen erworben worden. Jetzt wurde es für viele dieser Frauen notwendig, Sozialhilfe zu beantragen, um das Überleben ihrer Familien zu sichern. Dies verstärkte den ökonomischen Zwang zur Seßhaftigkeit, die ihrerseits eine traditionsorientierte und gleichzeitig rentable Gewerbetätigkeit der Männer erschwert.« (*Hilfen für Zigeuner und Landfahrer*, Schriftenreihe des Bundesministers für Jugend, Familie und Gesundheit, Band 86, 1980, S. 127)

»Die Zigeuner haben weder festen Wohnsitz noch gehen sie einer geregelten Berufsarbeit nach. Der Hang zu einem ungebundenen Wanderleben und eine ausgeprägte Arbeitsscheu gehören zu den besonderen Merkmalen der Zigeuner.« (Aus einem Leitfaden für Kriminalbeamte vom Bundeskriminalamt Wiesbaden, zitiert nach ›Frankfurter Rundschau‹, 3. 5. 1982)

»Der durch die Armut und Seßhaftigkeit notwendig gewordene Kontakt zu Sozialarbeitern, Lehrern und anderen Mitarbeitern wird als eine ›ökonomische Beziehung‹ betrachtet; einige Zigeuner meinen sogar, daß deren Gehalt eigentlich für sie bestimmt gewesen sei und daß man es ihnen besser direkt ausgezahlt hätte.« (Hilfen für Zigeuner und Landfahrer, a. a. O., S. 139)

»Es zeichnet sich jetzt so etwas wie ein Hausverbot im Jugendhaus ab. Die wollen eben, daß alles glänzt. Die wollen Erfolg. Das und das haben wir geleistet. Eigentlich sind diese Jungen nur in einer hiesigen Rockergruppe, den ›Worrias‹ [Verballhornung von warriors, E.K.] als gleichrangige Menschen wirklich voll akzeptiert worden.« (Sozialarbeiter in Singen über die Söhne einer Landfahrerfamilie, Herbst 1981) »Das sind die Armeen der Nacht. Sie sind 100 000 und der Polizei 5:1 überlegen. Sie könnten New York beherrschen. Aber in dieser Nacht jagen sie die Warriors.« (Filmreklame) Das Kräfteverhältnis war dann aber doch eher umgekehrt: »Nun zog die Polizei ... den ›Worrias‹ den Kampfanzug aus ... Diesmal reagierte die Polizei spontan auf Schlägereien, die die ›Worrias‹ in Gottmadingen anzettelten. Neun Jacken wurden beschlagnahmt. Vorausgegangen war am frühen Montag abend eine Zusammenkunft der ›Worrias‹ in Gottmadingen, die einer Strafexpedition gleichkam. Ein Gottmadinger Jugendlicher hatte in der letzten Woche einem Rocker die Jacke gestohlen und diese auf dem Rathausplatz öffentlich verbrannt. Dafür sollte Rache genommen werden ...« (›Schwarzwälder Bote‹, 26. 3. 1980)

»Was verbirgt sich hinter dem Begriff ›Sozialbrennpunkt Etzwiler Straße‹? Zum Jahresbeginn 1981 waren in dem Brennpunktquartier, das an sich als Not- und Durchgangsquartier für Obdachlose gedacht war, aber für manische und jenische Minderheiten längst zum Dauerquartier geworden ist, 25 Familien mit zusammen 170 Personen, davon 99 Kinder und Jugendliche unter 18 Jahren in drei Einfachstwohnblocks untergebracht. Immer weiter zunehmende Verdichtung des Quartiers aufgrund des starken Nachwuchses der Minderheitenfamilien machen es notwendig, zusätzlichen

Wohnraum zu schaffen. Der Singener Brennpunkt stellt eine
Insel dar. Er ist durch drei Straßen und Eisenbahnschienen
von der übrigen Bevölkerung völlig abgeschnitten. Es gibt
kein sozial-kulturelles Kontaktfeld im Nachbarbereich. Die
Insel ist ohne Nachbarschaft. Beherrschend ist der Blickkon-
takt zu Industrieanlagen. Mit dieser geographischen Lage des
Sozialasyls ist eine eindeutige Ghettosituation gegeben mit
allen ihren fatalen Konsequenzen. Eine davon gleich vorweg:
Es gibt keine noch so aufopferungsbereite Betreuungseinrichtung, die die zersetzende Eigengesetzlichkeit, den soge-
nannten Teufelskreis eines Ghettos durchbrechen könnte.
Alle Liebesmüh muß letztlich auf der Strecke bleiben. In Singen enden für die meisten ethnischen, insbesondere aber die
jenischen Familien alle Wege in eine bessere Zukunft an den
drei Straßen und den Eisenbahnschienen. Das Quartier bietet
keinerlei Chance einer sozialen Aufwärtsentwicklung. Es
gibt keine soziale Orientierung. Schwache sehen nur Schwache, Hilfsbedürftige, Haltlose. Hier kann niemand sozusagen
einen sozialen Anker werfen. Das bessere soziale Beispiel
gibt es nicht. Die aufopferungsvoll wirkenden und gutmei-
nenden helfenden Mitarbeiterinnen vom Sozialdienst Katho-
lischer Frauen sind dieser Situation gegenüber machtlos. Es
ist allerdings zu fürchten, daß sie vor ihrer Ohnmacht aus
Karitativität die Augen verschließen. In Unkenntnis der un-
steuerbaren Eigendynamik von Ghettogebilden wie der Etzwiler Straße investierte die Stadt einen Millionenaufwand für
eine Betreuungseinrichtung, einen Kindergarten und Kör-
perwaschanlagen, die in den Wohnungen fehlen. Der Treffpunkt Süd ist ein Ghetto im Ghetto. Er wurde für oder wegen
der Bewohner mit einem bajonettspitzen Zaun eingehagt. In-
des, das Betreuungsprojekt muß heute als gescheitert betrachtet werden, so viel Hilfe, Zeit und Hingabe der Sozialdienst der Katholischen Frauen den Kindern auch gezielt hin-
wendet. Um es zu wiederholen: die gesellschaftlich isolierte
Lage des Randquartiers erstickt jeglichen positiven Willen
und hat vielfach auch die familiär-sozialen Innenbindungen
in wahrscheinlich unheilbarer Weise zerstört. Die Betreuung
und Behütung ist ein Kurieren an immer derselben Wunde.«
(Radio Wellenbrecher, Reportage über die Singener Südstadt, Anfang 1982)

Ergänzend: das ist die Misere der sozialstaatlichen Intervention. Die beiden anderen größeren Städte in der näheren Umgebung, Konstanz und Radolfzell, weigern sich, dagegen zu intervenieren. Sie vertreiben die Landfahrer einfach aus ihrem Gebiet. Sie treiben sie einfach nach Singen. Damit nicht der Eindruck entsteht, Singen sei eine Art Geschwür am makellosen Körper der Bundesrepublik. Allerdings wird in Singen der historische Zusammenhang zwischen ökonomischer Dynamik und Ghettobildung besonders deutlich. Der rasante Aufstieg Singens vom Dorf zur Industriestadt war von einem chronischen Wohnungsmangel begleitet. »Seit den Jahren der Industrialisierung ist aus der Stadt eine extreme Wohnungsnot nicht mehr gewichen. Dem stets steigenden Arbeiterbedürfnis vermag der Wohnungsbau selbst bei großer Konzentration und verschiedenster Förderung nicht Schritt zu halten. Glücklicherweise gehörten trotzdem Arbeiterkolonien und Barackenlager zur Seltenheit.« (Fritz Schmidlin, *Singen a. H. Grundzüge einer Stadtbiographie*, 1955, S. 22) Und das ist noch eine Verharmlosung: die Stadt war nicht einfach überfordert. Man hat Singen eine »Goldgräberstadt« genannt (vgl. Thomas Herzig, *Singen a. H. 1871–1925. Wirtschaftliche und soziale Probleme auf dem Weg vom Dorf zur Industriestadt*, Freiburg 1979, Maschinenschrift). Der steile Take off, der industrielle Senkrechtstart, führte zur Grundstücksspekulation. Beides, die Schere zwischen industrieller Expansion und Wohnungsbau und die kapitalistische Verwertung von Grund und Boden, hat die Masse der Bevölkerung über Jahrzehnte schwer belastet. In dieser Perspektive ist auch die kostspielige Betreuungseinrichtung in der Etzwiler Straße zu sehen. Der homo faber bleibt homo faber, auch wenn er die Kontrolle verliert. Dann rafft er sich auf. Es wird dann punktuell etwas gebaut. Man versucht gleichsam, die Löcher des sozialen Raubbaus zu überbauen.

»Grad die, die wo sie in die zwei kleine Zimmer (Wohnung) gesteckt haben, die steht jetzt schon drei Jahr hat die da vorne gestanden mit ihrem Wohnwagen, sommers wie winters, und hat sechs Kinder. Bis ihr jetzt die zwei Zimmerle ge-

Sinti - Kinder

währt wurden und das kleine Küchle. So tun sie die Leut ver-
frachten. Wie die Hunde.« (Der Sippenchef der Sinti in Singen, Interview mit Radio Wellenbrecher, Anfang 1982)

»Wenn die hinaufgehen und telefonieren und sagen, der kommt mir nicht hinein und die kriegt jetzt die Wohnung, dann wird das auch so gemacht . . . Wenn man denen nicht in den Arsch hineinschlupft, auf deutsch gesagt, dann ist man sowieso unten durch . . . Ich hab zu ihr mal gesagt, sagen Sie, Frau . . ., Sie werden doch bezahlt von der Stadt. Sagt sie: Nein, das machen wir alles ehrenamtlich. Die ist 72 Jahr alt . . . Die soll doch in ihr Haus hineingehen. Was will denn die? Die kommt bloß zum Spionieren. D'Leut ausfragen und aufs Rathaus tragen dann. Gucken, was wir essen und was wir tun. Dazu brauchen wir keinen Sozialdienst.« (Der Sippenchef der Sinti über den Sozialdienst der katholischen Frauen, Interview mit Radio Wellenbrecher, Anfang 1982)

»Es ist . . . unbegreiflich und aufs schärfste zu verurteilen, daß Sozialarbeiter und Studenten immer wieder in Veröffentlichungen und Dissertationen . . . Tabus und zigeunerische Gesetze beschreiben und verraten.« (Anita Geigges, Bernhard W. Welte, *Zigeuner heute*, 1979, S. 462) »31 Prozent der befragten Experten streben den Abbau von Tabus an, da diese zum einen dem Kennenlernen neuer Kulturtechniken im Wege stünden, zum anderen in ihrem Sinngehalt historisch völlig überholt seien.« (*Hilfen für Zigeuner und Landfahrer*, 1980, S. 349)

»Wir brauchen keine Bücher, wir reden doch miteinander.« In Jugoslawien publizierte man ein Lehrbuch des Romani, »an dessen Erstellung Sanskritforscher mitgearbeitet haben. Sie ersetzten Wörter des gesprochenen Romanisch, die aus den südslawischen Sprachen übernommen sind, durch Sanskritwörter, im Interesse der Fixierung eines ›reinen‹ Romanisch. Die Zigeuner lernen mit diesem Lehrbuch ihre eigene Sprache nicht nur in einer fremden Kommunikationsform (geschrieben), sondern auch noch als Fremdsprache. Das erste in der neuen Zigeunersprache veröffentlichte Werk ist die Übersetzung eines vor allem für Kinder gedachten Propagandabüchleins ›Wir gehören Tito und Tito gehört uns‹.« (Georgia A. Rakelmann, *Zigeuner in der Schule. Regulierung durch Pädagogik*, in: Mark Münzel, Bernhard Streck, Hrsg., *Kumpania und Kontrolle*, 1981, S. 174 und 1976)

Eine Sonderschullehrerin in Singen (sinngemäß): Wenn einem Landfahrerkind in der Schule Unrecht geschieht, sind am nächsten Tag garantiert die Verwandten da. Das ist bei den anderen Kindern nicht so. Viele Familien richten ihre Aggression eher gegen sich selbst. Ein anderer Sonderschullehrer: »Diese Leute denken oft, sie müßten etwas dafür bekommen, wenn sie uns ihre Kinder in die Schule schicken, sie täten uns einen Gefallen damit.«

Pursuit of happiness

In dieser Form werde das garantiert nicht gedruckt. Ich hätte das Ganze als Tragödie und als erschütterndes Einzelschicksal aufbereiten müssen. Ich hätte das Ganze aber als Bestandteil deutscher Geschichte dargestellt. Wenn ich wenigstens beschrieben hätte, wie diese Familie das Opfer von Amtsmißbrauch, bürokratischer Willkür und böswilliger Verschleppung geworden sei, würden sie es möglicherweise bringen. Man könne da ruhig in die vollen gehen. Das ganze Drama dürfe herauskommen. Das Knallige schrecke die Presse seiner Beobachtung nach keineswegs ab, sondern scheine sie ganz im Gegenteil stark anzuziehen. Der Jugendliche erinnerte an den Schnappschuß von dem Gesicht jenes Mannes, der durch das Bombenattentat auf dem Münchner Oktoberfest seine Kinder verloren hatte. Das menschliche Leid, so könne man es verallgemeinern, solle den Leser offenbar überfallen, es solle schockieren wie ein Schrei. Ich hätte die leidvollen Erfahrungen dieser Landfahrerfamilie eben allzusehr in das normale Alltagsgeschehen der Stadt eingeordnet. Es gebe ja in meinem Artikel nicht einmal einen ordentlichen Sündenbock.

Er hatte leider recht. Sie haben es nicht publiziert. Es war mir eigentlich sofort klar: der Lokalredakteur machte nämlich ein unbeschreiblich scheinheiliges Gesicht. Es war jenes doppelsinnige »Aber das darf doch nicht wahr sein«: es läßt dich in dem Glauben, daß es sich auf die Sache, auf den Skandal bezieht - in Wirklichkeit bezieht es sich aber auf deine Naivität. Als ich nach 14 Tagen noch einmal nachfragte, schnitt er mir wieder dieses trostlose Gesicht, nur daß das Moment von Verblüffung jetzt einer Andeutung von Verärgerung gewichen war. Ich hätte mich da ja mächtig ins Zeug gelegt. Diese Familie sei ihnen gut bekannt. Diese Leute seien schon ungefähr seit zehn Jahren in Singen. Immer in dieser kriminellen Bruchbude? Die ganze Zeit? Ja, er glaube schon, sie hätten auch früher einmal darüber berichtet, mittlerweile sei man aber vorsichtiger geworden. (Wie ich später erfahre, hat die Zeitung einem Journalisten wegen seiner Berichterstattung über diese Landfahrer gekündigt.) Wieso, fragte ich noch, obwohl ich innerlich schon zusammenfiel wie ein nasser Sack. Ob ich denn wisse, daß diese Leute von der Sozialhilfe lebten.

Darf ich fragen, welcher Logik Sie da folgen, Sire? Wollen Sie damit etwa sagen, daß einer, der nicht arbeitet, auch nicht wohnen soll? Aber ich habe es nur gedacht, als ich schon wieder auf der Treppe war. Marquis Posa, die Treppe hinunter.

Das Wohnungsamt kennt die Situation. Sie haben sich das Haus angesehen und es für unbewohnbar erklärt. Es handelt sich nicht um eine Untätigkeit einfacher Art. Zwar hat die alte Frau auch dafür kämpfen müssen. Einmal habe sie sogar mit einem Stück faulen Holz aus dem verrotteten Gebälk der Wohnung zum Bürgermeister gehen wollen. Sie sei aber von »den Frauen im Vorzimmer« abgefangen worden. Man habe ihr dort gesagt, das Stück Holz sei kein Beweis. Das könne sie ja auch irgendwo anders herhaben. Aber inzwischen hat die Stadt die Lage der Familie offiziell zur Kenntnis genommen. Hinter der Untätigkeit der Behörde verbirgt sich ein Erpressungsversuch. Man hat der Familie eine Alternative in der Südstadt angeboten. Die Familie hat bislang abgelehnt. Jetzt wartet man. Man rechnet wohl damit, daß die Leute unter dem Druck der Notlage weich werden. Eine andere Familie wäre wohl auch schon weich geworden - aber diese zähen Zigeuner! Möglicherweise sind die Beamten selbst ansatzweise verunsichert. Allzu lange kann man das ja nicht so lassen. Das wäre ungesetzlich. Es kann nicht geduldet werden, daß jemand lieber in einem amtlich für unbewohnbar erklärten Haus bleibt als in eine Wohnung zu ziehen, die den gesetzlichen Mindestanforderungen entspricht. Ganz abgesehen davon, daß ein solches Verhalten auch widernatürlich ist. Wirklich glücklich ist der Mensch ja im Grunde nur in einem Heim, das ihm selbst gehört. Schon als Mieter ist er nicht mehr ganz glücklich, und er wird um so unglücklicher, je mehr er sich dem Niveau des Sozialbaus annähert. Wenn er es schließlich unterschreitet, gerät der Mensch in Panik. Mit ihrem Starrsinn stellen diese Leute sich also neben den allgemein menschlichen pursuit of happiness und lassen ihn an sich vorbeirauschen. Man wird etwas tun müssen. Man wird sie wieder hineinbringen müssen.

Die Rede von der Mentalität ist verdächtig, das riecht nach Rassismus, es wird also das Milieu sein. Es werden irgendwelche gesellschaftlichen Mechanismen sein, die das Bewußtsein und den Lebenswillen dieser Menschen zerstört haben. Armut, Chaos und Verwahrlosung haben sie langsam so weit gebracht, daß sie sich heute nur noch in Armut, Chaos und Verwahrlosung sauwohl fühlen. Vor zehn Jahren hätte man da ganz anders zugegriffen. Heute lastet eine schwere Müdigkeit auf den Organen des Staates. Der Oberbürgermeister (SPD) wollte 1970 »durch eine Untersuchungskommission bei den Remishof-Landfahrerkindern Verwahrlosungsgrade ermitteln lassen und je nach Verwahrlosungsbefund Kinder von ihren Eltern trennen.« (›Schwarzwälder Bote‹, 28. 2. 1970) »Sie müssen von den Eltern getrennt werden, um aus diesem Milieu herauszukommen.« (›Südkurier‹, 24. 1. 1970) »Das können die doch nicht machen. Bevor sie mir meine Kinder nehmen, will ich lieber mit den Kleinen nicht mehr leben.« (›Schwarzwälder Bote‹, 28. 2. 1970)

Noch heute, nach mehr als einem vollen Jahrzehnt, hat die Frau das nicht vergessen. Sie kommt unvermittelt darauf zu sprechen. Sie hätten damals ein Kind im Krankenhaus gehabt, aber sie hätten solche Angst bekommen, daß sie sich zu zweit, zwei Frauen, spätabends in das Krankenhaus geschlichen und das Kind heimlich in Sicherheit gebracht hätten. Wie der Volksglaube es will: Zigeuner klauen kleine Kinder.

Die Leute stammen aus der Schweiz, sie sind Schweizer »Jenische«. Die Familie der alten Frau war 1922 aus der Schweiz ausgewiesen worden (sie selbst war damals fünf Jahre alt), und vielleicht ist ihnen die Angst über die Grenze nachgekrochen. Zory Lovare, Präsidentin des Vereins »Pro Tzigania Svizzera«, hat die Praktiken des schweizerischen Fürsorgevereins »Pro Juventute« untersucht. »Finanziert durch Wohlfahrtsbriefmarken . . . hat dieser Verein über Jahrzehnte den fahrenden Müttern in der Schweiz die Kinder weggenommen. 733 Fälle hat Zory Lovare in jahrelangem Kampf nachgewiesen. Mindestens 733 Kinder sind in der Schweiz den Eltern weggenommen, in Heime gesteckt, zur Adoption freigegeben und ohne viel Federlesens mit neuen Namen versehen worden . . .« Götz Aly, in: ›die tageszeitung‹, 21. 5. 1981)

Über die Fangmethoden von »Pro Juventute«:

»Wie die Geschwister meines Mannes. Da waren die Eltern gerade fort - ich hab noch ein Foto - da sind die Kinder, alle elf Kinder weggeholt worden. Ja, ja, wo die Eltern heimgekommen sind, waren keine Kinder mehr da. Eins da, eins dort, einige sind unterdessen gestorben und . . . Jesses Gott!«

»Die elterliche Gewalt wurde mir . . . entzogen, und ich möchte betonen, daß ich auch nachträglich nie Gelegenheit hatte, mich zu diesen Maßnahmen zu äußern. Eine Verhandlung zwischen mir, dem Vormund oder den Vormundschaftsbehörden fand nie statt. Seit zwanzig Jahren habe ich weder meine Kinder gesehen noch erfahren, wo sie jetzt sind und was sie machen. Einzig von Marcel weiß ich, daß er 1949 starb. Pro Juventute teilte mir dies aber erst mit, als er bereits begraben war. Für mich sind auch die anderen vier Kinder tot, und das tut weh.«

Der Leiter des Programms, der Pädagoge Dr. Alfred Siegfried, beklagte sich mehrfach über das »hartnäckige Verhalten« der Eltern und über ihren »geradezu wilden Kampf« um die Kinder. (Edith Gerth, *Kinderraub und Fürsorge*, in: Mark Münzel, Bernhard Streck, Hrsg., *Kumpania und Kontrolle. Moderne Behinderungen zigeunerischen Lebens*, Gießen 1981, S. 146, 148)

Allerdings ist der Sanierungsplan des Bürgermeisters von Singen dann doch nicht in Erfüllung gegangen. Schüchtern kündigte sich schon damals an, was sich inzwischen überall breit gemacht hat. Wie es der Sachbearbeiter des Jugendamtes formulierte: »Bei einer Heimeinweisung müssen wir uns überlegen, ob wir das mit dem Geld des Steuerzahlers verant-

worten können.« (›Südkurier‹, Singener Zeitung, Nr. 68,
1970, S. 15) Und der christliche Steuerzahler persönlich in
klassischer Rede: »Gewiß, es ist begrüßenswert, wenn man in
der heute ja so kontaktarmen Zeit etwas für seine Mitmen-
schen übrig hat. Aber ist es nicht übertrieben, daß man uns
alle für diese Menschen verantwortlich macht und sogar von
einer Sünde spricht? Werden wir nicht alle selbst für unser
Tun und Handeln einmal zur Rechenschaft gezogen? . . . In
diesem Fall werden die Kinder immer als Aushängeschild be-
nutzt und ›ach ja, der armen Kinder wegen muß man da schon
etwas machen‹, heißt es dann. Aber sind denn die Eltern dieser Kinder bereit, ihr Leben zu verändern, um diesem Milieu
den Rücken zu kehren? Nein, sie tun es nicht; denn arbeiten,
das ist keine Sache für sie. Bekommen sie aber ihre Unterstützung nicht ausschließlich von den Steuergeldern, welche die
Menschen in unserer Stadt für ihre schwere Arbeit entrichten
müssen? Wenn das Kindergeld, das die Familien bekommen,
für eine ordentliche Kleidung aufgewendet würde, sie sich die
Haare schneiden ließen und sauber gewaschen daherkämen,
ich möchte sehen, ob sie keine Arbeit, bei vorausgesetztem
guten Willen, finden und bekommen würden. Wenn wir in-
folge Arbeitslosigkeit oder Kurzarbeit nicht genügend Geld
besitzen, müssen wir uns unseren Verhältnissen anpassen
und können nicht am hellen Tage in eine Gastwirtschaft gehen. Wie oft habe ich beim täglichen Einkauf beobachtet, daß
zwei bis drei Traktoren der Landfahrer vor einer Gaststätte
standen, in die sie eingekehrt waren, nachdem sie etwas Geld
durch den Erlös des Alteisenhandels bekommen hatten. Ich
möchte deshalb OB Möhrle sagen, daß dieser Misere nur dadurch begegnet werden kann, daß sich die Landfahrer, wie
wir, zu einem Leben in einer Ordnung unter Achtung ihrer
Gesetze bekennen. Von mir bekämen sie keinerlei finanzielle
Unterstützung mehr, solange sie diesem Milieu nicht ›lebe-
wohl‹ gesagt haben. Es ist sicher, wenn man ihnen diese Auflage machen würde, keine neuen Landfahrer mehr nach Singen kommen werden. Eine Stadt wie Singen braucht streb-
same und nach vorwärts schauende Menschen.« (Leserbrief
im ›Südkurier‹ vom 8. 2. 1972)

Soweit die Milieutheorie und ihre Anhängerschaft. Würde
man aber diese Landfahrer kennenlernen und mit ihnen ein-

mal ein Wort reden oder sie gar zu Hause besuchen, käme man freilich in arge Bedrängnis. Das Haus ist nur noch Schrott. Es ist im Winter kaum zu heizen. Und im Sommer wimmelt es von Ungeziefer, Käfern. Es leben fünf Kinder dort, der Platz reicht vorne und hinten nicht. Hygiene und Intimität sind kaum zu gewährleisten. Kein Bad, keine Dusche. Kurz, an der Milieutheorie wird nur festhalten, wer nie in diesem Milieu gewesen ist. Oder umgekehrt: daraus, daß die Leute es so genau wissen, kann man schließen, daß sie blind sind. Empirie ist selten im Spiel, wenn der gesunde Menschenverstand am Werk ist. Wir sind praktisch zu, daher unsere Aufgeschlossenheit für das Plausible und das Populäre.

Aber wenn nicht aus inniger Verbundenheit mit dem Dreck und Schutt, der sie umgibt - warum bleiben sie dann? Wir sprechen mit der Großmutter der Familie. Sie ist 64 Jahre alt. Vielleicht ist sie das Haupt der Familie. Jedenfalls sichert sie über die Sozialhilfe das Überleben der ganzen Familie, auch das ihrer erwachsenen Söhne, junger Männer zwischen 17 und 20. Auch den Kampf für eine menschenwürdige Wohnung führt sie. Auch zu uns, zur Arbeitsloseninitiative, kommt sie nicht, um uns ein Interview zu geben. Der Kontakt war von einem der Arbeitslosen, einem älteren Mann, hergestellt worden. Er hatte gebieterisch verlangt, wir sollten uns um diese Familie kümmern. Ich glaube, er sah sich auch selbst nicht so sehr als Arbeitslosen, sondern eher als Armen. In diesem Geist hatte sich wohl das moderne Bild der Randgruppe noch nicht geformt, hier lebten noch die armen Leute von früher. Die alte Frau zeichnet ein ganz anderes Bild. Sie haben sich für die Seßhaftigkeit entschieden und kämpfen seit Jahren um ihre Einbürgerung. Aber der gleiche Bürger, der sich ihnen so selbstgerecht als Vorbild präsentiert, tritt ihnen entschieden entgegen. »Anwohner Oberlehrer Kuppel: Wenn hier ein Gemeinderat wohnen tät, würde der die Kessler gewiß auch nicht in der Nähe haben wollen.« (›Südkurier‹, 1970, Nr. 68) »Wir sind auch Menschen wie andere auch. Wir sind auch verhaßt gewesen, wie jetzt die Ausländer verhaßt sind. Wirklich.« (Aus einem Interview, das die alte Frau Ende 1981 Radio Wellenbrecher gegeben hat) Die Normalität: ihre Signale, Botschaften philantrophischen Eifers kommen wie

Schüsse, Schüsse durch die Schießscharten der Gleichgültigkeit. Man fordert von diesen Leuten, sich anzupassen und sich einzufügen. Man fordert es, aber man erlaubt es ihnen nicht. Man verlangt öffentlich von ihnen, das alte Leben aufzugeben. In Wahrheit verwehrt oder erschwert man ihnen das neue, zu dem sie sich unter dem Druck ökonomischer Zwänge längst durchgerungen haben.

Anfangs hatte man einfach das getan, was Kommunen mit fremden Armen seit 400 Jahren immer getan haben: man hatte versucht, sie außerhalb der Stadt zu halten und wieder loszuwerden oder doch wenigstens den Zuzug weiterer Landfahrergruppen zu verhindern. »Oberbürgermeister Möhrle meinte, je mehr Familien zu versorgen seien, desto mehr kämen nach, siedelten sich außerhalb an und warteten, bis auch sie menschenwürdig untergebracht würden. Das aber könne die Stadt nicht verkraften, da die Zahl der Nachkommenden die der Untergebrachten bereits überträfe. Singen könne aber nicht die Landfahrer ganz Deutschlands aufnehmen.« (›Südkurier‹, 21. 1. 1972) Zu dieser Schreckensvision des Oberbürgermeisters: Nach einer amtlichen Erhebung waren 1978 den Behörden in Baden-Württemberg 500 Landfahrer (0,054 auf 1000 Einwohner) und 1224 Zigeuner (0,134 auf 1000 Einwohner) bekannt. Regelmäßige Sozialunterstützung erhielten 280 Landfahrer und 593 Zigeuner, also insgesamt noch keine 1000 Menschen (*Hilfen für Zigeuner und Landfahrer*, 1980, S. 249 und S. 251). Und obwohl Singen (mehr für die Landfahrer) neben Freiburg im Breisgau (mehr für die Zigeuner) tatsächlich so etwas wie eine Sammelstelle geworden ist, haben hier nach Auskunft eines Sozialarbeiters nie mehr als 150-200 Fahrende gelebt, in den früheren Jahren eher weniger - bei einer Einwohnerzahl von 45 000!

Heute wohnen sie in der Stadt. Die Erfolgsmeldung: »Am 13. April wurden die letzten Landfahrer in Singen in feste Unterkünfte eingewiesen und der Lagerplatz an der Aach umgepflügt.« (*Singener Jahrbuch 1974*, herausgegeben von der Stadt Singen, S. 86, unter der Rubrik »Soziale Hilfe«) Saubere Lösung. Sie wohnen in der Südstadt, man hat sie und andere »Problemfamilien« dort in bestimmten Straßen und Häuserblocks zusammengefaßt. Man hat einen »sozialen

Brennpunkt« geschaffen, wie der fachliche Euphemismus für städtische Armenquartiere dieser Art lautet. Dorthin soll auch die alte Frau mit ihren Kindern und Enkelkindern. Andere Gruppen ihrer Sippe sind schon dort. Sie sagt uns, sie habe Angst vor dem Alkoholismus. Das ist alles, was sie uns darüber sagt. Sie ist in diesem Punkt ausgesprochen wortkarg. Vielleicht meint sie, der Alkohol sei das einzige Argument, das ein guter Bundesbürger versteht. Vielleicht denkt sie auch, daß ihr familiäres Leben uns nichts angeht. Daß es schon eine ganz verkehrte Situation ist, daß wir ihr Fragen stellen und Begründungen abnötigen. Eine Gesellschaft von Fragern und Forschern und Fahndern. Kann man ihre Entscheidung nicht einfach akzeptieren?

Ohne Untersuchung? Nehmen wir an, es käme ein Team von Wissenschaftlern: Soziologen, Ethnologen, Linguisten nach Singen und nähme sich diese Jenischen vor. Sie würden das Feld in aller Ruhe beackern. Solange müßten die Leute freilich warten. Zuletzt würden die Wissenschaftler eine Studie von großartiger Genauigkeit hervorbringen. Glasklar, wie unter Glas, sehen wir die kulturelle Krise dieses Volkes vor uns liegen. Dann hätten sie vielleicht eine Chance.

Nachtrag März 1982: Inzwischen hat sich die Situation noch verschärft. Die alte Frau weigert sich seit neuestem, Miete zu zahlen. Die Miete für das baufällige Haus beträgt 208,- DM - rund 100,- DM davon zahlen diverse Ämter. Die Frau soll mit etwa 1000,- DM im Rückstand sein. Wie ich erfahre, trägt man sich in der Gebäudeverwaltung mit dem Gedanken, der Frau die Rente (eine Kriegerwitwenrente: ihr erster Mann ist kurz vor Kriegsende in Italien gefallen) zu pfänden.

Während die eine Behörde, das Baurechtsamt, bereits im September 1980 für dieses Haus eine »Nutzungsuntersagung angeordnet« hat (nach § 3 der Landesbauordnung von Baden-Württemberg), versucht also die andere Behörde mit rigorosen Mitteln, die Miete für eben dieses Haus einzutreiben.

Kleine Dokumentation II

»Meine Anschrift:
Name: Hartmann, Alois
geboren am: 17. 12. 1918
Gef.-Nr. 30137 Dachau Block 13, Stube 3
Dachau, den 30. Mai 1942
Lieber Vater!
Wie Du aus obiger Adresse sehen kannst, bin ich jetzt hier in Dachau. Du mußt, wenn Du mir schreibst, die Adresse genau schreiben. Ich bin gesund und munter, was ich auch von Dir und meinen Geschwistern hoffe. Hier in der Kantine kann man im Monat für 40 R. M. allerhand einkaufen, wenn man das nötige Geld dazu hat. Grüße mir auch meine Geschwister sowie die Vettern und Basen. Ich hoffe, daß auch sie wohl und munter sind. In der Hoffnung, daß wir uns alle bald gesund und wohl zuhause wiedersehen, grüße ich Dich heute und bitte Dich, mir bald einen Brief zu schreiben, damit ich sehe, wie es jetzt Allen geht. Jetzt ist so schönes Wetter; das gibt neuen Mut und neue Kraft. Also nochmals, Euch allen herzliche Grüße

Euer Alois

PS. Herzlichen Glück- und Segenswunsch zu Deinem Geburtstag, dem 19. 6. dieses Jahres, an welchem Tage Du Dein 66. Lebensjahr vollendest.
Auf Wiedersehen!

Dein Alois

Brief des Bruders der alten Landfahrerin in Singen. Für sie gibt es da eine Kontinuität: sie hat das Dokument zu dem Gespräch über das Wohnungsproblem mitgebracht. Der Bruder ist im KZ umgekommen, auch ein zweiter Bruder. Ein anderer Zweig der Familie ist ganz vernichtet worden. Über ihre eigenen Erfahrungen im Dritten Reich berichtet sie: sie sei kurz im KZ Säckingen inhaftiert gewesen, habe dann aber in die Wälder fliehen können. Allein sei sie durchs Württembergische gezogen, knapp 20 Jahre alt. Ihr Geld habe sie sich mit Hausieren verdient. Dann sei sie aber wieder ins Gefängnis gekommen, zuerst in Saulgau, dann in Ravensburg. Sie sei dort dauernden Schikanen ausgesetzt gewesen. Dauernd habe man sie mit dem KZ bedroht, alle vier Wochen sei sie dem Gefängnisdirektor vorgeführt worden. Bei einer Amnestie zu Hitlers Geburtstag sei sie dann entlassen worden. Kurz darauf sei sie aber wieder nach Säckingen gekommen wegen Bettelei. Sie habe einen Mann um ein Stück Brot gebeten, der habe aber die Polizei informiert. Dann schwere Arbeit in einer Ziegelei in Bermatingen, dann im Straßenbau bei der Firma Storz aus Tuttlingen. Ihr Baby habe sie notgedrungen immer dabeigehabt, sie habe es während der Arbeit an den Straßenrand gelegt. Dann habe man sie zur Zwangsarbeit, zum Schanzengraben in die Nähe von Mülheim gebracht. So sei das die ganze Zeit gegangen. Zwischendurch immer wieder auf der Flucht. Einmal, erinnere sie sich, habe sie sich in einem Heuschober auf einer Alm im Schwarzwald versteckt. Sie habe sie schon von weitem kommen sehen, zuerst seien sie ganz klein gewesen, dann seien sie immer größer geworden.

»Der Mensch ist nur durch eigenes Erleben und Leiden in der Lage, zu lernen. Wenn es gilt, uns unsere geschichtliche Vergangenheit klar zu machen, müssen wir sie so nahe an uns herankommen lassen, daß wir sie greifen und begreifen können... Die Nazizeit ist nicht graue Vergangenheit; sie hat sich nicht unter Neandertalern abgespielt. Sie war und ist in unserer Zeit möglich.« (Friedhelm Möhrle, Oberbürgermeister von Singen, Geleitwort zu Käte Weick, *Widerstand und Verfolgung in Singen*, Stuttgart 1982; über diesem Geleitwort ist ein Foto des Oberbürgermeisters zu sehen - der OB war damals doch noch ein Kind.)

»Bis zu meinem sechsten Lebensjahr wohnten wir ziemlich außerhalb der Stadt Baden-Baden. In der weiteren Umgebung unseres Hauses befanden sich nur einzelne Bauerngehöfte. Spielgefährten hatte ich in dieser Zeit gar nicht, die Kinder der Nachbarn waren alle viel älter. So war ich ganz auf den Umgang mit Erwachsenen angewiesen. Dies behagte mir doch wenig, und ich versuchte, mich, wo es nur irgend angängig war, der Aufsicht zu entziehen und allein auf eigene Entdeckungsfahrt zu ziehen. So hatte es mir der ganz in der Nähe beginnende große Wald mit den hohen Schwarzwaldtannen besonders angetan. Doch allzu weit drang ich nicht vor, meist nur soweit, daß ich von den Berghängen unser Tal sehen konnte. Auch durfte ich eigentlich nicht allein in den Wald gehen, da mich, als ich noch kleiner war, einmal durchziehende Zigeuner mitgenommen hatten, als sie mich allein im Walde spielend fanden. Ein zufällig des Weges kommender Bauer aus der Nachbarschaft konnte mich aber doch noch den Zigeunern entreißen und nach Hause bringen.« (Rudolf Höß, *Kommandant von Auschwitz*, Autobiographie, hrsg. von Martin Broszat, 6. Auflage 1979, S. 23)

»25. 6. 1944. Leere Kinderwagen wurden vom Krematorium zum Bahnhof aus dem Lager gefahren. Man führte je fünf in einer Reihe. Dieser Umzug dauerte über eine Stunde. Es war Sonntag.« (Aus dem Kalendarium der Ereignisse im KZ Auschwitz-Birkenau, in: Anita Geigges, Bernhard W. Welte, *Zigeuner heute. Verfolgung und Diskriminierung in der BRD*, 1979, S. 211)

»Ein dreijähriges Zigeunermädchen konnte am Tag der Ermordung aller Zigeuner [am 2. August 1944] von Gefangenen gerettet werden und illegal in dem Kinderblock des Frauenlagers untergebracht werden.« (Mark Münzel, Bernhard Streck, Hrsg., *Kumpania und Kontrolle*, 1980, S. 111)

In deutschen Konzentrationslagern sind zwischen 1942 und 1945 über eine halbe Million Roma aus ganz Europa umgebracht worden. Die Roma sprechen von 800 000 Opfern. Im Mai 1981 fand in Göttingen der III. Welt-Roma-Kongreß statt. Seine Forderungen: Anerkennung des faschistischen Holocaust durch die Bundesregierung und Wiedergutmachung. Obschon eingeladen, hat die Bundesregierung keinen Vertreter zu diesem Kongreß entsandt (›die tageszeitung‹, 25. 5. 1981).

Der Vorsitzende einer Zigeunerorganisation wurde 1978 mit dem Bundesverdienstkreuz ausgezeichnet - sogleich forderten Zigeunerversammlungen seine Inhaftierung. (Mark Münzel, Bernhard Streck, Hrsg., *Kumpania und Kontrolle*, 1980, S. 8)

Einige Sinti haben sich den Bundesbehörden gegenüber als Juden ausgegeben - in der Hoffnung, ihre finanziellen Ansprüche auf Wiedergutmachung so besser durchsetzen zu können. Sie werden in den Akten als »Wiedergutmachungsschwindler« bezeichnet. Ich habe die alte Frau in Singen gefragt, ob sie im Zuge der Wiedergutmachung Geld bekommen habe. Sie hat nichts bekommen. Sie hat auch keinen Antrag gestellt, sie ist Analphabetin. Der Masse der betroffenen Zigeuner ist es ebenso ergangen. Viele haben überhaupt nichts vom Bundesentschädigungsgesetz gewußt oder zu spät, nach dem Stichtag für die Anträge, davon erfahren. Die

Distanz zum Staat und die Angst vor ihm waren zu groß. Wie ein Referent im Bundesministerium für Finanzen es sieht: »Wir sehen keine Benachteiligung der Zigeuner. Es ist nun einmal so, daß sich derjenige, der nach den deutschen Gesetzen Leistungen haben möchte, auch um sein Verfahren kümmern muß ... Die Antragsmöglichkeiten waren da, und wenn sich die Zigeuner nicht genügend darum gekümmert haben, so kann man das nicht den Wiedergutmachungsbehörden anlasten.« (Zitiert nach: Anita Geigges, Bernhard W. Welte, *Zigeuner heute. Verfolgung und Diskriminierung in der Bundesrepublik*, 1979, S. 394 f) Andere haben ihre Ansprüche zwar angemeldet, sind aber über eine betrügerische Vergleichspraxis ausgetrickst und mit lächerlichen Beträgen abgespeist worden. Wieder andere waren angeblich nicht in der Lage, ihre Verfolgung und Schädigung durch die Nationalsozialisten den Behörden glaubhaft zu nachzuweisen. So sagen viele von ihnen: »Die Wiedergutmachung ist wieder eine Verfolgung.« Ein Teil der Verfolgten hat bewußt auf die Entschädigung verzichtet, aus Respekt vor den Toten. Es war in ihren Augen ein »Blutgeld«.

Bis heute sind es nur die Juden. Der Film *Holocaust* stellt nur die Verfolgung der Juden dar. Ein jugoslawischer Professor, den ich nach seiner Meinung über diesen Film und seine Resonanz in der Bundesrepublik frage, sagt mir, er sei angewidert. Wo denn die Kommunisten geblieben seien? Ob die Deutschen über das Schicksal dieser Arbeiter wohl auch in Tränen ausgebrochen wären? Er habe das Gefühl, die Deutschen weinten jetzt viel, aber nur mit einem Auge.
Ich begreife, daß die überlebenden Antifaschisten in dieser Situation zuerst einmal an ihre eigene Geschichte und an den Tod ihrer eigenen Genossen erinnern müssen. Aber manchmal glaube ich fast, sie kämpfen nur um ihre Gleichberechtigung mit den Juden. In dem jetzt herausgekommenen Buch von Käte Weick über *Widerstand und Verfolgung in Singen und Umgebung* (Stuttgart 1982, herausgegeben von der VVN) findet sich kein Wort über die Verfolgung der Zigeuner. Es ist von den Juden die Rede, von den verfolgten Priestern, von den ermordeten Geisteskranken. Das ist das allgemein anerkannte Spektrum der Vergangenheitsbewältigung.

Es ist darüber hinaus von den Zwangsarbeitern, einschließlich der russischen, im KZ von Überlingen die Rede, was den Rahmen bundesdeutscher Erinnerung sprengt. Aber von den Zigeunern ist nicht die Rede. Vielmehr nur einmal, in einem einzigen Satz ganz am Schluß des Buches: »Ausdruck dieser antifaschistischen Einheit der ersten Stunde ist die Tatsache, daß die Stadt Singen ein Mahnmal für die Opfer des Nationalsozialismus besitzt, das im Mai 1947 eingeweiht wurde und in dieser Gestaltung nicht so häufig in der Bundesrepublik anzutreffen ist: Es nennt die Opfer beim Namen, und es stehen nebeneinander der Sozialdemokrat, der Kommunist, der Christ, der Bibelforscher und der Zigeuner.«

Es scheint, die Kommunisten machen mit den Zigeunern, was die Deutschen mit den Kommunisten machen.

Junge Stadt

Denkzettel

Es ist vielleicht fragwürdig, über eine Stadt zu schreiben, die man nicht genauer kennt. Ich bin hier nicht geboren und aufgewachsen und kann daher auch nicht zurückkehren und alles mit anderen Augen ansehen. Ich kenne Singen nicht so wie Niklaus Meienberg sein St. Gallen kennt (*Reportagen aus der Schweiz*, 1974). Andererseits gäbe es wahrscheinlich kaum politische Literatur, wenn man auf die jeweils Einheimischen warten wollte oder auf solche, die es unbedingt werden wollen. Die Bundesrepublik ist auch kein bunter Teppich, in den jede Region ihr besonderes Muster gewebt hätte, oder jede Landsmannschaft: die Oberschlesier das ihre, die Sudetendeutschen das ihre und so fort - langsam von Osten nach Westen. Es gibt hier auch kein Okzitanien mehr, wahrscheinlich auch nicht in Frankreich, so tief man auch graben möge - und man gräbt tief heute. Ich behaupte vielmehr, man kennt Singen im Prinzip schon, wenn man einmal durchgefahren ist. Das meiste hat man schon einmal irgendwo gesehen, und von der Oberfläche kann man ohne weiteres auf den Kern schließen.

Das Problem liegt für mich nicht in irgendeiner Verschlossenheit des Lokalen. Ich fühle mich nicht eigentlich als Fremder, eher schon als Außenseiter. Ich habe heute keine Informationen und Kontakte, weil ich seit Jahren nur in meiner eigenen kleinen Welt lebe. Man könnte auch sagen: in einer Art Ghetto, wenn man das Wort einmal neutral und ohne anklagendes Pathos verwenden will. Ich fühle mich als Unbefugter. Wenn ich im Zuge dieser Recherchen etwa mit einem Gewerkschaftssekretär rede oder mit einem Betriebsrat oder mit einem Stadtrat, höher hinaus habe ich mich bislang sowieso noch nicht gewagt, komme ich mir immer ein wenig als Eindringling vor. Ich rufe den lauernden Wächtern irgendeinen seriösen Namen zu, der ihr Mißtrauen für den Augenblick zerstreut. Das Gefühl, einer zu sein, der sich einschleicht, ein Spitzel, ein Spion, werde ich nie los.

Was mich hinauslockt in die Tagespolitik von Singen, ist eine sensationelle Niederlage der herrschenden Kreise. Ich kann sagen: je schwächer die Kommunalpolitiker, desto stärker mein Interesse an der Kommunalpolitik. Es scheint die Neugier ist ein Unkraut, das am liebsten in den Ritzen und Rissen des Machtblocks wächst. Wenn das so weitergeht, wird der Beton noch grün. Die Bevölkerung von Singen hat das pompöse Projekt eines Kongreßzentrums mit großer Mehrheit verworfen. Die Zahlen: von 29 633 Stimmberechtigten haben 16 620 ihre Stimme abgegeben (56,1 Prozent, bei den letzten Gemeinderatswahlen waren es nur 54,2 Prozent gewesen), davon nur 3268 für, aber 13 308 gegen die Halle. Aber ich habe die Dinge viel zu positiv gesehen, aus Unkenntnis oder vielmehr aus einem Wunschdenken heraus, dem die reale Entwicklung zu langsam oder zu kompliziert ist. Es war eine schwere Niederlage der Planer und Macher, der Stadtverwaltung und des Gemeinderates, daran gibt es nichts zu deuteln. Man kann in der Tagespresse vor und nach dem Bürgerentscheid (Oktober 1981) verfolgen, wie sicher

sich diese Leute gefühlt oder doch gebärdet haben, so als gehöre die Stadt ihnen, und wie überrascht sie dann waren, wie wütend und hilflos sie auf die Entscheidung der Bürger reagiert haben. »Weil die Entscheidung der Gemeinderatsmehrheit durch den Bürgerwillen ersetzt worden ist, will der Oberbürgermeister, der seit dem 18. Oktober nicht mehr das strahlende Sonntagskind ist, das Hallenthema schnell vom Tisch haben. Seiner Meinung nach sollen die Gegner . . . den Scherbenhaufen, den sie verursacht haben, auch selber wegräumen.« (›Schwarzwälder Bote‹, 20. Oktober 1981) Um den Zorn des Bürgermeisters ganz zu begreifen, muß man wissen, daß der Mann noch vor vier Jahren mit überwältigender Mehrheit wiedergewählt worden war. Ein »Volksbürgermeister« also, wie ihn der Lokalredakteur gelegentlich mit nur halber Ironie nennt - nicht gerade charismatisch begabt wie sein größerer Parteigenosse Holger Börner in Hessen, dazu ist er zu sehr Bürokrat, Verwaltungsjurist, aber doch so etwas wie die Verkörperung des Industrialismus der Stadt, des alten Bündnisses zwischen der Großindustrie, der er die Autobahn von Stuttgart nach Singen geholt hat, und der Arbeiterschaft, für die er in den vergangenen zehn Jahren das Zentrum der Stadt in ein einziges Einkaufszentrum umgebaut hat.

Man sagt wohl, nichts sei veralteter als die Zeitung von gestern. Aber in diesem Fall habe ich es höchst fesselnd gefunden, von hinten her, mit dem Ausgang der Story im Kopf, die alten Zeitungen zu lesen. Es rückt alles in ein merkwürdiges Licht, zum Beispiel das triumphierende Lächeln des ersten Bevollmächtigten der IG Metall, der seit Jahren Vorsitzender des »Stadthallenfördervereins« ist und der soeben »gestärkt aus der Generalversammlung hervorgegangen« ist (›Schwarzwälder Bote‹, 27./28. Juni 1981). Auch ihn wird das spätere Plebiszit persönlich hart getroffen haben. Der Geschäftsführer, stellvertretender Vorsitzender im Aufsichtsrat der Aluminium und SPD-Stadtrat, um seine wichtigeren Funktionen etwa in der Reihenfolge ihres realen Gewichts aufzulisten, gilt nämlich in Singen als ein »Volkstribun«, jederzeit in der Lage, breite Massen zu mobilisieren und Massenversammlungen durch seine Provokationen anzuheizen. Ich habe mir das selbst einmal angehört: am 1. Mai 1982 in Konstanz, wo er als Hauptredner auftrat. Ich kann nur sagen: meisterhaft.

Ich hatte mir vorgenommen, innerlich ganz kalt zu bleiben und immer daran zu denken, wer er ist. Aber nach ein paar Minuten sah ich mich schon stürmisch applaudieren. Allerdings macht es natürlich einen Unterschied, ob ein Volkstribun leidenschaftlich gegen den Abbau der sozialen Leistungen polemisiert oder ob er leidenschaftlich für den Aufbau eines 60-Millionen-Dings wirbt. Ich meine jetzt nicht die Leidenschaft des Tribunen, die mag beide Male die gleiche sein. Ich meine vielmehr die Leidenschaft des Volkes. Ich glaube sogar, er hat etwas davon mitgekriegt. Er scheint die wachsende Leere um sich herum gespürt zu haben. Er hat offenbar versucht, sie mit klobigen Mystizismen vollzustellen, mit Wörtern, die nicht mehr aus dem Fundus seiner materialistischen Beredsamkeit stammten. Einmal behauptet er, »daß die Stadt Singen durch die Stadthalle den anderen Teil ihres Gesichts finden müsse« (›Schwarzwälder Bote‹, 13. 8. 1981). Später, auf einer unerwartet stark besuchten Bürgerversammlung, wirft er den Singenern vor, sie hätten keinen »Bürgerstolz« (›Schwarzwälder Bote‹, 24. 8. 1981). Am Tag vor der Entscheidung tastet er sich dann bereits wieder zu einer vertrauteren Sprache zurück, die in diesem Zusammenhang freilich etwas kabarettistisch wirkt: »Ich wiederhole es: In einer Zeit, in der das Geld der arbeitenden Menschen angesichts hoher Energie- und Benzinpreise knapper wird, in der die Arbeitszeit kürzer werden muß, um so Arbeitsplätze für alle zu schaffen, müssen einfach neue Freizeitangebote am Ort geschaffen werden. Meines Erachtens nach brauchen wir eine Stadthalle, die für alle da ist.« (Leserbrief, ›Schwarzwälder Bote‹, 17./18. Oktober 1981)

Eine schwere Niederlage, sage ich, aber erstens ist doch gar nicht ausgemacht, ob sie demokratisch genug sind, sie zu akzeptieren, und zweitens ist auch durchaus nicht klar, wer oder besser gesagt: welche Art von Denken sie ihnen beigebracht hat. Ich habe mit dem Mann gesprochen, den man als den Vater des Bürgerentscheids bezeichnen kann. Er ist Galerist von Beruf, und sein »Kunsthäusle« duckt sich in den Schatten des Rathausklotzes. Ich habe eine Art David erwartet, der sich stolz emporreckt und sich über den angeschlagenen Goliath auf der anderen Straßenseite lustig macht. Nichts dergleichen, der Mann scheint eher bedrückt, verbittert sogar. Will man ihn etwa fertigmachen? Ein bißchen nach Chikago-Art vielleicht? Die Stadtverwaltung hat ihm überraschend die Erlaubnis entzogen, in der Weihnachtszeit einen kleinen Kunstmarkt auf den Fluren des Rathausgebäudes zu veranstalten. Einem befreundeten Blumenhändler hat man plötzlich die kommunalen Aufträge weggenommen. Ein paar Tage nach unserem Gespräch hat jemand, der in dieser Technik nicht geübt sein kann, das Wort »Quertreiber« an die Wand des Kunstgeschäfts gesprüht. Wäre ich ein Sherlock Holmes, würde ich von diesem einen Wort unfehlbar auf die gebildeten Schichten schließen. Jemand, der selbst in einer Bürgerinitiative aktiv ist, sagt mir, schon der Umgang mit diesem Mann sei politisch inopportun.

Er selbst scheint frei von Hysterie, aber auch ohne viel Hoffnung. Die Sache sei noch keineswegs ausgestanden. Die andere Seite habe sich nur eingebunkert, das sei alles. Der Mann und sein Freundeskreis haben gerade einen beachtlichen demokratischen Erfolg errungen - aber das scheint gewichtlos für sie zu sein, eher eine Episode als eine Zäsur in der Kommunalpolitik. Es scheint, die Mächtigen in dieser Stadt sind dabei, das Votum der Bürgerschaft im nachhinein zu paralysieren. Es scheint, sie lassen es einfach verrotten. Es wäre die Taktik des Nichtreagierens, des Abblockens und Schweigens, die sich bereits angekündigt hatte in dem erpresserischen alles oder nichts der vergangenen Monate. Ihr nehmt entweder die Halle, die wir für euch geplant haben, oder ihr kriegt gar nichts. Es erinnert mich lebhaft an die Taktik der Konstanzer Technokraten: Ihr glaubt, ihr braucht unbedingt eine zweite Rheinbrücke? Gut, dann freßt die Autobahn, dann kriegt ihr auch die Brücke. Allerdings kann man in diesem Fall die Interessen dahinter leicht erkennen, das fällt mir für die Singener Planung schwerer. Sicher, es mögen handfeste ökonomische Überlegungen im Spiel sein. Einer der Promotoren der Stadthalle ist der Vorsitzende des Einzelhandelsverbandes: »Die multifunktionale Halle sei .. eine Chance, die Zentralität und Attraktivität der Stadt in der Region zu fördern.« (›Schwarzwälder Bote‹, 24. 8. 1981) Die Konkurrenz zur entschieden attraktiveren Nachbarstadt Konstanz schlägt hier durch, wobei es zu grotesken Situationen kommt. Der Mainzer »Kongreßdirektor«, den man zu seiner Information nach Singen eingeladen hat und »der heute sicher zu den Koryphäen und Kapazitäten im internationalen Kongreßwesen gehört«, prophezeit die »laufende Zunahme von Kongressen, obwohl die Zuwachsrate hinter den Erwartungen zurückbleibe«. Auch die kleineren unter den »Nachzüglerstädten« hätten daher noch gute Chancen, sie müßten eben nur den »Mut zum Sprunge« haben. Statistiken hätten ergeben, »daß Kongresse mit 31 bis 500 Personen die höchste Dichte haben« (›Schwarzwälder Bote‹, 17. 8. 1981). Schon der Jubel, die allgemeine Euphorie, die der Auftritt dieses Virtuosen der Bedarfsplanung hervorruft, zeigt aber: man will gar nicht rechnen, dies eine Mal nicht. Der übliche Konflikt zwischen denen, die mehr, und denen, die weniger öffentliche Ausgaben wollen, tritt zurück hinter dem interfraktionellen Wunsch, ein Zeichen zu setzen. Es ist eine große Koalition des kommunalpolitischen Symbolismus, und sie reicht von der CDU bis zu den Jusos. Historisch ist diese Stadt nichts als ein Standort des internationalen Kapitals und als eine Agglomeration seiner Arbeitskräfte. Bezeichnenderweise hat ihr das »Gemeinschaftshaus« der Aluminium-Walzwerke lange als Stadthalle gedient. Vielleicht wollen sie sich jetzt einen zivilen Mittelpunkt aus eigenem Recht schaffen, was immerhin die Breite des Konsensus bis hin zur Linken einigermaßen verständlich machen würde.

Ich schenke mir die Analyse der öffentlichen Begründungen. Sie haben etwas Barbarisches. Es ist in ihnen so viel von Kultur die Rede oder von der »Begegnung der Bürger«, als solle hier mit einem Schlag das ganze Defizit an Urbanität ausgeglichen werden. Man sieht hier gleichsam den entfesselten Prometheus nach dem ganz anderen greifen, in tragikomischer Verkrampfung. Aber ich verfalle hier wohl in den alten Dünkel des Bildungsbürgers. Im Grunde empfinde ich gar keine Verachtung für ihren unreflektierten Kulturfortschritt. Das wäre auch unangemessen. Ich weiß, wenn sie mit ihren Modellen des Massenkonsums gescheitert sein werden, wird zwischen den Trümmern das elitäre und ästhetizistische Denken von vorgestern hochschießen. Man hat hierzulande sogar einmal Mozart im KZ gehört. Ich weigere mich, dem weiter nachzugrübeln. Es ist nicht so wichtig, was nun genau sie da zum Ausdruck bringen möchten. Wichtig ist allein ihre

Entschlossenheit, es zu tun. Es wäre nämlich ein Irrtum anzunehmen, wenn es sublim werde, spirituell sozusagen, wenn es in höhere Sphären hinaufgehe, dann verliere die Politik ihre Gewaltsamkeit. Im Gegenteil, der Machtwillen regeneriert sich dort oben und stößt gekräftigt wieder herunter. Man plant die Halle jetzt bereits seit eineinhalb Jahrzehnten. Unter dem Druck der ökonomischen Krisenerscheinungen hat sich die gesamte politische Landschaft mittlerweile grundlegend verändert. Die Entwicklung hat das Projekt überholt, sollte man meinen. Aber es scheint, sie denken: jetzt gerade. Es scheint, als sei das kulturelle Monument für sie noch unverzichtbarer und bedeutungsschwerer geworden seitdem die gesellschaftlichen Perspektiven sich verdunkelt haben. Das wäre dann der Gedanke, der in vielen überproportionierten Bauten der Bundesrepublik Gestalt angenommen hat: nur der Starke wird überleben, nur der, der nicht an sich selbst irre wird im Kampf um das Dasein.

Was haben die Gegner dem entgegenzusetzen? Mir fällt auf, daß der Kunsthändler ausschließlich von den finanziellen Aspekten der Sache spricht. Das hatte er auch bereits in seinen Leserbriefen und öffentlichen Stellungnahmen vor dem Bürgerentscheid getan. Sie kreisen alle um die freilich merkwürdige Ebbe und Flut der veranschlagten Baukosten (vor der letzten Gemeinderatswahl 30 Millionen, nach der letzten Gemeinderatswahl 50 - 60 Millionen). Nur einer traurigen Nebenbemerkung über die Sanierung des Stadtkerns, der unter anderem auch eine wunderschöne Villa im Jugendstil zum Opfer gefallen sei, ist zu entnehmen, daß eine bestimmte Vorstellung von Schönheit, von Stadt, von Gesellschaft vielleicht auch dahintersteckt. Er ist in meinen Augen ein sehr mutiger Demokrat, der persönlich für seine Meinung gradesteht. Aber er scheint seine Meinung nicht rückhaltlos zu sagen. Warum nicht? Glaubt er, nur ein Sparappell besitze in dieser Stadt und in dieser Zeit eine durchschlagende Überzeugungskraft? Dann wäre es die Strategie des kleinsten gemeinsamen Nenners. Ihr Grundgedanke wäre, den Verantwortlichen ihre eigene Krisenpolitik entgegenzuhalten, sie mit ihren eigenen Argumenten, ihren eigenen Waffen zu schlagen. Argumente, die einen ängstigen, terrorisieren und schädigen, die einen aber mit ihrer Logik entwaffnen und bezwingen. Aber wenn sie schon so stark und zwingend sind, dann sollen auch alle vor ihnen kapitulieren, alle ohne Ausnahme. Dann sollen auch die Urheber dieser Argumente die Gefangenen dieser Argumente sein.

In den übrigen Diskussionsbeiträgen von oppositioneller Seite sucht man ebenfalls vergebens nach einer eigenen städtebaulichen oder ökologischen Konzeption. Es ist, als gelte in Singen die Redefreiheit nur für den Steuerzahler, und zwar nur für seine selbstsüchtigste und engherzigste Spielart. Es ist, als verberge man sich hinter jenem bürgerlichen Egoismus, dem die Schrumpfung der öffentlichen Investitionstätigkeit gleichgültig oder sogar sympathisch ist, als spreche man gleichsam durch eine fratzenhafte Maske hindurch. Nichts scheint mir die politische Situation in dieser Stadt schärfer zu kennzeichnen, als die Tatsache, daß der Protest gegen eine bestimmte Stadtplanung sich nicht direkt, nicht authentisch auszudrücken weiß oder wagt, sondern nur indirekt, im Code, in den doktrinären Formeln des Neoliberalismus.

Die Kenner der lokalen Politik stimmen darin überein, daß in diesem Bürgerentscheid mit einer Kommunalpolitik abgerechnet worden ist, die seit 10, 15 Jahren rücksichtslos am Wachstum orientiert war: mit der Entscheidung, die Autobahn nach Singen zu führen, und mit den sich daraus ergebenden Belastungen und Sachzwängen; mit der Umformung der alten Innenstadt in eine moderne Geschäftszone; mit dem klammheimlichen Plan, einem weiteren Supermarkt in der Nordstadt eine Verkaufsfläche von 2500 qm zur Verfügung zu stellen - einem Projekt, das den mächtigen Oberbaudirektor wenige Monate vor dem Bürgerentscheid zu Fall gebracht hatte. Eine noch bedeutendere (und von einigen CDU-Politikern denn auch weidlich genutzte) Rolle hat in dieser Arbeiterstadt der Gegensatz zwischen der Dynamik, der Prosperität des ökonomischen Sektors und der Stagnation und Armut des sozialen Sektors gespielt: Unterentwicklung des sozialen Wohnungsbaus, Raummangel im Krankenhaus, Mangel an Infrastrukturen in der Südstadt. So hat sich hier, wie auch die genauere Analyse des Bürgerentscheids selbst bestätigt, einiges akkumuliert und dann entladen: die Auflehnung der Anwohner der großen Durchfahrtstraßen, die die Stadt mehrfach zerschneiden; die Angst der kleinen Geschäftsleute vor den großen Konkurrenten; der Protest der kleinen Häuslebauer gegen die emporschnellenden Grundstückspreise; die Unzufriedenheit der Arbeiter mit dem System der sozialen Versorgung und, last not least, der Bruch vieler jüngerer Menschen mit dem Modell Deutschland überhaupt.

Aber alle diese Erfahrungen und Gedanken bleiben - wie gesagt - unausgesprochen. Sie bleiben alle nichtöffentlich. Die Mehrheit verurteilt sich zum Schweigen und vertraut ihre vielfältige Aussage einer fremden Ideologie an. Der erste Sprecher der Opposition gegen die Stadthalle ist ein FDP-Stadtrat, ein professioneller Rechner, von Beruf Finanzdirektor der Aluminium-Walzwerke. Sein Beitrag besteht in einer finanztechnisch versierten Durchleuchtung und Kritik der Finanzierungspläne und insbesondere der Folgekosten. Im Prinzip behandelt er den kommunalen Haushalt wie den Fond eines Großunternehmens, was ihm paradoxerweise den Beifall der mißtrauischen und bürokratiefeindlichen Bevölkerung eingetragen zu haben scheint. Das privatwirtschaftliche Kalkül gerät hier anscheinend mühelos zur populistischen Politik. Wenn man den Mann ein wenig abseits von dieser seiner populären Rolle als Vorkämpfer für ein redliches Finanzgebaren der öffentlichen Hand beobachtet hätte, wäre man auf blanken Monetarismus gestoßen. Auf einer Protestveranstaltung des DGB gegen die Sparbeschlüsse der Bundesregierung zum Beispiel fordert er: »Mehr Bereitschaft zum Verzicht.« »Politik sei die Kunst des Möglichen, und im Augenblick gehe eben nicht mehr.« (›Schwarzwälder Bote‹, 23. 9. 1981)

Aber auch das scheint noch nicht ganz der Gipfel politischer Verwirrung zu sein, den man in Singen in diesen Monaten erreicht. Wie der FDP- und Finanzmann merkt, daß seine Argumente ziehen, packt ihn der Übermut. Als er sicher sein kann, daß das ganze Spektrum der Meinungen sich auf seine Forderung nach öffentlicher Sparsamkeit verkürzt und zusammenzieht, da zieht er es von sich aus wieder ein wenig auseinander. Er »summierte all jenes gesellschaftspolitische Unbehagen, das Männer zu Aussteigern, Jugendliche zu Frustrierten und Frauen zu am Rollenverständnis Verzweifelnden werden läßt. Als man die Halle geplant habe, sei die Welt noch in Ordnung gewesen, doch heute sei eine Stadthalle schlicht ein Energiefresser.« (›Schwarzwälder Bote‹, 3. 9. 1981)

Triumphmarsch

I

»Die Stadt Singen feiert in diesem Jahr ihr fünfzigjähriges Jubiläum. Sie ist die jüngste Stadt im Hegau und Bodensee, aber sie hat auch zugleich in diesem halben Jahrhundert eine Entwicklung durchgemacht, die außergewöhnlich, ja geradezu ›amerikanisch‹ genannt werden muß . . . Die wichtigste Voraussetzung für eine Industrialisierung war natürlich zuerst ein Bahnhof, der dem ständig zunehmenden Durchgangsverkehr gerecht werden konnte. Er wurde 1877 erbaut und gab das Signal zum schlagartigen Erstehen einiger großer Unternehmungen, die für Singen entscheidend wurden . . . Die Folgen dieser Gründungen sind offensichtlich. Sie brachten ein rasches Anwachsen der Einwohnerzahl durch Zuzug von Arbeitern und durch zunehmende Bautätigkeit. [»Wo ist ein Ort im Lande, in dem sich die Grundbesitzer auch nur annähernd eines solchen Aufschwungs zu erfreuen hätten wie in Singen? Man frage doch, was Grund und Boden, was Häuser und Mieten vor beiläufig 15 Jahren gegolten und ertragen haben und vergleiche damit die Werte von heute!« ›Singener Nachrichten‹, 29. 6. 1906, zitiert nach: Thomas Herzig, *Singen a. H. 1871-1925. Wirtschaftliche und soziale Probleme auf dem Weg vom Dorf zur Industriestadt*, Freiburg 1979, Maschinenschrift S. 86, E. K.] Sie schufen aber auch die Voraussetzungen für viele kleine technische Werkstätten und Handwerks- und Gewerbebetriebe . . . So entstanden allmählich die gesunden Grundlagen einer sich organisch entwickelnden und in ihren Teilen gegenseitig ergänzenden Industrie-Gemeinschaft, die ihre Fundamente von Jahr zu Jahr verbreitete . . . Die Grundbedingungen für eine gesunde Industriestadt waren durch die drei großen industriellen Werke, die *Maggi,* die *Fitting* und die *Aluminium* gegeben, die der Stadt auch heute noch ihr Gepräge geben. Sie werden umgeben von einem Kranz kleinerer Unternehmen und einer großen Zahl handwerklicher Betriebe. In der Bevölkerung überwiegt daher der Anteil der Arbeiter denjenigen der Beamten, Angestellten und Geschäftsleute ... Die Einwohnerbewegung kennzeichnet sich eindeutig aus den folgenden Zahlen: 1925 betrug die Bevölkerung 11 447 Köpfe - bereits 4 Jahre später ist die 15 000-Grenze überschritten. Sie steigt auch in den nächsten Jahren unaufhaltsam, ein Beweis für das organisch gesunde Fundament der Stadt Singen ... Am Morgen des 24. April 1945 wurde Singen den französischen Truppen kampflos übergeben ... Wenn auch die Kriegsfurie an der Stadt vorbeigerollt ist, so hat dennoch die Katastrophe, in die Deutschland gestürzt wurde, auch hier schwierige Probleme zu lösen aufgegeben. Zu ihnen gehört wie überall das Schicksal der Neubürger, die in Singen bis heute die Zahl von 2000 übersteigt. Am vordringlichsten ist auch hier das *Wohnungsproblem,* das von der Stadt bereits energisch in Angriff genommen wurde ... Den gesunden Schaffensdrang seiner Einwohner, der Singen zu seiner beispiellos schnellen Entwicklung verhalf, hat auch der Krieg nicht brechen können. Bereits heute schon zeichnen sich hoffnungsvolle Erfolge des unbeugsamen Willens zur Arbeit und des kraftvollen Vorwärtsdrängens der jungen Stadt praktisch in der wirtschaftlichen Wiedererstehung aus ... Singen ist im Begriff, an die Jahre der Entwicklung neu anzuknüpfen und somit seinen Teil zu liefern an der Wiedergesundung unserer deutschen Heimat.« *(50 Jahre Schaffen unterm Twiel. Singener Herbstwoche 1949, Leistungsschau von Industrie, Handel und Handwerk,* hrsg. von der Stadt Singen)

Festakt zur Eröffnung des fünfzigjährigen Stadtjubiläums 1949:
»Vortragsfolge:
Triumphmarsch aus Aida von Verdi (Stadtmusik)
Hochamt im Walde von Werth (Männergesangverein,
Ouverture zur Iphigenie in Aulis von Gluck (Instrumentalverein, Bürgermeister Dietz, Konkordia)

Ansprache
Hoch empor von Curti
Weltenfriede von Uthmann (Freie Chorvereinigung)
Ansprachen der Gäste
Vorspruch zum Mörikechorliederbuch (Madrigalchor [die
kulturelle Visitenkarte der Aluminium-Walzwerke, E. K.])
89. Psalm für Chor und Orchester »Deine Hand erstarke«
von Händel (Vereinigte Kirchenchor/Instrumentalverein)«
(*50 Jahre Schaffen unterm Twiel*, 1949).
»Auf Singen eingehend, sagte der Staatssekretär, als gebo-
rener Konstanzer könne er Singen heute eine ›ausgesprochen
gute vitale und gesunde Struktur bescheinigen‹. Eine Stadt, in
der Arbeitsplätze geschaffen würden, sehe eine dynamische
Entwicklung vor sich . . .« (›Schwarzwälder Bote‹, 18. 10.
1981)

II

»Mit Anlaufkosten von rund 83 000 DM und einem jährli-
chen Aufwand von etwa 276 000 DM, so rechnete der Psy-
chosoziale Arbeitskreis in Briefen an Landrat Dr. Robert
Maus, den Oberbürgermeister der Hohentwielstadt, Friedhelm Möhrle, und die Mitglieder des Gemeinderates vor,
könnten in Singen und Umgebung die ›richtungsweisenden
Empfehlungen des Landkreistages Baden-Württemberg‹ und
das Projekt der Landesregierung ›Modellregion Landkreis
Konstanz‹ verwirklicht werden. Dem Psychosozialen Arbeitskreis schweben zur außerstationären psychiatrischen
Versorgung eine als Treffpunkt bezeichnete Anlaufstelle und
eine bis zwei therapeutische Wohngemeinschaften in Singen
vor . . . Nicht ohne Grund engagiert sich der Arbeitskreis für
ein Modell Singen. Gerade hier bestehe eine besonders ungünstige soziologische Struktur und ein großer Bedarf an
psychosozialen Hilfen.« (Südkurier, 10. 5. 1982)
Ich konstruiere ohne viel Überlegung einen Zusammenhang. Wachstum und Krankheit: es versteht sich doch wohl
von selbst, daß das zusammengehört. Eine Sozialarbeiterin,
die seit 10 Jahren in Singen arbeitet, bestärkt mich in meiner
Vermutung: »Das ist keine gewachsene Stadt. Hier ist nichts
organisch gewachsen.«

Aber das ist mir zu allgemein. Ich versuche etwas mehr über diese »besonders ungünstige Struktur« zu erfahren. Meine Bemühungen, vom Standpunkt des Journalisten aus betrachtet, vermutlich dilettantisch und bestimmt viel zu schüchtern, bleiben aber schnell im sozialen Netz hängen, das ja mindestens ebensosehr ein System von Wahrnehmungsformen und Interpretationen ist wie ein Unterstützungssystem. Mit jeder noch so leisen Bewegung in Richtung Realität verstricke ich mich, so scheint es, nur noch mehr. Schon die Formulierung von der »besonders ungünstigen soziologischen Struktur« im Papier des »Psychosozialen Arbeitskreises« ist irreführend. Sie meint gar nicht die gesellschaftliche Wirklichkeit, nicht direkt jedenfalls. Wie ich den erläuternden Ausführungen eines Mitglieds des Arbeitskreises entnehme, meint sie vielmehr die Probleme der Fachleute im Umgang mit dieser Realität. Ungünstig sei vor allem, daß man es in Singen nicht mit der üblichen Mittelschichtsklientel zu tun habe, sondern eher mit einfachen Leuten, mit einfachen Arbeitern sogar: nicht gerade mit Hilfsarbeitern der untersten Klasse, aber doch mit den Arbeitern der industriellen Großbetriebe. Wie er sich aus seinem Studium noch zu erinnern glaube, seien für diese Schichten ja eher schwere psychotische Störungen typisch, für die gehobeneren Klassen hingegen neurotische.

Also gut, man kann es diesen Leuten an der Front der psychischen Verelendung vielleicht nicht verdenken, wenn sie erst einmal an sich und ihre Arbeit denken und sich ein bißchen hinter ihrer Professionalität verschanzen. Und wenn mir diese Soziologie der seelischen Erkrankung auch etwas unseriös vorkommt, mindestens klischeehaft, so sage ich mir doch: irgendwas wird schon dran sein, und diese Praktiker brauchen eben Faustregeln. Er will vielleicht nur die besondere Härte der Arbeiterexistenz zum Ausdruck bringen, und immerhin ist der Mann über den medizinischen Krankheitsbegriff hinaus.

Ich forsche also weiter nach den besonders ungünstigen Verhältnissen in dieser Stadt. Der Mann arbeitet seit mehreren Jahren als Psychologe in einer der nicht wenigen psychologischen Beratungsstellen Singens. Etwa 60 % seiner Klienten seien Häuslebauer. Zumindest bis vor kurzem. In der

letzten Zeit seien die Baukosten ja dermaßen gestiegen, daß
sich kaum jemand herantraue. Seines Wissens komme der
Durchschnittsverdiener heute auch so schon kaum mehr mit
einem Gehalt aus, sofern er Familie habe. Und dann noch das
Haus. Dann müßten alle beide voll arbeiten, sähen sich kaum
mehr, nähmen sich kaum mehr die Zeit, miteinander zu
schlafen. Oft seien es dann die Frauen, die in solchen Situationen die Initiative ergriffen und zuerst in die Sprechstunde kämen. Bisher bin ich dem Psychologen gern gefolgt. Ich finde
seine Analyse überzeugend. Dann aber sagt er etwas, was
mich stutzig macht. Man müsse sich die Häuser nur einmal
ansehen, »die reinsten Paläste oft«. »Überall ein übertriebe-
ner Komfort«: Kacheln bis an die Decken, Marmorplatten,
Teppichböden. Das sei doch alles nicht nötig. Man könne
doch auch einfacher wohnen: Holzboden, an die Wand »einen einfachen guten Kalk, der atmet«. Er zeichnet ein Bild
entfremdeter, konsumsüchtiger Menschen, die den Kontakt
zu sich und ihren wirklichen Bedürfnissen verloren haben.
Aber ich weiß von Bekannten, die sich kürzlich ein Haus gebaut haben, daß ein schlichter Stil heute bedeutend teurer
kommt als das, was man Komfort nennt. Heute ist leider
Holz Luxus - und nicht Marmor. Nur wohlhabende Bauher-
ren können es sich noch leisten, der serienmäßigen Fabrika-
tion von Wohnkomfort entgegenzutreten und sich den
Wunsch nach Einfachheit zu erfüllen. Ich überlege mir auch,
man müßte zuerst einmal den Wohnungsmarkt und die Mieten in der Stadt und die Grundstückspreise in den umliegenden Dörfern studieren, ehe man diese ganze Bauerei für eine
Verrücktheit erklärt.

Zwei Drittel der Leute, die in die Beratung kämen, seien
zudem Pendler aus den umliegenden Ortschaften. »Morgens
die ganze Ladung rein in den Bus, abends wieder raus.« Dabei
seien die Busverbindungen in den letzten Jahren immer dün-
ner geworden. Wer kein Auto habe, sei schlecht dran. Die so-
zioökonomische Struktur der Dörfer sei längst kaputtgegan-
gen. Es gebe dort jeweils nur noch ein paar große Höfe, der
Rest fahre zur Arbeit nach Singen oder Gottmadingen: in die
Großbetriebe oder in die Geschäfte. Es seien reine Schlafdör-
fer. Nach den Beobachtungen der Kindergärtnerin hätten die
Familien offenbar auch auf dem Lande nicht mehr so viel

Kontakt wie früher: die Kinder erzählten immer, bei wem die Eltern am Abend vorher eingeladen gewesen seien, auch da habe sich einiges geändert in den letzten 10 Jahren. Die große Bedeutung des Vereinswesens sei aus diesem sozialen Zerfall zu erklären. Daran klammerten sich die Leute. Wieder lasse ich mich überzeugen, wenn auch diesmal nur widerstrebend. Manches erinnert mich an die modische Idyllisierung des Landlebens, manches an die Zivilisationskritik der älteren Wohltätigkeit und der Psychiater des 19. Jahrhunderts. Aber die Fakten stimmen doch wohl. Ich habe diese Landschaft selbst durchwandert. Die Dörfer sind eine Augenweide: schöne Häuser, große gepflegte Gärten, aber tatsächlich menschenleer an Wochentagen, wie ausgestorben fast. Aber wieder sagt der Psychologe dann etwas, das ihn schlagartig unglaubwürdig macht in meinen Augen und das mich daran zweifeln läßt, ob er überhaupt etwas von den Leuten weiß, über die er mir gegenüber so differenziert redet. Er sagt nämlich, er empfehle seit einiger Zeit den Leuten, mit dem Fahrrad zur Arbeit zu fahren, auch wenn das viel mehr Zeit koste. Er mache das jetzt auch. »Sie können sich nicht vorstellen, was mir das bringt.« Vielleicht weiß er, daß die Pendler früher mit dem Fahrrad zur Arbeit gefahren sind, wenn die Distanz nicht zu groß war - aber auch wenn sie zu groß war, wenn nämlich eine Eisenbahnverbindung fehlte. Aber heute? Würde es nicht bei der heutigen Arbeitsintensität eine Überanstrengung bedeuten? Das Auto sitzt viel tiefer als dieser grüne Gentleman es wahrhaben will. Ich verzichte darauf einzuwenden, daß er ja, wie er mir soeben gesagt hat, nur zwei Tage in der Woche arbeitet - und das auch noch in dieser Sinekure von Beratungsstelle, die in den 1 ½ Stunden meines Hierseins kein Laut und kein Lüftchen bewegt hat und schon gar kein Mensch.

Ich habe seine Neigung, immer wieder auf sich und seinen dreigliedrigen Lebensentwurf zurückzukommen: Arbeit, Familie, politisches Engagement in einem »Aktionskreis lebendiger Hegau«, zunächst für eine kritische und ehrliche Vorgehensweise gehalten, für eine Absage an den »Psychismus« auch, wie er es selbst einmal formuliert. Jetzt verdächtige ich ihn, daß er sein eigenes ruhiges und offenbar auch wohlgeordnetes Leben für nachahmenswert hält. Mir kommt der Gedanke, daß vieles von dem, was er mir da erzählt hat, Reformhausware sein könnte. Man kennt jene leichtfertigen und reißerischen Bilder von Kraftlosigkeit und Krise, die nur zur Abgrenzung einer gesunden grünen Insel dienen. »Kaputt«, auch so ein umgekipptes Wort, sind immer nur die anderen.

Es sei »eine Seltenheit, daß mal einer intensiv an sich arbeitet«. Vorherrschend sei eine ganz andere Einstellung: »Ich gebe meine Krankheit hier ab. Sie sind der Psychologe. Am liebsten abladen, jammern, klagen.« Ich bin jetzt auf der Hut. Das wird schon wahr sein. Es wird dennoch unwahr, weil er sich nicht selbst einbezieht. Er scheint zu glauben, er sei durch, sei bereits gerettet. Man sieht ihn gleichsam vom anderen Ufer her heftig gestikulieren. Einer der Gruppentherapien, die er in der letzten Zeit durchgeführt hat, stand unter dem Motto »Das Leben gestalten«, eine andere unter dem Motto »Ich will leben«. Letztere sei allerdings eher auf die Bedürfnisse einer »gebildeten Gemeinde« zugeschnitten gewesen. Aber er hat scharfe Augen, er überblickt den Fluß in seiner ganzen Breite. Einer seiner Klienten sei ein Arbeiter, der 8 Jahre Nachtschicht hinter sich habe und anschließend dann 7 Jahre Wechselschicht. Er arbeite in einer Halle ohne Tageslicht. Es herrsche dort eine große Hitze, es werde viel getrunken, was ihn an den Rand des Alkoholismus gebracht habe. Ich frage mich, wie Leute in solchen Verhältnissen das Leben gestalten sollen. Könnte man nicht wenigstens bei ihnen eine Ausnahme machen?

III

Ich füge hier noch die eigenartige, fast surrealistische Bemerkung eines Bekannten an, dem ich diese Texte über den Glanz und das Elend der Stadt Singen vorgelesen habe. Er sagte: wie lange geht das hier noch? Goldgräberstädte werden ja meist ebenso schnell wieder verlassen von den Menschen.

Wir

»Es ist alles Überbau. Das meiste handelt von uns, die Arbeiter kommen fast nur als Gegenstand, als Substrat unserer Arbeit, unserer Praktiken, unserer Politiken in den Blick.«

Ich antworte diesem Kritiker: ja und nein. Es stimmt: mein eigentliches Thema ist die Macht, nicht die Masse. Die Masse kenne ich gar nicht. Ich habe mich immer nur in unseren Kreisen bewegt, und zwar mit Befriedigung, damit hier kein Mißverständnis entsteht. Aber ich möchte auf die Perspektive hinweisen: das meiste handelt keineswegs »von uns«. Wer soll das überhaupt sein: wir? Ich bin den Arbeitern nicht näher gekommen, von wenigen Ausnahmen abgesehen. Andererseits empfinde ich aber auch eine große Distanz zu unserer Position in der Gesellschaft, einer Stellung, in der sich Herrschaft und Unterwerfung auf eigentümliche Weise mischen. Ich behaupte nicht, daß es eine klare und souveräne Distanz ist, ich glaube, das mache ich auch deutlich. Aber daß viel Unsicherheit und Furcht, vielleicht auch Ressentiment dabei im Spiel ist, macht die Distanz nur noch tiefer. Es ist längst kein theoretischer Standpunkt mehr, den ich in aller Ruhe weiterentwickeln könnte, sondern eine Art Bruch, wobei ich allerdings nicht weiß, ob es ein halber oder ein ganzer - nicht einmal, ob es ein gewollter oder ein unfreiwilliger Bruch ist.

Eines habe ich freilich satt: diese altlinke Großzügigkeit oder Selbstverleugnung, die darin besteht, sich auch dann noch zu den herrschenden Klassen zu rechnen, wenn diese einem längst bloß noch Scherereien machen.

Spaziergang

Ich bin befremdet, ich vermisse etwas, wenn ich durch diese Stadt laufe. Ich reibe mich gleichsam an den vielen großen Gärten und ansehnlichen Häusern, die es sogar in unmittelbarer Nähe von *Maggi* gibt: alte, aber gut erhaltene Werkswohnungen darunter, mit stillen grünen Innenhöfen. Ich bin fast enttäuscht, als ich erfahre, daß dort keine Architekten, keine feinen Leute, sondern Arbeiter wohnen, Gastarbeiter sogar. Ich suche unwillkürlich nach den Anzeichen des Elends in diesem anziehenden Bild. Aber selbst in der Südstadt, die in das Gewerbegebiet übergeht und alle Züge eines chaotisch in den offenen Raum wuchernden Wachstums besitzt, finde ich viele deplaziert idyllische Straßenzüge. Es ist, als versuchten die Arbeiter, das bäuerliche Umland, dem sie zum guten Teil entstammen, symbolisch in die Stadt hereinzuholen. Selbst die berüchtigten Sozialbauwohnungen am Rande dieses Stadtteils wirken von außen gesehen merkwürdig harmlos, wenn man absieht von den menschenunwürdigen Behausungen, in denen die Zigeuner und Landfahrer untergebracht sind. So schlecht wohnt aber sonst wohl kein Mensch mehr in dieser Stadt.

Warum lasse ich das nicht gelten? Was ist das für ein Eifer, ein Rigorismus in mir, der mich diese Fähigkeit der Leute, sich auch im Schatten der großen Industrie wohnlich einzurichten, als störend und unangemessen empfinden läßt? Was haben wir nicht schon alles über das Eigenheim geschrieben, besonders über das des kleinen Mannes. Es mag ja alles richtig gewesen sein, aber über unsere eigenen kleinen Äquilibrien haben wir nie oder selten so geschrieben. Wir haben das den Menschen und besonders den Arbeitern im Grunde immer übelgenommen, daß sie sich weigern, die lebende Illustration für unsere Kulturkritik abzugeben. Lieber strampeln sie sich furchtbar ab und errichten ihre lächerlichen kleinen Barrikaden gegen die tragische Leere und Sinnlosigkeit ihrer Existenz. Ist es das, was uns auf sie herabsehen läßt? Wir würden es wirklich für adäquater halten, wenn sie damit aufhörten?

Stille Reserve

Singen gehört zum Herzen des Modell Deutschland, weil es direkt an der Schweizer Grenze liegt. Singen ist »in gewisser Weise ... eine industrielle Kolonie geblieben«, »in seinen Großindustrien abhängig von Unternehmensentscheidungen, die außerhalb der Stadt, ja außerhalb des Landes getroffen werden«. (Wolfram Fischer, *Singen, Hohentwiel - Entstehung, Wachstum und Strukturwandel einer Industriestadt*, Festvortrag zum 75jährigen Stadtjubiläum, in: *Singener Jahrbuch 1974*, hrsg. von der Stadt Singen, S. 36)

»Die Fabrik verarbeitete von vornherein den modernsten und zukunftsreichsten Werkstoff, das beeinträchtigte aber nicht das patriarchalische Verhältnis, das in den Gründungsjahren Führung und Gefolgschaft verband und von dem die Veteranen des Werkes noch heute so gerne erzählen ... Der Gedanke der Werkgemeinschaft war bei der Direktion ebenso wie bei der Kernmannschaft des Betriebes schon immer lebendig. Das böse Schlagwort vergangener Zeiten vom ›ständig fluktuierenden Industrieproletariat‹ hat jedenfalls für dieses Unternehmen keine Geltung. Das Werk war kein Taubenschlag, sondern zog an und hielt fest, was nach Leistung und Charakter geeignet war, hochqualifizierte Wertarbeit zu leisten ... die Aluminium-Walzwerke Singen haben im wesentlichen eine bodenständige Arbeiterschaft, die, meist bäuerlicher Abstammung, im Hegau ›daheim‹ ist, ein Umstand, der in seiner Bedeutung nicht unterschätzt werden darf; denn hier liegen die Wurzeln für die glückliche Zusammensetzung der Gefolgschaft und ihre bewährte Werktreue.« (*25 Jahre Aluminium-Werke Singen GmbH*, 1912-1937, 1937)

Ich spiele hier nicht mit dem Paradox. Internationales Kapital und bodenständige Arbeiterschaft - diese Verbindung, »die gute Eingliederung in die landsmannschaftliche Eigenart, die gerade für internationale Konzerne von Bedeutung ist«, wie es der langjährige Chef der Aluminium einmal formuliert hat (H. C. Paulssen, *Psychologie der Unternehmensführung*, Konstanz 1970, S. 30), hat vielmehr die Stadt geprägt. Stadtjubiläum, Werkjubiläum: Vielleicht ist es eine Unverfrorenheit, die Festrede von 1974 so unvermittelt neben die von 1937 zu stellen. Aber einmal hätte es dieses Stadtjubiläum nie gegeben ohne dieses Werkjubiläum, und dann finde ich auch, daß sich die beiden Festreden wechselseitig beleuchten - über alle politische Distanz hinweg. Das Wort von der kolonialen Abhängigkeit gewinnt seine ganze Härte erst im Kontext jener halb kitschigen, halb terroristischen Hymne auf Betriebsgemeinschaft und Werktreue. Und umgekehrt: sie sind wahrscheinlich so treu, weil sie so abhängig sind. Die Leute aus dem Hegau haben keine Alternative zum Arbeitsplatz in der Singener Großindustrie. Die Rede von 1974 spricht die ökonomischen Zusammenhänge an und klammert die Arbeiter aus. Der faschistische Text redet von den Arbeitern und klammert die ökonomischen Zusammenhänge aus. Der erste Text ist ein akademischer Vortrag. Der Vortragende sagt den Leuten mit wissenschaftlichem Freimut, was er denkt, auch in dieser festlichen Stunde. Aber es ist nicht die ganze Wahrheit. Der zweite Text scheint demgegenüber bloße Propaganda zu sein. In Wirklichkeit enthält er viel Wahres. Er reflektiert die Sonderinteressen der Stammbelegschaften und der Facharbeiter. Er berührt immerhin jene tiefen Schichten, in denen sich zwischen Angst und Geborgenheit, Arbeitsmoral und Klassenhaß die betriebliche Loyalität der Arbeiter bildet.

Auch der Patriarchalismus ist keine Erfindung faschistischer Geschichtsklitterung. Dazu eine Beobachtung vom Ende der Weimarer Republik: »Daß aber auch der industrielle Großbetrieb die persönliche Fühlung des Arbeitgebers mit den Arbeitnehmern nicht völlig auszuschließen braucht, habe ich in einem Singener Unternehmen beoachten können, wo der Direktor von den Arbeitern allgemein als ›de Vatter‹ (Vater) bezeichnet wird. Wenn im Betrieb vom ›Vatter‹ gesprochen wird, weiß jeder Arbeiter, wer gemeint ist.« (Philipp Daum, *Arbeitsverhältnisse und Struktur der Arbeiterschaft der Großindustrie Singen a. H. unter besonderer Berücksichtigung der Pendelwanderung*, Diss. Freiburg i. Brsg., 1931, S. 25) Dem läßt sich eine kleine Geschichte aus den Anfängen der Bundesrepublik anfügen: »Nach dem letzten Krieg, da haben die Arbeiter Suppen gekocht zum Teil, weil

sie Hunger gehabt haben, haben sie gegessen, gell. Oder Fenster geputzt mit so Lappen, die haben sie auch mit heimgenommen, weil das Trikot war und so. Da hätten eine ganze Menge sollen entlassen werden, und da hat mein Vater also damals denn gesagt: wenn die sollen wegen so Kleinigkeiten entlassen werden, dann ... haben wir aber bald keinen Direktor mehr, gell. Dann ist natürlich der aufgesprungen ...: ›Das müssen Sie an anderer Stelle beweisen!‹ Da hat er gesagt: ›Das kann ich Ihnen beweisen.‹ Wir haben ja früher Landwirtschaft gehabt, gell. Und da sind, das ganze Gemüse ist denen, den Brüggemänner [Direktoren von Maggi, E. K.] in die Keller geführt worden. Das war ja praktisch auch Diebstahl. Die Kohle haben sie aus dem Betrieb rausgeholt, die haben die Arbeiter ihnen runtertragen müssen, dem Direktor, gell. Daß sie keinen Dreck gemacht haben, hat die Frau dem 50 Pfennig gegeben, weil er die Schuhe ausgezogen hat, daß alles sauber geblieben ist. Und der hat seinen Kollegen erzählt: ich habe 50 Pfennig Trinkgeld gekriegt. Hat der Alte erfahren, mußte der wiederkommen und mußte die 50 Pfennige wieder abliefern. ›Sie werden von der Firma bezahlt.‹ «
(Interview mit einer alten Arbeiterin, Anfang 1982)

II

Kolonie? Der Professor beliebt, ein wenig zu scherzen. Sein Publikum, das aus selbstbewußten bundesdeutschen Honoratioren bestand, hat den seriösen Witz vermutlich mit einem souveränen Lächeln quittiert.

Kolonie, das Wort fällt wie eine Sternschnuppe, ich versuche es einen Moment festzuhalten. Als erstes Unternehmen ist MAGGI gekommen (1887), dann die Georg Fischer AG, die »Fitting« (1895), dann folgen die Aluminium-Walzwerke (1912). Alle drei Unternehmen wachsen schnell und haben bald einen großen Bedarf an Arbeitskräften.

MAGGI hat mit sieben Beschäftigten angefangen, 1907 waren es bereits 1000, 1926: 1880, 1938/39: 2500, Ende 1945 schon wieder 1800, 1963: 3200, heute, nachdem in den letzten anderthalb Jahrzehnten etwa 1000 Leute wegrationalisiert worden sind: rund 2000. Auf meine Frage nach der Sicherheit dieser Arbeitsplätze antwortet eine pensionierte Maggi-

Arbeiterin: »Ich weiß nicht, ob die noch so groß ist. Bisher haben sie natürlich abgebaut. Die Pensionäre sind halt nicht ersetzt worden, aber auch das . . . ich weiß nicht, ich hab nur mal gehört, daß die zu viel Leute haben.« (Interview; die Zahlen aus: O. Reichle, *Der Finanzhaushalt der Stadt Singen*, Diss. Freiburg in der Schweiz, Trier 1969, Anhang)

Eine fast ununterbrochene Linie des Aufstiegs also, eine Expansion ohne wesentliche Rückschläge und, wenn man von dem schleichenden Personalabbau der letzten Jahre absieht, keine Massenentlassungen. »MAGGI war von jeher . . . wenn jemand Arbeit gekriegt hat von Singen in der MAGGI, dann hat's geheißen: Mensch, hast du Glück gehabt. Ich weiß noch, wo ich in MAGGI gekommen bin, Mensch, hast du Glück gehabt . . . Erstens sind es saubere Arbeitsplätze, gell. Jetzt auch nicht mehr so arg, seit sie die Naßkonserven und alles haben. Und die Bezahlung war schon am allerbesten. Und Entlassungen hat's in der MAGGI praktisch nie gegeben.« (Interview) »Ich sag Ihnen doch, die MAGGI ist, das ist im Unterbewußtsein eines jeden Singener, der weiß das, die MAGGI überdauert wirtschaftlich alle Zeiten. Viel besser sogar wie der öffentliche Dienst, der vielleicht noch bestimmten Schwankungen unterworfen ist.« (Interview)

Worauf beruht dieser Erfolg? Man muß MAGGI unter die Pioniere einer Phase des Kapitalismus rechnen, die im Großen erst nach dem 2. Weltkrieg einsetzt. »Der Zweck der von der MAGGI-Gesellschaft in Würfelform hergestellten Suppen- und Fleischbrühwürfel ist, minderbemittelten Personen und solchen, welche für die Zubereitung von hausgemachten Suppen nicht genügend Zeit finden, in kürzester Frist genußfertige Suppen zu verschaffen. Demgemäß finden die Erzeugnisse vor allem bei der Industriebevölkerung der Industriegebiete den größten Absatzmarkt.« (Ernst Dobler, *Die industrielle Entwicklung der Gemeinde Singen a. H.*, Diss. Tübingen, Maschinenschrift 1922, S. 34) Das Kapital unterwirft sich dem gesamten Alltag. Haus und Küche und Familienleben werden Absatzmärkte. Seit Jahrzehnten, in Deutschland vor allem seit der Rationalisierungswelle der zwanziger Jahre, war die Spannung zwischen Produktion und Reproduktion, zwischen einer Arbeit von nie gekannter Intensität

und einer Erholung in eher traditionellen Formen immer unerträglicher geworden. Die berufstätigen Frauen hatten sich zerreißen müssen zwischen ihren Verpflichtungen. MAGGI bot ihnen da einige Erleichterungen an. MAGGI profitiert parasitenhaft von diesem neuen Streß, der überall erzeugt wird, und von der Suche nach einem neuen Gleichgewicht. Kann es eine solidere Gewinnbasis geben als den ewigen Zeitmangel, die Erschöpfung und das Ruhebedürfnis der arbeitenden Bevölkerung? Die Anachronismen der älteren Haushaltsführung sind zwar inzwischen beseitigt, aber die Spannung, die tägliche Zerreißprobe ist geblieben. Es ist gelungen, das neue Gleichgewicht in weite Fernen zu entrücken. Es ist nur noch ein heller Streifen am Horizont, und in unserer Sehnsucht kaufen wir mittlerweile viel mehr als bloß Suppenwürfel.

Auch die beiden anderen Großunternehmen am Ort haben eine steile, wenn auch nicht so kontinuierliche Aufwärtsentwicklung hinter sich: als metallverarbeitende Betriebe sind sie stärker in die allgemein ökonomischen Zyklen hineingezogen worden als der Nahrungsmittelproduzent. Die »Fittings« (Rohrverbindungsstücke für Gas-, Dampf- und Wasserleitungen) werden zum Beispiel für die Installation in Neubauten verwendet, ihr Absatz ist daher von der Konjunktur im Baugewerbe abhängig. Die Folien der Aluminium-Walzwerke werden unter anderem in der elektrotechnischen Industrie, die Bleche und anderen Halbfabrikate etwa im Apparate- und Maschinenbau verwendet: diese Produkte sind damit von jedem Exportrückgang betroffen. Die Fitting hat mit 200 Arbeitern begonnen, die man zum Teil noch vom Hauptwerk in Schaffhausen herüberholen mußte. 1938 waren es fast 2000, in den 50er Jahren immer über 2000, in den 60er Jahren immer über 3000, in einzelnen Jahren sogar über 3500; in den 70er Jahren sinkt die Zahl dann wieder auf 2500 (1973: 3507, 1975: 2829, 1977: 2593). Die Aluminium-Walzwerke entwickeln sich erst nach dem ersten Weltkrieg, dann aber sprunghaft zum Großbetrieb und zum größten Arbeitgeber Singens überhaupt: 1920 hat das Werk 342 Beschäftigte, 1924: 1236, 1930: 788, 1940: 1607, 1950: 2294, 1960: 4031, 1973 fast 5000; im Laufe der nächsten Jahre fällt die Zahl wieder gegen 4000 (1977: 4147, 1981: 4116). (Zahlen aus: O. Reichle, *Der Finanzhaushalt*, Anhang; *Singen in Zahlen 1976/77*, S. 83 und S. 98; ›Südkurier‹, 26. 5. 1982)

III

Diese drei Giganten haben die Stadt gemacht und beherrschen sie bis heute. »Als Ergebnis finden wir eine theoretisch stark krisengefährdete Wirtschaftsstruktur, da ein echtes Gegengewicht gegen die Großindustrie nicht vorhanden ist; eine theoretische Bedrohung allerdings nur, denn die Erfahrung - und die Produktionsrichtung - verspricht im Gegenteil konstanten Aufstieg.« Eine Einschätzung aus dem Jahre 1955 (Fritz Schmidlin, *Singen a. H., Grundzüge einer Stadtgeographie*, Maschinenschrift 1955, S. 66). 1981 war das erste, was man mir auf dem Arbeitsamt sagte: in Singen fehle die Zwischenschicht der mittleren Betriebe. Es gebe nur die drei großen Betriebe (oder die vier, wenn man noch die Maschinenfabrik FAHR in Gottmadingen hinzunimmt) mit ihren scharfen Ausleseverfahren und Rationalisierungsmaßnahmen und eine große Zahl von Kleinbetrieben, die nur ein paar Leute beschäftigen. Der Arbeitsmarkt sei daher rigider als anderswo in Baden-Württemberg. 1964 beschäftigten die drei Großbetriebe 90 Prozent aller industriellen und fast 58 Prozent aller gewerblichen Arbeitnehmer der Stadt. Wie kritisch die Lage schon sehr bald werden könnte, formulierte ein Betriebsrat aus Radolfzell: »Den Firmen geht's noch gut, aber den Arbeitern nicht. Da wird halt kräftig rationalisiert. Schau dir das neue Hochlager von Schiesser [Schweizer Textilunternehmen in Radolfzell, E. K.] an, das ist praktisch ganz durchrationalisiert. Da arbeitet praktisch keiner mehr drin. Und der Trend ist abzusehen, daß in fünf bis zehn Jahren das in mehreren Betrieben so sein wird. Bis dahin sind die Roboter so weit, daß sie Montagearbeiten übernehmen können. Bis dahin gibt's so empfindliche Sensoren, die auf jede Verformung oder Veränderung vom Teil reagieren und auch Einlegearbeiten machen können. Bis jetzt geht das noch nicht. Innerhalb von zehn Jahren kann das laufen.« (Zitiert nach: ›Nebelhorn, Stadtzeitung von Konstanz‹, 1982, Nr. 14, S. 24)

In diesem Zusammenhang treffen wir übrigens auch zum ersten Mal auf die ökonomische Bedeutung jener betrieblichen Sozialleistungen, die sich in Singen einer großen Anerkennung erfreuen. »Eine weitere Entwicklung kleiner Industriebetriebe wurde durch die alteingesessenen Großbetriebe gehemmt, weniger aus Konkurrenzgründen im Produktionsbereich als vielmehr durch die hohe Nachfrage der Großbetriebe am Arbeitsmarkt. Bessere soziale Einrichtungen der drei schweizerischen Unternehmen verhinderte das Auf-

kommen weiterer Industriezweige, die aufgrund ihrer gerin-
geren Finanzkraft keine ebenbürtigen Sozialleistungen bieten
konnten.« (O. Reichle, a.a.O., S. 108) Die Sozialpolitik dieser
Betriebe war eine Arbeitsmarktpolitik: ein Mittel anfangs zur
Öffnung und Erschließung, dann zur Kontrolle des regionalen Arbeitsmarktes. Es ist vielleicht so wirksam, weil seine
ökonomische Funktion nicht so leicht zu durchschauen ist.
Sie haben das doch eigentlich gar nicht nötig, sie waren und
sind schließlich die einzigen bedeutenden industriellen Arbeitgeber am Ort. Um es zu werden vielleicht? Aber vorher
war hier nichts. Singen war ein Dorf. Um es zu bleiben? Aber
die Grundstrukturen haben sich hier doch seit mehr als einem
halben Jahrhundert nicht verändert. Man könnte sagen: der
Erfolg verschleiert seine Durchsetzung. Die Monopolisie-
rung des Arbeitsmarkts verdeckt die Abhängigkeit vom Arbeitsmarkt - heute, im Zeichen von Massenarbeitslosigkeit,
mehr denn je. Das Koloniale ist so allgegenwärtig, daß es fast
unsichtbar geworden zu sein scheint, und das Soziale scheint
in der Luft zu hängen.

IV

Auch in der Literatur über Singen und seine Industrialisierung spielt der Arbeitsmarkt meist eine untergeordnete oder

doch undeutliche Rolle. Aus anderen Gründen: er verschwindet hier in der Reihe der Standortfaktoren. Danach sind die Schweizer Unternehmen seinerzeit über die Grenze gekommen, »um Zölle zu sparen und Absatzmärkte zu sichern«. Sie sind im Grenzgebiet geblieben, um die Verbindung zum jeweiligen Stammhaus mit seiner Verwaltung und seinen Fachkräften zu erleichtern. Sie haben sich speziell für Singen entschieden wegen des örtlichen Wasservorkommens und der günstigen Verkehrslage der Stadt. Zudem hat man ihnen dort den nötigen Grund und Boden und einiges darüber hinaus buchstäblich nachgeworfen, ganz abgesehen von den steuerlichen Vorteilen in den ersten Jahren. Schließlich haben die Unternehmen hier die geeigneten Arbeitskräfte vorgefunden. »Hinsichtlich der menschlichen Arbeitskraft kann die Industrie im ausländischen Grenzgebiet ein noch unausgeschöpftes Reservoir finden, eine unverbrauchte Landarbeiterbevölkerung, denn inländische Industrie wird aus naheliegenden Gründen das Grenzgebiet als peripheren Standort ausschließen.« (M. Weh, *Die Landesgrenzen als Standortfaktor*, Diss. Uni Basel 1932, zitiert nach: Hans E. Schöttli, *Einfluß der Landesgrenze auf die Wirtschaftsstruktur der Grenzgebiete*, Diss. Uni Zürich 1968, S. 54) Da ist er wieder: der halbbäuerliche, bodenständige, willige Arbeiter aus dem Hegau. Wir kennen ihn schon aus dem Festakt von 1937, in dem der Aluminium-Multi seine ganze Liebe für Blut und Boden bekannt hatte - endlich hatte bekennen dürfen, denn kein heimatloser Geselle hatte ihn da unterbrechen können. Hier taucht er wieder auf, aber kaum, daß wir sein naives Gesicht erkennen, verlieren wir es schon wieder aus den Augen. Es fällt in den Hintergrund. Eisenbahnwaggons, beladen mit Kohle und Eisen aus dem Ruhrgebiet, schieben sich vor und verstellen uns die Sicht. Es geht nicht mit rechten Dingen zu. Der Vordergrund nimmt uns gefangen. Er scheint aus absolut einwandfreien Fakten und logischen Zusammenhängen zusammengesetzt. Eines fügt sich zum anderen und auch der Mensch, der Faktor Arbeit, scheint angemessen berücksichtigt. Bei den drei Großfirmen in Singen (ebenso wie bei Schiesser in Radolfzell) scheint es sich danach um sogenannte Zollgründungen gehandelt zu haben. Bereits in den 30er Jahren des 19. Jahrhunderts, kurz vor und kurz nach dem Beitritt Badens zum Großdeutschen Zollverein, hatten zahlreiche Schweizer Unternehmen Werke entlang der Grenze gegründet, um sich die deutschen Märkte zu sichern: in Konstanz, Säckingen, Arlen, Lörrach, im Wiesental. Bei der MAGGI-Gesellschaft scheint der Fall ganz eindeutig: man hat in Singen zunächst nur eine Versandstelle eingerichtet, wo dann die in Kemptal/Schweiz hergestellte und für den deutschen Markt bestimmte Suppenwürze aus großen Behältern in die Originalflasche umgefüllt wurde. Man fragt sich freilich, warum es dabei nicht geblieben ist. Und warum man, als man sich zur Massenproduktion im großen Stil entschieden hatte, in Singen geblieben ist, fernab von den Verbrauchern in den Ballungsgebieten und fernab von den Rohstofferzeugern. Sie gehen nicht dorthin, wo die Käufer sind. Sie gehen nicht dorthin, wo die Rohstoffe sind. Bleiben sie vielleicht, wo die Arbeiter sind?

Der Vordergrund zeigt gewisse Risse. Warum lassen sich z. B. die Eisen- und Stahlwerke ihre Kohle, ihren Koks, ihr Eisen für teures Geld aus dem Ruhrgebiet, aus dem Saarland, aus Schweden nach Singen transportieren? In der Literatur finde ich die Antwort: die Eisenbahn macht's möglich; Singen ist schon in der 2. Hälfte des 19. Jahrhunderts zum Verkehrsknotenpunkt geworden. Ein beeindruckender Fortschritt, aber ist das eine Erklärung? Eine informierte Analyse der Schweizer Investitionen in Singen fehlt bislang. Ich habe den Eindruck, die ehrenwerten Autoren der vorliegenden Dissertationen haben zu viel Respekt vor ihrem Gegenstand. Anstatt zu prüfen, warum die Firmen sich auf Singen festgelegt haben, addieren sie ein paar Standortvorteile, die durch noch größere Nachteile wieder aufgehoben werden oder die man doch anderswo ebenso angetroffen hätte. Wo hätte es zum Beispiel eine Kommune gegeben, die ihr Land nicht gern verschenkt hätte? Die Gemeinplätze der Wirtschaftsgeschichte legen sich sanft und weich über das harte Kalkül des Profits. Es ist die dicke Watte der Konventionalität. Im Grunde ist nicht einmal das anscheinend knallharte Argument von der Zollgrenze wirklich zwingend, jedenfalls nicht in der abstrakten Form, in der man es meistens vorbringt. Der Schweizer Kapitalexport in die deutschen Grenzgebiete setzt bereits 100 Jahre vor dem Zollzusammenschluß ein und entwickelt sich auch im 19. Jahrhundert »nicht stoßweise mit der Einführung deutscher Zölle, sondern ... verteilt sich über alle Jahrzehnte« (Ernst Waldschütz, *Die schweizerischen Industrieunternehmungen im deutschen Grenzgebiet*, Diss. Universität Frankfurt am Main 1928, S. 26).

Es fehlt etwas. Man verschweigt etwas. Sie sind zu feige, von der Ausbeutung zu sprechen. Sie präsentieren uns die Industrialisierung dieses Raums als einen zivilisatorischen Prozeß. Kühne, unternehmende Naturen wie der alte Julius Maggi kommen eines Tages und wecken das seit Jahrhunderten schlafende Land. Das fremde Geld küßt die heimatliche Erde und zeugt mit ihr ein neues Leben. Höfische Literatur.

V

Sie scheinen um so feiger zu sein, je jünger sie sind. In den 20er Jahren haben wohl noch andere Standards wissenschaftlicher Arbeit gegolten. Damals muß es noch ohne weiteres möglich gewesen sein, von den Arbeitern zu reden, auch für einen Nationalökonomen oder Wirtschaftshistoriker. Heute sind die Arbeiter und ihre Lebensverhältnisse eher Spezialgegenstand kulturgeschichtlicher Disziplinen. Man hat die Menschen forschungsstrategisch ausgegliedert. Hier jedenfalls habe ich fast nur in älteren Arbeiten ein ernsthaftes Interesse an den Löhnen und den Arbeitsbedingungen, an den Wohnungsproblemen und den Existenzsorgen der Arbeiter in der Singener Großindustrie angetroffen. Die Lokalhistorie scheint dem Gesetz wachsender Indifferenz zu gehorchen. Ein junger Forscher von der Universität Konstanz, der die Geschichte der Arbeiterbewegung in Singen untersuchen will, hat mir kürzlich berichtet, daß der Oberarchivar und Chef des städtischen Kulturamts (CDU) das Vorhaben nach Kräften behindere. Er schirme das Stadtarchiv ab, als ob es sein Eigentum sei. Das Archiv befinde sich übrigens in einem außerordentlich vernachlässigten, ja verwahrlosten Zustande.

Ich glaube, man muß die übliche Gewichtung der Standortfaktoren umkehren, um ein realistisches Bild zu bekommen. In allen Analysen erscheint am Rande jene billige Arbeitskraft aus dem ländlichen Raum in Singen. Aber nur in

92

einer einzigen Studie habe ich zahlenmäßige Angaben über
die unterschiedliche Höhe der in der Schweiz und im süd-
deutschen Grenzgebiet gezahlten Löhne gefunden. Nach den
statistischen Erhebungen des Sekretariats der internationalen
Union der Lebensmittelarbeiter betragen 1926 die Durch-
schnittslöhne in der Lebensmittelindustrie (in Großbetrie-
ben) in der Schweiz Frs. 66,50, in Deutschland Frs. 44,88.
»Ähnliche Differenzen bestanden auch in der Metallindustrie
und nach dem 1. Weltkrieg waren sie größer als vorher (Ernst
Waldschütz, *Die schweizerischen Industrieunternehmungen
im deutschen Grenzgebiet*, 1928, S. 280; Baden-Württemberg
ist übrigens auch heute noch ein Billiglohnland, »weil hier die
Löhne berufs- und betriebsvergleichbar wesentlich unter
dem Bundesniveau liegen«. So ein Betriebsrat aus der Metallindustrie, vgl. ›Nebelhorn, Stadtzeitung für Konstanz‹, April
1982, S. 21). Welche Rolle hat das in den Kalkulationen der
Firmen gespielt? Darüber schweigt sich die akademische
Wissenschaft nobel aus. Vielleicht, um nicht als Ignorant da-
zustehen? Aber wir sind nun einmal die Blöden in allen Dingen, die zu wissen sich wirklich lohnt. Es gibt das Betriebsgeheimnis, und es gibt die wissenschaftliche Aufklärung. Und
es gibt die friedliche Koexistenz zwischen diesen beiden Formen der Wahrheit. Sie respektieren sich, sie tun sich nichts.
Mehr durch Zufall stieß ich in der Bibliothek des Kulturamts
auf eine Broschüre mit der Aufschrift: »Bitte keine Veröffentlichungen aus diesem Bericht ohne vorherige Abstim-
mung mit der Geschäftsleitung der Firma MAGGI GmbH«.
Es handelt sich um ein Referat eines der Direktoren von
MAGGI (J. H. Rüdy) mit dem Titel *Tarif- und sozialpolitischer Rückblick anhand von Singener Archivunterlagen*, gehalten auf der 7. Personalkonferenz vom 22. und 23. 4. 1970
in Singen. Hier rückt sich also das Betriebsgeheimnis selbst
einmal wissenschaftlich zu Leibe. Der Historiker, der sonst
demütig anklopft und um ein Stück Information bittet, ist
hier der King und läßt auffahren. Und während der arme
Mann daheim sitzt und die Krumen knetet, die man ihm zu-
geworfen hat, und ein Abbild, ein kleines Modell der großen
Firma daraus zu formen sucht, haben die Herren das Original
vor Augen.
Das Dokument ist übrigens auch Insidern wie einer lang-

jährigen Betriebsrätin von MAGGI und einem früheren Gewerkschaftssekretär unbekannt geblieben. Aus dem Text geht die Bedeutung der regionalen Niedriglöhne klar hervor. Es hat bei Maggi bis in die Mitte der 50er Jahre spezielle Frauenlöhne gegeben. Die Frauen machen in diesem Betrieb zwei Drittel der Belegschaft aus. Die Geschäftsleitung hat sich offenbar nur widerstrebend dazu entschließen können, dieses traditionelle Lohnsystem zugunsten der modernen »Arbeitsplatzbewertung« aufzugeben - ungeachtet aller Vorzüge des neuen Systems. »Als wir im Mai 1955 damit begannen, uns wenigstens in der Theorie mit der *Arbeitsplatzbewertung* vertraut zu machen, erkannten wir sofort, daß vor allem die von den Frauen verrichteten Tätigkeiten eine erhebliche Aufwertung erfahren würden, weil wir zum Unterschied von der Schweiz in Deutschland nicht von einer Lohntreppe für *Männer* und einer solchen für *Frauen* ausgehen könnten. Die Arbeitsplatzbewertung mit nur *einer* Lohntreppe sofort einzuführen, war also schon von der Kostenseite her ein Problem, ganz abgesehen davon, daß ein zu gutes Abschneiden der mit Frauen besetzten Arbeitsplätze auf die Männer psychologisch negativ gewirkt hätte. Zudem stand der Betriebsrat der Sache noch skeptisch gegenüber. Die Arbeitsplatzbewertung aber mußte eines Tages kommen; denn nach jeder Tarifverhandlung wurden wir zu betriebsinternen Zugeständnissen bei den Abteilungs- und Funktionszulagen gedrängt, ohne daß die Berechtigung der Forderung fundiert untersucht werden konnte. So war es unvermeidlich, daß jeweils der aufsässigsten oder produktionsseitig für uns gerade wichtigsten Gruppe Konzessionen gemacht wurden. Und schließlich kosteten auch die Funktionszulagen und ihre Erhöhungen Geld. Es vergingen zehn Jahre bis zur Realisierung unserer Pläne. Wir nutzten diese Zeit, um bei Lohnverhandlungen immer wieder ein Zusätzliches in jenen Abteilungen zu tun, in denen wir überwiegend Frauen beschäftigten. Dennoch zeigten im Jahre 1965 angestellte Berechnungen, daß eine saubere Arbeitsplatzbewertung die Lohnsumme immer noch um rund 12 % nach oben bringen würde. Zu einem derartigen Kostenstoß auf einmal konnte die Geschäftsleitung sich nicht durchringen. Es gab aber einen Ausweg - besser gesagt: Umweg -, nämlich das etappenweise Vorgehen . . . Ob-

94

wohl unser Experiment mit den Etappen geglückt ist, muß
vor Nachahmung gewarnt werden; denn die unvermeidlichen Diskussionen unter den Arbeitern und mit dem Betriebsrat wurden jedesmal neu belebt, und jede Etappe belastete die Sachbearbeiter administrativ gleich stark, wie es bei
sofortiger Einführung des Arbeitswertlohnes der Fall gewesen wäre - ganz abgesehen davon, daß Mitarbeiter, die das System vor seiner vollen Anwendung erfaßt hatten, den Vorwurf der Lohnvorenthaltung erhoben.« (S. 11 f.)

Durchsichtigkeit von oben gegen Undurchsichtigkeit von
unten, berechenbare Löhne gegen niedrige Löhne, Rationalisierung gegen Unterbezahlung, versteckte Diskriminierung
(Ballung der Frauen in den unteren Lohngruppen) gegen offene Diskriminierung (besondere Frauenlöhne). Der Wech-
sel der Methoden ist entschieden. Er ist unvermeidlich, er findet in der ganzen Welt statt. Aber in Singen tut man sich
schwer damit. Man klebt an den alten Extraprofiten.

VI

Die Frauen bei MAGGI:
»Die Höchstleistung ist in der MAGGI schon immer erbracht
worden, unter den jeweiligen technischen Voraussetzungen.
Schon immer. Vor allen Dingen die Frauen. Das hat sich
nachher denn auch im Krankenschein ausgedrückt, in Ner-
venzusammenbrüchen usw. Vor allen Dingen das Klima
nachher unter den Frauen selber. Die Frauen haben sich gegenseitig fertiggemacht. Verstehen Sie. Das wurde alles bewußt wurde das unter Druck ... Heute ist ja die Verpackung
nahezu vollautomatisiert fast. Früher war noch ein wesentli-
cher Anteil manuell, aber Bandarbeit, verstehen Sie. Oder
auch Gemüseputzen usw., das war reine Akkordarbeit, und
zwar in der übelsten Form. Aber wurde bezahlt als leichte
Frauenarbeit: Gemüs putze ... Dabei sind die Frauen bald
vor die Hunde gegangen, weil sie ihre Auflagen hatten. Und
weil sie ihre Auflagen hatten und die Aufpasserinnen immer
da waren ... Individuell ist es so, der eine - dem liegt das,
dem anderen nicht, verstehen Sie. Der eine ist geschickter, der
andere nicht. Aber der ist auf einem anderen Sektor geschickter, aber wenn er an *die* Arbeit hinkommt, dann leistet er ein-

fach weniger, muß aber mitstrampeln, weil gnadenlos, nicht. Wir haben also ein System dringehabt, das immer in einer bestimmten Zeit, angeblich, für den Betriebsrat, für die Blöden, das Geschäft stagniert hat, so wie bei uns [Georg Fischer AG, Schaffhausen/Schweiz, E. K.]. Jedes Jahr bei den Lohnverhandlungen, nicht, wenn Tarifabschlüsse bevorstehen, dann erscheinen die Meldungen über Rückgang der Aufträge und weiß der Teufel. Und genau so war es in der MAGGI immer, auch ohne Not, gell, aber um den Betrieb von unliebsamen Elementen fortlaufend zu reinigen, verstehen Sie. Also wo sichtbar wurde, halt einmal der und der könnte vielleicht, der denkt zu viel oder der schwätzt zu viel oder der ist, bringt Unruhe in den Betrieb, denn wurde er eliminiert. Und zwar im Zuge eines ganz normalen Abbaus. Das hat denn der Betriebsrat berichtet, gell, es ist ja auch alles zurückgegangen. Weil man ja vorher auf Lager geschafft hat, nicht, da hat man schon mal eine Pause machen können, und dann hat man das eingesehen. Es hat sich nie um viel gedreht, das waren dann mal 30 oder 40 Leute, die dann entlassen wurden, die dann aber grad hintennach auch wieder eingestellt worden sind, aber nicht, nicht mehr *die*, verstehen Sie. Sondern auf die Tour wird das immer auf einem Stand gehalten, daß eine gut funktionierende Belegschaft vorhanden ist, die die Schnauze halten, die zwar seelisch leiden, froh sind, heutzutage sowieso, wenn sie dann endlich ausscheiden können.« (Interview)

»Die ganzen Arbeitsplätze sind durchleuchtet worden. Ich kann Ihnen sagen, die haben, klar, da sind vorher ganze Tische beieinandergewesen, gell, und nachher sind noch 2 oder 3 Personen. Die stehen hin mit der Stoppuhr, gell, und nehmen Zeit für den Handgriff, so viel Zeit für den Handgriff . . . Ich war damals im Betriebsrat. Also Teil, die Mehrheit war dafür. Da hat's damals geheißen, das ist bloß zur Ergründung der Kosten. Wir haben damals, die wir weiter gesehen haben, haben gesagt: Ja von wegen, das gibt ein Tempo. Das ist praktisch Akkord, gell. Bezahlt wird's aber normal, gell, aber in der Zone drüben sagt man: Sie müssen Ihre Norm erbringen und hier müssen Sie den Standard erbringen, dasselbe . . . Ich hätt' es mir zugetraut, 'nen Standard zu machen. Aber ich war nicht freigestellter Betriebsrat, sondern so noch tätig und da hab ich gesagt, Du mußt mich eben freistel-

len, für einen Standard muß ich einen ganzen Tag, muß ich
hinstehen. Da muß ich dabeistehen von morgens bis abends,
gell. Sonst kann ich keinen Standard machen. Ich kann dem
nicht vorschreiben, der Standard stimmt nicht, wenn ich
nicht dabei bin. Da muß ich morgens dabei sein bei der Rüst-
zeit und der ganze Ablauf, da muß ich doch sehen, wieviel
Störungen daß anfallen und alles. Aber man hat mich nicht
zum Zuge kommen lassen . . . Es gibt so viel Systeme. Da ist,
das machen die ja extra. Da hat jeder Betrieb beinahe sein eigenes System. Und das wird so kompliziert gemacht, gell. Bei
uns ist vorher immer, die Norm war 75 war normal. Und das
war denn schwierig zum Rechnen. Wenn man den Leuten gesagt hat, Du erbringst die 75, dann haben die gedacht, das ist
zu wenig. Aber das war ja schon normal. Das Ziel war 100,
aber das Ziel ist ja schon 130 denn, gell. Und das ist ja schon
das Höchste, was man im Akkord eigentlich erreichen kann.
Ohne Schaden zu nehmen, gell: 130. Und wir waren ja, eigentlich waren wir dabeigewesen, um die Standard-Kommis-
sion zu kontrollieren, oder? Vom Betriebsrat aus. Aber die
fühlen sich jetzt. Jetzt sagen die: das ist ja die reinste Doktor-
arbeit. Und das ist auch das Schlimme, das habe ich erst später
erfahren, da sieht man ja nie so ganz rein, die kriegen eine
ganz schöne Zulage, die zwei Freigestellten, daß sie die Arbeit machen, gell. Und die wollen sie natürlich nicht verlieren
und machen sich Liebkind nach der anderen Seite.« (Interview mit einer Arbeiterin)

VII

Das Koloniale und das Soziale: die Extraprofite, die Über-
ausbeutung waren so groß, daß man großzügig sein konnte.
Die Tarifabschlüsse bei Maggi lagen »sicherlich 20 %« über
den normalen Tarifverträgen im regionalen Nahrungsmittel-
gewerbe. Auch aus gewerkschaftlicher Sicht war die Firma in
dieser Hinsicht vorbildlich (Interview mit einem früheren
Gewerkschaftssekretär). Die Unterbewertung der Arbeitskraft ist gleichsam in die fraglosen, fast unkenntlichen Fundamente des Lebens abgesunken. Von dort aus schafft sie den
Spielraum für spektakuläre Konzessionen an die Arbeiter
und für eine Politik des sozialpolitischen Prestiges.

Es hat nicht nur daran gelegen, daß es Frauen waren. Die
typischen Frauenbetriebe der Region wie Maggi in Singen
oder Schiesser in Radolfzell sind nur die besonderen Nutz-
nießer einer Zwangssituation gewesen, von der auch alle anderen Großunternehmen profitiert haben. »Als Folge des in
Süddeutschland herrschenden gleichen Erbrechts auf dem
Lande überwiegt der Kleingrundbesitz, der sich bei Kinder-
reichtum und nach mehrfacher Teilung oft zum Zweigbesitz
verkleinert hat. Zwingt so auf der einen Seite der Landmangel
die bäuerliche Bevölkerung teilweise zu Fabrikarbeit - die einen liefern die Nahrung und besorgen das Hauswesen, die
andern das bare Geld -, so ist auf der anderen Seite diese Fa-
brikbevölkerung doch kein ›land- und wurzelloses Proleta-
riat‹« (Ernst Waldschütz, a. a. O., S. 27). Im Unterschied zu
den Löhnen ist das kein Tabu für die Wissenschaft. Ein Tabu
ist nur der Bezug zu den Löhnen. Just in dem historischen
Moment, in dem man sie braucht, verwandeln sich die Bauern
des Hegaus in Arbeiter. Die Kleinbauern haben das Glück,
von ihren winzigen Höfen in die großen Fabriken pendeln zu
können. Früher hatten sie im Winter höchstens im Wald arbeiten können, jetzt konnten sie saisonweise in die Maggi
oder in die Fitting gehen. Ihre Arbeiter sind ihnen vielleicht
schon vorausgegangen, ihre Söhne und Töchter folgen ihnen
nach. Die Industriearbeit verdrängt die Landwirtschaft in
den Nebenerwerb oder in den Gartenbau (Details bei: Hans
E. Schöttli, *Einfluß der Landesgrenze auf die Wirtschaftsstruktur der Grenzgebiete, untersucht am Beispiel von Reiat
und Hegau*, Diss. Universität Zürich, 1968, Seite 31; Seite 37
f.). Die Industrie saugt die überflüssige Bevölkerung vom
Lande ab (die Pendler machen seit jeher einen großen Teil der
Industriearbeiter von Singen aus, bei Maggi jahrzehntelang
die Hälfte. Zahlen passim). Ein Strukturwandel greift in den
anderen, einer erleichtert den anderen. Mich erinnert dieses
Bild an gewisse Interpretationen der industriellen Revolution
in Europa. Auch sie ist im richtigen Moment gekommen, fast
wie eine Art deus ex machina. Gerade noch rechtzeitig, um
Europa vor der Verelendung zu retten. Was in diesem Bild
fehlt, ist die Unterwerfung. Es fehlt die Anspruchslosigkeit
und die Angst, die Dankbarkeit und die Disziplin der Arbeiter. Es ist eine Sozialgeschichte des Wachstums und der

Überlebenschancen, nicht der Produktionsverhältnisse und der Arbeit.

Welchen Lohn braucht und erwartet ein Arbeiter, der vielleicht zu Hause noch ein paar Kühe oder einen Acker oder eine Obstwiese oder einen Gemüsegarten hat? Welchen Einfluß hat der vielleicht verschwindende Rest von Subsistenzwirtschaft hinter der Lohnarbeit auf das Bewußtsein und das Verhalten des Arbeiters? Und das vielleicht schon zerfallende, vielleicht schon fiktive bäuerliche Milieu, in das er abends zurückkehrt? Und das eigene Haus, das ihn von den Besitzlosen absondert? Und der ideologische Druck der Kirchen in den Dörfern? Vielleicht erdrücken der Bauer, der Hausbesitzer und der Katholik den Proleten. Vielleicht bleibt eine Frau auch als Fabrikarbeiterin, was sie vorher war oder was ihre Mutter war oder was die ländliche Männergesellschaft von ihr erwartet. In der Literatur findet man nichts darüber (Ausnahme: Ulrike Ludwig-Bühler, *Frauen zwischen Familie und Fabrik. Frauenerwerbstätigkeit in der badischen Textilindustrie am Beispiel der Firma Schiesser AG zwischen der Weimarer Zeit und 1945*, Examensarbeit maschinenschriftl. Universität Konstanz, 1981). Man will schließlich niemanden diffamieren. Wenn man sich schon nicht für die Arbeiter interessiert, will man ihnen doch wenigstens nichts Negatives nachsagen. Wenn schon leer und gleichgültig, dann doch mindestens fair.

Mediävistik als Politik

»Alte Siedlung - junge Stadt« lautet der Slogan der Stadt. Da die Stadt jung ist, konzentrieren sich der örtliche Geschichtsverein, die örtliche historische Zeitschrift und allen voran das Kulturamt auf die Siedlung, die alt ist. Und beautiful, bin ich versucht zu plappern, denn von ferne erinnern mich diese Bemühungen an die jugendliche Begeisterung alter amerikanischer Damen vor der Porta Nigra. Ich fühle mich in solchen Momenten immer als ein feiner alter Europäer und gehe erheitert vorüber, belebt von einer milden Ironie. In diesem

Fall nicht; denn es sind alte Profis, Berufsantiquare, die uns die Geschichte gekonnt in der Form schöner alter Stiche präsentieren. Wir haben es hier nicht mit Nostalgie zu tun, sondern mit der Kulturpolitik einiger Provinzbonzen. Mediävistik als Politik. Siedlung und Stadt, die ältere Geschichte des Hegau und die Ansiedlung der Schweizer Unternehmen um die Wende vom 19. zum 20. Jahrhundert haben überhaupt nichts miteinander zu tun. Es ist ein historischer Bruch, wie er tiefer nicht sein könnte. Warum sucht man ihn so krampfhaft zu verhüllen? Ich nehme an, weil er das Bild des Gleichgewichts, des Ausgleichs und der Harmonie zwischen Industriestadt und Landschaft stören würde. Die städtische Großindustrie hat die Landschaft tatsächlich nicht zerstört. Sie hat sich, anders als im Ruhrgebiet, eher in sie eingenistet. Aber sie hat sie sich ökonomisch unterworfen. Sie holt sich seit jeher einen Großteil ihrer Arbeitskräfte aus der Region, und die Leute sind froh, dort arbeiten zu können. Das sind die realen wirtschaftlichen Beziehungen oder Abhängigkeitsverhältnisse, die dem fiktiven oder auch nur verbalen Zusammenhang zwischen »der alten Siedlung und der jungen Stadt« zugrundeliegen, und sie sind nicht alt, sondern hochmodern. Die »alte Siedlung« ist in Wirklichkeit genau so jung wie die Stadt.

Industriedorf

Eine Sozialgeschichte dieser Stadt müßte von der eigentümlichen Kontinuität in der Diskontinuität ausgehen. Die Industrialisierung, die das Dorf gesprengt hat, hat industrielle Beziehungen von einer halbpatriarchalisch anmutenden, pseudofeudalen Festigkeit, Starrheit, Konfliktarmut geschaffen. Daran haben auch die vielen Ausländer, die hier immer gearbeitet haben, nichts geändert. Singen ist bis heute eine Art überdimensionales, aus allen Fugen geratenes, kaputtes Dorf geblieben. Nur, daß es sich nicht mehr wie das alte Dorf unter die Herren auf dem Hohentwiel, sondern unter die der großen Industrie beugt.

100

Maggi. Materialien zur Heimatkunde
an Haupt- und Sonderschulen

Die Schweizermacher

In Schweizer Industriekreisen nennt man Deutschland gelegentlich den *großen Kanton*. Man kann die Geschichte von Maggi in Singen verstehen als den kontinuierlichen Versuch, diesen unabsehbaren Kanton zu verkleinern, zu verschweizern, auf eidgenössische Dimensionen zu stutzen. Oder doch ein ordentliches Stück daraus kulturell zu assimilieren. Ganz scheint es allerdings nie gelungen zu sein. Schon der alte Maggi selbst scheint auf dem Gipfel seines Gründerlebens eine gewisse Enttäuschung empfunden zu haben. In einem Gespräch mit den Repräsentanten des Fabrikarbeiter-Verbandes am 18. August 1911 hat er seine Erfahrungen zusammengefaßt:

»Die Leitung des Maggi-Unternehmens steht nicht auf dem veralteten, patriarchalischen Standpunkt, absoluter Herr im eigenen Hause sein zu wollen. Wir haben von jeher in unseren Arbeitern und Beamten nicht Maschinen, sondern Mitarbeiter an der gemeinsamen Aufgabe erblickt und das Recht der Persönlichkeit in ihnen geachtet. So viel in unseren Kräften steht und sich mit der Verfolgung des gemeinsamen Ziels irgend vereinbaren läßt, sind wir entschlossen, unsererseits zur Selbständigmachung des Arbeiterstandes beizutragen. Beweis dessen sind verschiedene in unserem Betrieb eingeführte Institutionen, die andere Betriebe nicht aufweisen. Wir sind auch willens, den Einfluß der Arbeiterschaft auf den Fabrikbetrieb noch weiter zu stärken. Freilich aber kann dies aber nur allmählich geschehen, denn Hand in Hand damit muß die Erziehung der Arbeiter zu unbefangenerem Urteil gehen. Solange die Arbeiterschaft in der Geschäftsleitung fast mehr ihren Gegner als ihren natürlichen Verbündeten erblickt, ist sie für eine solche Auffassung noch nicht reif, und deren Durchsetzung würde notwendigerweise fürs Geschäft zum Schaden statt zur Blüte ausschlagen. Und doch hat die Arbeiterschaft ein vitales Interesse daran, diese Blüte zu festigen und zu vergrößern. Denn nur ein dauernd gut rentierendes Geschäft ist in der Lage, seine Arbeitsbedingungen in materieller Hinsicht stetig zu verbessern und musterhaft zu gestalten. Um die Arbeiterschaft allmählich für diese demokratischen Prinzipien reif zu machen, und um über ihre Bedürfnisse und Wünsche besser unterrichtet zu sein, haben wir in Singen wie auch in unserer schweizerischen Fabrik in Kemptal die Institution eines Arbeiterausschusses geschaffen, in dessen Wahl sich die Geschäftsleitung in keiner Weise einmischt. Die damit bisher in Singen gemachten Erfahrungen sind jedoch nicht zufriedenstellend. Im Gegensatz zu Kemptal, wo dieser Ausschuß alle an ihn herantretenden Geschäfte vorurteilslos, verständig und freimütig behandelt, hat sich der Singener Ausschuß eigentlich bloß zum Sprachrohr aller möglichen, zum Teil sehr ungereimten Wünsche und Beschwerden gemacht. An der sehr verschieden gearteten Wirksamkeit der gleichen Institution in Kemptal und in Singen dürfte zu einem großen Teil der Umstand Schuld tragen, daß die deutschen Arbeiter politisch weniger gebildet sind als im allgemeinen die schweizerischen, die in der Ausübung dieser politischen Rechte in Gemeinde, Kanton und Eidgenossenschaft vom 20. Altersjahr an eine wertvolle Schulung zur Selbständigkeit empfangen. Wenn wir uns mit den Gewerkschaften jetzt aufgrund eines Tarifvertrages verständigen, so zählen wir darauf, daß die Herren Arbeitersekretäre bemüht sind, sich persönlich von Vorurteilen gegenüber der Geschäftsleitung freizumachen, um dann ihrerseits die Arbeiterschaft und vor allem den Ausschuß dazu zu bringen, die Absichten, Vorlagen und Maßnahmen der Geschäftsleitung unbefangener zu beurteilen, als dies bisher der Fall war.« (zitiert nach J. H. Rüdy, *Tarif- und sozialpolitischer Rückblick*, 1970, S. 22 f.)

Sie ist aus Singen. Sie lacht über die politische Lektion des toten Demokraten Maggi. Sie ist die Tochter eines der Mitglieder jenes ersten Arbeitsausschusses und hat selbst über 40 Jahre Maggi hinter sich. »Schade, daß mein Vater das nicht mehr hat lesen können.« Eine große Photographie des Vaters steht auf dem Schrank im Wohnzimmer. Bevor sie von sich erzählt, erzählt sie von ihm. »Zum Beispiel, wo mein Vater geholt worden ist, er hat ja denn beim Pfarrer geschafft, gell, er hat nirgends Arbeit gekriegt, und beim Pfarrer - die haben

Julius Maggi (1846-1912)

ihn dann genommen, weil er also Antinazi war.« Die Direktoren von Maggi haben ihre Arbeiter nicht vor dem Zugriff des Nationalsozialismus geschützt, im Gegenteil: sie haben der Gestapo gelegentlich noch geholfen. ». . . wo mein Vater da im KZ war, die Meisterin, wo da so Nazi war, die hat, ich hab' dann einen halben Tag geschafft, weil mein Mädle so klein war noch, und dann eine andere Frau hat auch einen halben Tag geschafft, deren Mann war auch da im KZ, da haben wir uns bloß zusammengesteckt und haben wir beide miteinander geschafft. Sobald wir miteinander haben wollen sprechen, sind wir auseinander. Die ist sofort dazwischengegangen.«

Der Pakt mit dem Teufel

Arbeitsunterricht: In Deutschland hat es der Novemberrevolution von 1918 bedurft, die Anerkennung der Gewerkschaften als Vertragspartner der Arbeitgeber durchzusetzen. Warum? Maggi war seiner Zeit um volle 7 Jahre voraus. Warum? Geradezu ein Loch von einer Frage. Ausloten lassen. Die Überlegungen sammeln und ordnen, ordnen und gliedern. Dann, wie aus dem Hinterhalt, der Clou:

»Julius Maggis Tarifpolitik entsprang aber nicht nur seiner sozialfortschrittlichen Einstellung, sondern hatte auch einen ernsten marktpolitischen Hintergrund: Die Konsumgenossenschaften verfolgten damals den Plan, gemeinsam eine eigene Würze- und Suppenfabrik zu bauen. In dieser Sorge entschloß sich Julius Maggi . . ., allen Gewerkschaften und Genossenschaften vom soeben abgeschlossenen Lohntarifvertrag Kenntnis zu geben . . . Die Wirkung ist erfreulicherweise die gewesen, daß die Gewerkschaften von der Konkurrenzierung des Maggi-Unternehmens Abstand genommen haben, ja daß Maggi sogar während einiger Jahrzehnte kochfertige Suppen für die Großeinkaufsgesellschaft Deutscher Konsumgenossenschaften in Hamburg als GEG-Hausmarke herstellen konnte.« (J. H. Rüdy, a. a. O., S. 3 f.)

Aus einem Brief des Verbandes der Fabrikarbeiter Deutschlands an die Konsumvereine von 1912: »Wir machen Ihnen . . . hiervon Mitteilung, weil . . . zwischen dem Centralverband Deutscher Konsumvereine und der Generalkommission der Gewerkschaften Vereinbarungen getroffen worden sind dahingehend, daß *die* Betriebe bei Lieferungsaufträgen in erster Linie Berücksichtigung finden sollen, die die Organisation der Arbeiter anerkannt und Tarife mit denselben abgeschlossen haben.« (zitiert nach J. H. Rüdy, a. a. O., S. 44 f.)

Der Pate

Sagen Sie es den Kindern lieber gleich: es handelt sich hier nicht um die Mafia. Dann sind sie zwar schwer enttäuscht. Es ist ja klar, daß der junge Mensch sich lieber mit Al Capone oder Don Vito Corleone beschäftigt als mit *Ermin Holwegler*. Ich auch. Aber Sie haben dann wenigstens die üppigen Phantasien über brutale, aber generöse Gangster erst einmal beschnitten. Sie können freilich ganz unvermutet nachwachsen und dann das von Ihnen mühsam herauspräparierte historische Bild des Syndikats von Maggi doch noch überwuchern mit ihren wunderschönen Schlingpflanzen.

In der ersten Stunde lassen Sie nach bewährtem Muster einfach zusammentragen, was an Anekdoten, Legenden und ernsthaften Urteilen über diesen Mann noch kursiert in der Stadt. Ermin Holwegler ist tot, aber jedermann in Singen erinnert sich an ihn. »Er war der Herrgott. Ich weiß noch, eine Kollegin von mir, die ist jetzt schon alt, die hat neben mir gesessen, da haben wir mal abgestimmt. Da hätten sollen 17 junge Burschen entlassen werden. Die waren halt ein wenig so, nicht so ganz gut beraten. Jetzt, wir müssen die Entlassungen machen . . . Bloß die zwei ʼKommunisten, ich und meine Kollegin ist schon neben mir gesessen, wir waren gegen die Entlassungen. Ich habe gestreckt und die neben mir hat dann auch gestreckt. Jetzt, wo die gesehen hat, daß sie mit den Falschen gestimmt hat, daß die anderen ja die Mehrheit hatten, hat die einen Nervenklaps gekriegt. So war die Stimmung eigentlich . . . Der wird ja heute noch beinahe als Heiliger verehrt . . . Aber meiner Ansicht nach hat der schon nachher totaliter versagt. Der hat ja gelernt auf der Arbeiterakademie, also praktisch mit unseren Geldern, ja? Und der hat ein Wissen gehabt, ganz bestimmt, das will ich nicht abstreiten, aber er hat sich nach jeder Lage abgesichert.

Ich habe ihn sogar im Verdacht, daß er sich mit den Brügge-
männern [Direktoren von Maggi, E. K.] abgesichert hat. Er
hat die nach dem Umsturz, also die waren keine Nazis seiner
Ansicht nach, die haben sich gegenseitig müssen decken. Also
mir war der Holwegler gar nicht mehr sympathisch.«

Ein mächtiger Mann also, einer, dessen Wort 1945 sogar
über das Schicksal von Spitzenmanagern entschied, positiv
entschied offenbar. In diese Richtung weist auch die Bemerkung eines früheren Gewerkschaftssekretärs, Holwegler
habe den faschistischen Wehrwirtschaftsführer *Dr. Hans-
Constantin Paulssen* von den Aluminium-Walzwerken »einen Persilschein ausgestellt«. Andere Maggianer wiederum
behaupten, der Mann sei damals wie ein eiserner Besen gewesen. Er habe selbst den kleinen Mann nicht verschont.

Bemerkenswert auch das Erschrecken der unbekannten
Arbeiterin in der Betriebsratssitzung. Es kann sein, daß Ihre
Schüler sich dieser Reaktion teilnehmend zuwenden wollen.
Dann müssen Sie ihnen eben klar machen, daß das in diesem
Zusammenhang lediglich als Reflex interessiert, als Effekt der
Macht des Ermin Holwegler.

Alle, die man über diese Persönlichkeit befragt, heben
diese Machtfülle hervor. Holwegler war zugleich Betriebs-
ratsvorsitzender und Personalchef bei Maggi. Außerdem ge-
hörte er dem Vorstand der Gewerkschaften an. Jedes Kind
weiß wohl, was ein Personalchef ist, aber Sie sollten unbedingt erläutern, was ein Betriebsrat ist. Dabei können Sie
kurz auf die Geschichte und den Gehalt des Betriebsverfas-
sungsgesetzes von 1952 eingehen. »Da hat der so gewettert
gegen, damals, gegen das Betriebsverfassungsgesetz, wo sie
damals einführen wollten. ›Wenn das eingeführt wird, denn
kann ich, meine ganze Arbeit war umsonst.‹ Und wer hat
nachher dafür gestimmt? Er! Während der…, ein
CDU-Mann, der hat sich wenigstens noch der Stimme enthalten, wie ich erfahren habe. Und unser schöner Holwegler,
der hat dafür gestimmt.« Wenn die Jugendlichen nach diesem
historischen Exkurs immer noch Mühe haben, diese Perso-
nalunion zu begreifen, müssen Sie auf konkrete Beispiele zu-
rückgreifen. »Ein Beispiel. Der Holwegler…, der hat nachher, ich hab' für die Abteilung 20 Pfennig gefordert Hitzezu-
lage. Wir haben einfach unter viel erschwerteren Bedingun-

gen geschafft wie der ganze übrige Verein, im Kesselhaus unter diesen Bedingungen. Da hat's Kohle gegeben, die mehr Steine waren wie Kohlen. Wir haben aber also dementsprechend müssen schinden fürchterlich, daß wir den Dampf hergekriegt haben, nicht? Und denn hat der das nicht wollen. Wahrscheinlich hat er das aber als Einstieg in das übliche Schema der SPD: kleine Scheißer korrumpieren, und dann kannst du nachher machen, was du willst mit denen. Dann hat er zu mir gesagt, dann hat er mich beiseite genommen ins Maschinenhaus nebendran und hat gesagt: ›Horch einmal‹, hat er gesagt, weil er hat nicht wollen, daß . . . die Geschäftsleitung hat ihm scheinbar Dampf gemacht wegen der 20 Pfennig - eine Zulage, die noch nie gezahlt wurde, nicht, und der Betrieb besteht schon lang - da hat er zu mir gesagt - ich habe ihm erklärt, warum - da hat er zu mir gesagt: ›Horch, Johann, wir machen Dich zum Schichtführer!‹ Da hab ich gesagt: ›Weißt Du was, solange ich gewählter Vertreter bin von den Arbeitern, ich bin Vertrauensmann im Kesselhaus, nicht, habe ich gesagt, will ich kein' Posten für mich, sondern 20 Pfennig für alle!‹ Da hat er zu mir wörtlich erklärt: ›Bah . . .‹ hat er gesagt, ›bist Du eigentlich in einem Orden, der sich ewige Armut gelobt hat?‹ Da habe ich gesagt: ›Ich sag Dir noch einmal: 20 Pfennig für alle!‹ Da ist er dann abgezogen.«

Die kleine Szene in der Heizungszentrale zeigt sehr schön, wie die beiden Rollen sich vermischen. Der Mann handelt als Personalchef, agiert aber wie ein Arbeiterführer. Aber damit hier kein falscher Eindruck entsteht, noch einmal der Heizer: »Das war ein richtig jovialer, väterlicher Typ. Einmal hat er zu mir gesagt: ›Du, hör einmal, was denkt man eigentlich bei Euch, in Euren Kreisen so über mich?‹ Da hab ich gesagt zu ihm: ›Das kann ich Dir grad sagen. Du bist weit und breit der beste Demagoge, den es gibt . . .‹ Das war immer dasselbe.

Wenn wir eine Betriebsversammlung gehabt haben, dann ist der Holwegler regelmäßig vor der Betriebsversammlung bei mir aufgetaucht. Und ich, er hat aber kein Wort gesagt. Wir haben uns genau gekannt, nicht? Und ist dann rumgestanden und hat geguckt, er war ein korpulenter Mann, nicht? Und dann habe ich nach einer bestimmten Zeit, gell, hab ich nachher das Ding nicht zur Peinlichkeit steigern wollen, hab ich zu ihm gesagt: ›Also, hör, Ermin, ich fahr Dir also in fol-

genden Dingen an den Karren in der Betriebsversammlung.‹
Und hab ihm genau aufgeschlüsselt, was, und habe ihm auch
begründet, warum ... Er war natürlich so intelligent,
gell, er hat das natürlich begriffen. Er hat mich ja geradezu
gebraucht, verstehen Sie?« Der Personalchef hat den Arbei-
terboß also nicht etwa von innen her aufgefressen, so daß nur
noch die Schale übrig geblieben wäre, die Worthülsen, die
Rhetorik, der proletarische Gestus. Der Instinkt ist viel mehr
lebendig und wach geblieben. Unverkennbar allerdings auch
die Anzeichen beginnender Isolierung. Die Bemühungen um
Kontakt und Information jedoch immer noch souverän und
geschmeidig.
Vielleicht hat ihn dieser Instinkt später (1960) auch dazu
veranlaßt, das Große Bundesverdienstkreuz mit Stern und
Schulterband abzulehnen.
Vorschläge für die weitere Arbeit: Man könnte die politische Karriere Holweglers weiter verfolgen. Die Schüler wissen bereits, daß er typischer Sozialdemokrat war. Später ist er
Arbeitsminister von Baden-Württemberg geworden (1952-
1960). Irgendetwas muß uns bisher entgangen sein. Wir haben vielleicht das politische Gewicht der Firma Maggi unterschätzt. Oder man könnte untersuchen, wie Holwegler sich
hochgearbeitet hat. Ich weiß nur, daß er schon seit 1922 bei
Maggi gearbeitet hatte, und daß er bereits vor 1933 dort Be-
triebsratsvorsitzender gewesen ist. Aber was war nach 1933?
Zunächst scheint er sich an illegalen Aktivitäten, die im Singener Raum wegen der Nähe der Schweizer Grenze besonders intensiv gewesen sind, beteiligt zu haben. »Karl Thoma
bekam von dem Sozialdemokraten Ermin Holwegler die
›Grünen Berichte‹ vom Prager Parteivorstand der SPD, und
er gab wiederum über einen Mittelsmann Materialien der
KPD, wie die ›Rote Fahne‹ oder ›Inprekorr‹ an Holwegler.«
(Käte Weick, *Widerstand und Verfolgung in Singen und Umgebung*, Stuttgart 1982, S. 57) Das war 1934. Weitere Informationen dieser Art habe ich nicht. Niemand weiß etwas Ge-
naueres. Jemand sagt mir, so ganz sei er auch während des
Dritten Reiches nicht abgesackt, er sei immerhin in diesen
Jahren Vorarbeiter gewesen bei Maggi. Ich verstehe dann
nicht, worauf die einzigartige politische Autorität dieses
Mannes nach dem Zusammenbruch beruht. Es liegt mir fern,

ihn hier mit Dreck zu bewerfen oder ihn etwa hierfür zu tadeln, daß die Nazis ihn nicht umgebracht haben. Aber ich spüre ein Mißverhältnis zwischen der Leistung des Mannes und seinem öffentlichen Ansehen.

Schließlich könnten Sie dafür sorgen, daß der Typ nicht zu groß gerät. Er mag eine Vaterfigur gewesen sein in der Zeit nach Krieg und Chaos. Aber diese Stadt, an sich eher prosaisch, neigt offenbar dazu, ihre prominenteren Söhne in den Bereich historischer Größe hinauf zu katapultieren. Vermutlich weil sie so wenig hat von dieser Sorte. Es scheint in dieser traditionslosen Industriestadt eine verborgene Sehnsucht nach Geschichte und Bedeutung zu geben. An diesen Personenkult legen wir die Axt der Geschichtswissenschaft. Wir fällen den Baum, weil er uns den Blick auf den Wald verstellt. Ermin Holwegler, nacheinander und nebeneinander Vorarbeiter, Personalchef, Betriebsrat, Arbeitsminister und einiges mehr, war kein Genius der Klassenversöhnung. Er war vermutlich nie etwas anderes als der Exponent einer alten und starken Strömung in der Arbeiterschaft von Maggi. »Diese soziale Komponente in diesem Unternehmen war natürlich dann nicht nur auf der Unternehmerseite vorhanden, sondern das hat sich auch auf die Arbeiter übertragen. Und dieser Betrieb war eigentlich der Prototyp dieser Betriebsgemeinschaft, die sich dann ja auch deutlich artikuliert hat in der Tatsache, daß die Beschäftigten sich dort als ›Maggianer‹ bezeichnet und sich auch als solche verstanden haben, als Teil dieser Betriebsgemeinschaft. [Sogar die Betriebszeitung der KPD in den zwanziger Jahren hieß ›Der Maggianer‹, E. K.] Insoweit ist das eigentlich nur nahtlos und direkt in diese Betriebsführerschaft des Nationalsozialismus übergegangen, wo eben alle eine Gemeinschaft waren ... Da waren also gar keine so ganz großen Widersprüche da ... Einer der Direktoren ist wohl verhaftet worden ..., weil er eine Rolle gespielt hat bei den Nazis ... Die andern aber haben als Schweizerische Staatsbürger das Unternehmen gut über den Zusammenbruch gebracht und haben dann auch auf der anderen Seite, auf der Arbeitnehmerseite, einen Kontrahenten, einen Verbündeten, muß, glaube ich, besser gesagt werden, gefunden in diesem Holwegler. Der Holwegler war ein Sozialdemokrat und Gewerkschaftler. Aber als Gewerkschaftler hat er immer, gleich von Anfang an, so 'ne Art Syndikalismus bevorzugt. Der hat gesagt: das, was da nun irgendwo im Lande geschieht, das kann gar nicht mit uns verglichen werden, sondern wir haben in unserem Betrieb 'nen Haustarifvertrag schon immer gehabt, wir sind vorbildlich da, bei uns sind auch viel mehr Leute organisiert, das ist ja dann nach 45 gleich wieder geschehen. Wenn wir uns einer großen anderen Gewerkschaft anschließen würden, dann hätte das zur Folge, daß wir warten müßten, bis die anderen nachgezogen haben. Das würde uns also benachteiligen ... Ich weiß noch, vor meiner Zeit waren da immer große Schwierigkeiten darüber, ob diese Belegschaft der Gewerkschaft, der späteren Gewerkschaft NGG, beitreten sollte oder ob man nicht lieber eine Betriebsgewerkschaft, also ein Syndikat alten Formats bilden sollte ... Dieser Holwegler hat sich dann auch verstanden als einer derjenigen, die mit der Direktion zusammen diesen Betrieb wieder in Gang gebracht haben nach 45.« (Interview mit dem früheren Sekretär der Gewerkschaft NGG in Singen)

Longue durée

Georg Zimmermann, später Generalvertreter der Firma in Königsberg, über seine Einstellung im Jahre 1912:

»Eine Einstellung im Hause *Maggi* war zu dieser Zeit nicht ganz einfach. Nach genauen Angaben über eine lückenlose Tätigkeit, vom Verlassen der Schule ab gerechnet, wurde von allen bisherigen Arbeitgebern eine Auskunft eingeholt. Darüber hinaus mußte ich noch Persönlichkeiten namhaft machen, die über die Familienverhältnisse meiner Eltern und Geschwister Auskunft geben konnten. Da ich mich für die Reise beworben hatte, mußte ich 500 Mark Kaution stellen.« (zitiert nach: Wilhelm Schott, *Die Firmengeschichte der Maggi GmbH in chronologischer Übersicht der letzten hundert Jahre*, maschinengeschrieben, 1971)

Generaldirektor und Kommerzienrat Dr. h. c. Ernst Schmid anläßlich seines 70. Geburtstages im Jahre 1928:

»Wenn Sie mich fragen, welchem Umstand wir diese Ent-

110

wicklung zu verdanken haben, so antworte ich Ihnen: Der hervorragenden Qualität unserer Erzeugnisse und dem guten Geist, der unseren gesamten Beamtenkörper durchströmt. Jeder gibt sein Bestes und ist davon überzeugt, daß es ihm nur gut gehen kann, wenn es dem Geschäft gut geht. So haben wir etwas erreicht, was wohl selten anzutreffen ist. Jeder Beamte, vom Direktor angefangen bis zum kleinen Korrespondenten, hat seinen Stellvertreter. Der bekannte Spruch ›Man sägt nicht den Ast ab, auf dem man sitzt‹ existiert bei uns nicht.« (zitiert nach: Wilhelm Schott, a. a. O.)

1934: »In der ›*Maggi*‹-Fabrik wurden vor 8 Tagen 160 Kündigungen ausgesprochen, in der Mehrzahl junge Leute, die früher den sozialistischen Vereinen angehört haben.« 1935: »*Maggi*-Werke Singen a./H. früher ein freigewerkschaftlich sehr gut organisierter Betrieb, heute ist die Belegschaft total verludert. In diesem Betrieb spielt die NSBO eine Rolle, und es werden nur waschechte Leute eingestellt, die früher schon vom gewerkschaftlichen Standpunkt aus Lumpen waren. Die früheren Gewerkschaftler fliegen hinaus. Und so stehen unsere alten Leute unter einem schweren Druck. Die Firma hat als Weihnachtsgeschenk zwei Wochenlöhne ausgezahlt, auch werden die Feiertage gezahlt.« (aus: *Deutschland-Berichte der Sozialdemokratischen Partei Deutschlands* [Sopade] 1934-1940, zitiert nach: Käte Weick, *Widerstand und Verfolgung in Singen und Umgebung*, Stuttgart 1982, S. 152)

Fragen aus dem Bewerbungsbogen von *Maggi* 1981 (Man - genauer gesagt, ein Mitglied des Betriebsrats - hat den Bogen für uns aus dem Betrieb herausgeschmuggelt und ihn uns gegen das Versprechen der Diskretion ausgehändigt; wir überkleben daher den Kopf, bevor wir den Bogen im Unterricht verwenden):
»Wer versorgt die Kinder während der Arbeit?«
»Wohnverhältnis: Eigenheim/Untermiete/Miete/bei Angehörigen.«
»Haben Sie Verwandte oder Angehörige im Werk? Wenn ja, Namen.«
»Waren Sie in den letzten drei Jahren mehr als insgesamt 30 Tage krank?«
»Arbeitsstelle der Angehörigen (Eltern, Ehegatten, Geschwister).«
»Lückenloser Nachweis der bisherigen beruflichen Tätigkeiten.«

112

Bei einer Betriebsbesichtigung unterhalte ich mich mit der Besuchsführerin über die Personalpolitik von Maggi. Bevor eine junge Frau hier endgültig hereinkomme, habe sie oft schon über mehrere Jahre hinweg in den Ferienzeiten ausgeholfen. Die Firma habe so genügend Gelegenheit, sich ein Bild von der Arbeiterin zu machen.

»Wenn wir nun in der *Maggi* Rückblick halten seit der Machtübernahme . . . so können wir eindeutig feststellen, daß das Resultat alle gehegten Hoffnungen übertroffen hat. Ich möchte es an dieser Stelle einmal aussprechen, daß die Leistungen der *Maggi*-Werke auf sozialem Gebiet überragend, zum Teil sogar einzig dastehen in unserem Vaterlande. Ich betone dies ausdrücklich, weil gewisse Kreise in unserem Betrieb entweder die Leistungen nicht gelten lassen wollen oder nicht werten können, da sie noch nie in anderer Volksgenossen Schuhe gesteckt haben . . . Für uns alle aber ist es eine Pflicht unsere Betriebsführung am Aufbau dieser Gemeinschaft zu unterstützen durch die Pflichterfüllung an unserem Arbeitsplatz und Pflege echter Kameradschaft unter uns selber . . . Nicht Kleinigkeiten aufbauschen und kritisieren. Nicht in hellen Haufen davonlaufen, wenn in der Kantine lehrreiche Vorträge gehalten werden. Das zeugt von Interesselosigkeit und macht ein schlechtes Bild.« (›Der Arbeitskamerad, Werkzeitschrift der Betriebsgemeinschaft Maggi‹, Jahrgang 1, 1936, Nr. 1)

»Die Krankenkasse soll segensreich wirken. Sie kann dies nur dann, wenn von ihrer Einrichtung gesunder Gebrauch gemacht wird. Immer wieder vorgenommene Untersuchungen über den Zusammenhang Krankheit und Arbeitswillen zeigen, wie stark das Geschick der Krankenkasse von der persönlichen Einstellung des Einzelnen abhängt. Nach den bisherigen Erfahrungen scheint die Betriebskrankenkasse wohl die beste Organisationsform der Krankenversicherung für mittlere und größere Unternehmen zu sein. Begreiflich! Die Mitglieder der Betriebskrankenkasse kennen sich gegenseitig und wirken von selbst dahin, daß die Mittel nicht übermäßig oder unrechtmäßig in Anspruch genommen werden.« (›Der Arbeitskamerad‹, Jahrgang 1, 1936, Nr. 2)

Nach einer Umfrage neueren Datums glauben 58 Prozent der Beschäftigten von Maggi, daß die Betriebskrankenkasse mißbräuchlich in Anspruch genommen wird. »Je älter ein Mitarbeiter ist und je länger er bei *Maggi* arbeitet, desto stärker ist er von einem Mißbrauch der Leistungen der Krankenkasse überzeugt. Männer bejahen zu 67 Prozent, Frauen aber nur zu 50 Prozent eine mißbräuchliche Inanspruchnahme. Als Gründe für die zahlreichen Scheinkrankheiten werden, neben häuslicher Arbeit vor allem bei den Frauen, Arbeit an einem Neubau, auch Krankfeiern aus Renten- oder steuerlichen Gründen angegeben, etwa wenn der Verdienst aus der Arbeit eine bestimmte Höhe nicht überschreiten darf, da er sonst auf eine Rente angerechnet wird, oder wenn durch vorübergehendes Krankfeiern Steuern gespart werden können. Sehr häufig wird den Ärzten die Schuld zugeschoben, man wirft ihnen vor, daß sie mit dem Krankschreiben allzu großzügig seien . . . 31 Prozent forderten eine stärkere Kontrolle vor allem der ›Berufskranken‹ durch den Krankenkontrolleur bzw. die Einstellung weiterer Krankenkontrolleure durch die Krankenkasse. 21 Prozent sprachen sich für eine schärfere Kontrolle durch den Arzt, insbesondere eine zeitigere Vorstellung beim Vertrauensarzt aus. 13 Prozent verlangten eine scharfe Bestrafung der Krankfeiernden wie Ausschluß aus der Krankenkasse, Sperrung oder Entzug des Krankengeldes, Entlassung. Zehn Prozent befürworteten eine Anzeige durch die Arbeitskollegen bei der Betriebskrankenkasse, was aber von anderen als Denunziantentum abgelehnt wurde.« (*Maggi im Urteil der Mitarbeiter. Zusammenfassung einer Betriebsumfrage im Werk Singen*, o. J., S. 30 f.)

Anmerkung: Vielleicht hat sogar jemand den Vorschlag gemacht, die Betriebsärzte mit der Kontrolle über die Kranken zu betrauen. Aber es ist immerhin festzuhalten, daß die Zahlen nur nach Geschlechtern aufgeschlüsselt sind, nicht nach sozialen Klassen. Ich weiß auch nicht, wie die Umfrage im einzelnen ausgesehen und ob sie die Anonymität der Antworten gewährleistet hat.

»*Wohnungswesen.* Die am Ende des Berichtsjahres vorgenommene Erhebung ergab, daß 35 Prozent unserer Gefolgschaftsmitglieder (Haushaltsvorstände) Hausbesitzer, 2,4

114

Prozent Siedler sind, 10,5 Prozent in Werkwohnungen und 51,6 Prozent in Mietwohnungen wohnen. Der Bestand an Werkwohnungen beträgt 111, zwei weitere sind im Bau.« (›Der Arbeitskamerad‹, Jahrgang 3, 1939, Nr. 5)

Anmerkung: Heute wohnen in den Werkwohnungen von Maggi auch Gastarbeiter und ihre Familien, was aber dem sozialpolitischen Ruhm dieser Institution keinen Abbruch zu tun scheint. Der Respekt vor dieser sozialen Leistung scheint stärker zu sein als der Rassismus. Allerdings scheint es für die Ausländer nicht immer ganz leicht zu sein, das Asyl dieser traditionsreichen Wohltätigkeit zu erlangen. Der Betriebsrat von Alusingen hat z. B. vor einiger Zeit verhindert, daß 50 Italiener aus einem Erdbebengebiet in Werkswohnungen einziehen konnten. Die Geschäftsleitung war dafür, der Betriebsrat war dagegen. Diese Wohnungen stünden der Stammbelegschaft zu. Die Italiener sind daraufhin wieder nach Hause gefahren.

»Eigentlich waren im Dritten Reich alle begeistert, es ging uns ja gut. Der Anfang war wunderbar. Es ist für alle gesorgt worden. Es ging allen gleich gut. Man hat alle Brot gehabt. Alles ist gut versorgt gewesen, so gut war es vorher gar nie. Alles haben sie ins Leben gerufen, den Kindergarten, der Anfang war gut. Wir haben oft gesagt, wenn die nicht nach Rußland gegangen wären oder gegen die Juden, dann wäre alles gut gegangen.« (Alte Arbeiterin, früher bei Schiesser, zitiert nach: Ulrike Ludwig-Bühler, *Frauen zwischen Familie und Fabrik*, Examensarbeit Universität Konstanz 1981, Maschinenschrift, Anhang, Interview B)

Anmerkung: Das könnte so auch eine Maggi-Arbeiterin gesagt haben. Hier wie dort sind die Kindertagesstätten und andere Erleichterungen für Mütter und werdende Mütter ein Ergebnis nationalsozialistischer Sozialpolitik. Beide Betriebe sind damals wegen ihrer sozialen Leistungen ausgezeichnet worden. Sachlich, funktional betrachtet, handelt es sich um eine Rationalisierungsmaßnahme: wenn man die volle Arbeitsleistung der Frau will, aber auch die volle Gebärleistung, muß man ihnen die Kinder während der Arbeit wegnehmen. Anders geht es schlecht. (Die Alu unterhält nur während des Krieges, als die Frauen auch dort bis zu ein Drittel der Gesamtbelegschaft ausmachen, eine Kindertagesstätte. Vgl. *40 Jahre Aluminium-Walzwerke Singen*, 1912-1952, S. 33.) Aber es gibt eben nicht nur den rationellen Aspekt.

Es gibt freilich auch Anzeichen dafür, daß nur eine Minderheit so blind und bescheiden ist: nach der bereits erwähnten Umfrage betrachten heute nur 34 Prozent der Beschäftigten bei Maggi die Kindertagesstätte (und die preisgünstigen Kindernährmittel von Nestlé) als die wichtigste der sozialen Leistungen, 79 Prozent hingegen die Weihnachtsgratifikation, 78 Prozent das Maigeld, 42 Prozent die Dienstalterprämie - also reine Geldleistungen (vgl. *Maggi im Urteil der Mitarbeiter*, o. J., S. 25).

Der Prozeß

»Die Steidingers sind hier wahre Götter. Wenn die durch die Stadt fahren, fallen die Leute vor Ehrfurcht auf die Knie und schlagen ein Kreuz.« Dual Gebr. Steidinger GmbH in St. Georgen, Schwarzwald, Ende 1981, im Moment der Götterdämmerung. (›Frankfurter Rundschau‹, 7. 12. 1981) So war es in Singen nie. Selbst der alte Herr Maggi ist nie wirklich als Gott verehrt worden. Und seit 1947 gehört das Unternehmen zu Nestlé. Und Nestlé wiederum ist »ein Sternchen in der Milchstraße von Unilever« (so eine Formulierung der Industrie- und Handelskammer Mannheim). Und über dem Reich von Nestlé (50 Prozent des Baby-Nahrungsmarktes in der Dritten Welt, vgl. ›Frankfurter Rundschau‹, 11. 5. 1982) und von Unilever (Forschungs- und Entwicklungsabteilungen in über 40 Ländern, Aufzucht von Garnelen in Indien, Aufbau neuer Ölpalmen-Plantagen in Kolumbien, Ausbau des Geschäfts in Brasilien, Indonesien, Südafrika, vgl. ›Frankfurter Rundschau‹, 20. 4. 1982) geht die Sonne nicht unter. Der Himmel über dieser Stadt ist seit langem säkularisiert. In seinen endlosen Weiten haben sich die alten menschenähnlichen Götter verloren.

Das Profane hat das Heilige aber auch hier verdrängen müssen. Was Maggi betrifft, so möchten wir die Zäsur, den kulturellen Bruch in die 50er Jahre plazieren. Eine befremdliche Hypothese: waren dies doch die formativen Jahre der Bundesrepublik. Es war die Regierungszeit des großen

116

christlichen Adenauer. Keime des Zerfalls also im Wiederaufbau? Nun, mittlerweile wissen wir, daß große Imperien nur Bestand haben, wenn sie die kleine Zerstörung zulassen. Sie verdanken ihre Festigkeit der schleichenden, oft unsichtbaren Erosion. Das ist zumindest das Geheimnis der demokratischen Staatsform.

Aber nun zu unseren Funden: sie entstammen übrigens alle dem juridischen Bereich, für den Gelehrten ein wertvoller Hinweis darauf, daß der politische Bereich damals wie tot gewesen sein muß. Das sind höchst aufschlußreiche Ausweichmanöver des Lebens. Wir haben sichere Anhaltspunkte dafür, daß die Gewerkschaft NGG in den Jahren 1955-1957 einen Prozeß gegen Maggi geführt hat. Hinter der Gewerkschaft stehen 499 Arbeiterinnen mit ihren Einzelklagen. Das Verfahren geht durch alle Instanzen: ganz unten gewinnt die Gewerkschaft, ganz oben gewinnt die Firma.

Ich nähre dich, ich kleide dich, ich erhalte dich. Und du beleidigst und besudelst mich vor den Augen des Volkes. Ein Geschehen von nahezu archetypischer Qualität. Maggi vor Gericht. In aller Öffentlichkeit beschuldigt und angeklagt von den eigenen Arbeitern, Arbeiterinnen sogar - der Streitgegenstand ist da zunächst einmal ganz sekundär. Das ist die Aufkündigung uralter Bindungen, das ist Anomie. Frauen auf dem Forum, massenhaft und schrill. Das Perverse unter dem Schutz des Rechts. Man kann nicht heran. Es ist zu spät. Alles nimmt seinen Lauf, quälend korrekt, aufreizend umständlich. Rache wird es nie geben.

Die Frauen klagen gegen die Frauenlöhne im Haustarif von Maggi. Der Sondertarif für Frauen verstoße gegen den im Grundgesetz verankerten Gleichheitsgrundsatz. Die Initiative ist von der Gewerkschaft ausgegangen, aber was hat die Frauen bewogen, diesen Schritt zu tun? Er war nicht nur einigermaßen riskant, er brachte die Frauen auch in Gegensatz zu ihren männlichen Kollegen, ihren eigenen Ehemännern sogar. War es tatsächlich das Postulat der Verfassung? Das glaube ich nicht. Ich kenne niemanden, der die Grundrechte auf sich persönlich bezöge. Es sei denn, er sei direkt von der freiheitlich-demokratischen Grundordnung bedroht. Und Arbeiterinnen? Sind sie nicht eh viel zu angespannt und müde für einen politischen Idealismus dieser Art? Wir wissen, daß zu jener Zeit alles an die »analytische Arbeitsplatzbewertung« geglaubt hat. Die Medien waren voll davon. Dann wären die Arbeiterinnen von Maggi also von einer Woge der Wissenschaftsgläubigkeit mitgerissen worden? Das glaube ich ebenso wenig. Nach der Überlieferung sind es immer zuerst die Kader gewesen, die der Unternehmer und die der Arbeiter, die sich für die Fortschritte des Taylorismus engagiert haben. Die breite Masse ist ihnen ganz zögernd und mißtrauisch gefolgt, die Frauen haben sich in dieser lustlosen Prozession ganz hinten gehalten.

Aber vielleicht haben sich in den fünfziger Jahren die verschütteten Bedürfnisse an die Oberfläche gegraben wie die Maulwürfe. Man wollte endlich kaufen, konsumieren, leben. Es gab wieder etwas zu kaufen. Die Erfahrungen des Kriegs und das Nachkriegselend verloren langsam ihre einschüchternde Kraft. Die Massenarbeitslosigkeit der frühen fünfziger Jahre begann zurückzugehen. Wir neigen heute dazu, diese Generation zu verachten. Aber die fünfziger Jahre waren auch eine Zeit, in der eine alte Anspruchslosigkeit, eine alte Demut, eine ganze Armeleutewelt untergegangen ist. Die Leute wollten einfach cash sehen. Ich vermute, dieser Lebenshunger hat das alte schiefe Gleichgewicht zwischen den Löhnen und den sozialen Leistungen gestört. Die Philanthrophie des Unternehmers, der Bonus für Treue, die betriebliche Absicherung gegenüber einigen Risiken des Lebens scheinen im Vorfeld der großen Konjunktur einiges von ihrer entwaffnenden Kraft verloren zu haben.

Rübenwinter, Inflation, Depression, Ersatzstoffe, Lebensmittelkarten: entweder hatte man kein Geld gehabt oder es war nicht viel wert gewesen. Es war immer wieder um die Sicherung des Existenzminimums gegangen, kein Gedanke an die Entfaltung von Kaufkraft. Wenn uns alte Leute heute sagen, es sei ihnen nie zuvor so gut gegangen, sperren wir uns. Wir glauben ihnen nicht. Im Grunde halten wir sie für Idioten. Aber sie sprechen von dieser perspektivlosen, unentrinnbaren Armut. Mir fallen hier Beobachtungen aus meiner Kindheit ein: Arbeiter mit der Mütze in der Hand, dienerhaft zur Verfügung des gnädigen Herrn. Stille, schutzbedürftige Leute; wenn sie brav waren, lobte man sie; wenn einer von ihnen einmal etwas Scharfsinniges sagte, war man erstaunt.

Die kleinen Leute waren damals viel kleiner als heute. Und
was war in diesen Zeiten schon eine Frau wert?

Spontane Randbemerkung des Verfassers: Ich darf hier in
aller Bescheidenheit behaupten, daß ich mich in diesen Texten um Lokalkolorit bemühe. Ich konkretisiere und konkretisiere. Das ist ja fast schon Regionalgeschichte, denke ich
wohl gar in Augenblicken des Übermuts. Einige der gelun-
gensten Passagen habe ich soeben einem alten Mann in Konstanz vorgelesen. Ich habe gehofft, es regt ihn an und er
nimmt mich an die Hand und führt mich tiefer in die fünfziger Jahre zurück. Er hat aber nur gesagt, er sei gespannt, wie
das jetzt in Japan weiterlaufe.

Der alte Kommunist

I

Man wird sogleich fragen, was das mit unserer Heimat zu tun
habe. Oder mit dem Alltag, mit der Geschichte von unten, die
wir jetzt alle gemeinsam erforschen, mögen wir sonst stehen,
wo wir wollen. Es ist uns ein kollektives Anliegen. Viele von
uns sind es leid, sich mit der Geschichte der Arbeiterparteien
herumzuschlagen, obwohl sie sich persönlich nie mit diesem
Thema beschäftigt haben. Andere wiederum fühlen sich brutal vergewaltigt von den Binnenstrukturen linker Organisa-
tionen, ohne je einer angehört zu haben. So stark ist dieses
feeling heute. Schon die alten Widerstandskämpfer im Fa-
schismus müssen etwas verhärtet gewesen sein. Sie sind ja
richtig zersplittert an der Wirklichkeit. War das denn unbedingt notwendig? Wer sich den Dingen frontal entgegen-
stellt, zerbricht eben an ihnen. Oder was noch schlimmer ist,
wird innerlich wie der Feind. Lagermentalität hüben und
drüben, Kriegsmaschine gegen Kriegsmaschine, Archipel
Gulag gegen Archipel Gulag. *Wir* suchen unter diesen For-
mationen wieder den Menschen.

II

Er würde vielleicht zugeben, daß das lange Kämpfen ihn hart
gemacht hat. Nur würde er vermutlich vorziehen zu sagen:

mißtrauisch oder illusionslos. Er hat keinen Begriff von unserer neuen Sensibilität und dieser ganzen Sinnlichkeit und Sprache des Bauches. Er denkt noch primär aus dem Kopf heraus. Ich habe selbst ein wenig davon zu spüren bekommen. Ich hatte schon so etwas geahnt und einen mir bekannten Gewerkschaftsfunktionär gebeten, mich bei ihm einzuführen, was ihn aber nur zu höhnischen Anspielungen auf die wechselseitige Durchdringung von Gewerkschaft und Staatsschutz nach dem zweiten Weltkrieg veranlaßte. Als ich ihm in meiner Verlegenheit bedeutete, ich sei auch mal im KBW gewesen, mal ganz kurz, wie es mir reflexartig entschlüpfte, ließ er mich vollends abblitzen. Das seien doch Parteien aus der Retorte gewesen, staatsgemacht, von oben ins Leben gerufen zum Zwecke der Bespitzelung. Ich weiß gar nicht mehr, wie ich dem Schatten des Verdachts schließlich entkommen bin.

Er würde uns dagegen nie einräumen, daß er besser seinen Garten gepflegt und über den Zaun hinweg mit den Nachbarn geredet oder ihnen zugeprostet hätte, solange das kulturgeschichtlich noch möglich war. »Früher gab es noch viel mehr Zusammenhalt, ist ein Satz, den die beiden Doktoranden oft zu hören bekommen. Kein Wunder: es gab weder Kino, noch Radio, noch Fernsehen. Dafür wurden eine ganze Reihe von Festen veranstaltet, zu denen halt auch die Nachbarn eingeladen wurden. Außerdem wurde in Konstanz früher etwas gepflegt, was heute fast ganz in Vergessenheit geraten ist: die Gartenkultur.« (›Südkurier‹, 8. 5. 1982: »Universität und Stadtarchiv erstellen Dokumentationen über die Zeit von 1920-1950‹) Nicht, daß er dafür nichts übrig hätte. Als ich ihn in Singen besuchte, war er gerade in seinem Garten und unterhielt sich mit einem anderen alten Mann. Es war ein warmer sonniger Frühlingstag. Er fragte mich, ob wir das Interview nicht lieber draußen im Garten machen sollten. Aber er würde uns nicht verstehen, wenn wir ihm sagten, daß das sein eigentliches Leben sei und nicht jene entfremdete Politscheiße, wie wir es heute nennen. Er hat es wahrscheinlich immer nur als Erholungsmöglichkeit betrachtet und nicht als kostbaren Überrest einer untergegangenen Arbeiter- und Volkskultur. Er weiß im Grunde gar nicht, daß er ein volkskundliches Prachtexemplar ist. Er würde uns daher auch nicht begreifen, wenn er sähe, wie behutsam wir unsere Inter-

120

viewpartner behandeln - restaurieren hätte ich beinahe gesagt: wie alte, stark nachgedunkelte Bilder.

In einem Punkt haben die beiden jungen Historiker »einige Schwierigkeiten: wenn das Thema Antisemitismus und Drittes Reich angeschnitten wird. ›Bei diesem Bereich sind die Leute sehr zurückhaltend‹, sagten beide einmütig. In anderen Dingen hingegen sind die Konstanzer auskunftsfreudiger, manche sprudeln geradezu, wenn es um Kindheit, Jugend, Schule, Arbeitswelt oder Nachbarn geht.« (a.a.O.) Er würde da wahrscheinlich explodieren. Im Unterschied zu uns haßt er das Schweigen über den Nationalsozialismus. Er kann darin keine Zurückhaltung sehen, und das lebhafte Sprudeln der Erinnerungen um diese Zone des Verstummens und Vergessens herum würde ihn, glaube ich, anekeln.

Er hat mir gegen Ende unseres Gesprächs gesagt, er würde gern viel weiter ausholen. Er habe den Wunsch, einmal seinen »ganzen Werdegang« darzustellen. Wir wüßten ja praktisch nichts. Ich habe in diesem Moment das beunruhigende Gefühl gehabt, er würde diesen öffentlichen Lebensbericht als späte Gerechtigkeit, als eine Art Wiederherstellung nach Jahrzehnten der Verstümmelung empfinden. Aber die Zeit haben wir nicht. Wir müssen weiter, zum nächsten. Wir müssen uns beeilen, sonst sterben sie uns noch weg.

III

Was uns noch einen Augenblick festhält, ist allein die Tatsache, daß der Mann sich bis heute unter den Arbeitern von Maggi einer großen Popularität zu erfreuen scheint. Bezeichnend scheint mir die achtungsvolle und teilnehmende Art zu sein, mit der eine alte Arbeiterin von ihm spricht. Ich glaube sogar, eine Spur von Trauer wahrzunehmen, als sie mir die Geschichte seiner Entlassung erzählt - eine Geschichte, die immerhin fast 20 Jahre zurückliegt. Wir geben zu, daß uns das befremdet. Wir haben gelernt, daß die politische Isolierung der KPD heillos war. Sonst wäre sie uns ja nicht so gleichgültig. Erfolg hat uns noch nie gleichgültig gelassen. Wir sind erstaunt, daß diese Arbeiter offensichtlich anders denken, wenn sie überhaupt denken. Während wir unsere leitenden Erkenntnisinteressen immer sorgfältig abstimmen mit den allgemeinen Trends der Zeit, scheinen diese Leute einfach ihren Gefühlen zu folgen oder irgendwelchen zufälligen Eindrücken. Es ist wohl auch eine Frage des Horizonts: der unsere reicht bis Moskau, der ihrige endet wohl bei Maggi. Sogar der Kommunist selbst muß das zugeben: er habe sich, sagte er mir, dieses Ansehen bei den Arbeitern »nicht als Kommunist« erworben, sondern »als Hecht im Karpfenteich«. Das Bild des eleganten aggressiven Tieres im stehenden Gewässer, gefangen, aber ungebändigt — ich assoziiere, wie es aus scheinbarer Trägheit plötzlich vorschnellt zum wollüstigen Entsetzen der kleinen Fische - das Bild gefällt mir nicht. Ich finde es hochmütig. Ich spüre darin die Verachtung des Klassenkämpfers für die unkämpferische Klasse. Irgendwann sagt der Mann, es seien die Kleinen gewesen, die das Dritte Reich ermöglicht hätten, nicht die Großen. Das ist die alte KPD, unverwechselbar, das ist der elitäre Kommunismus von gestern, der nie etwas begriffen hat von seinem Scheitern in Deutschland. Falls wir unser Gespräch tatsächlich fortsetzen, wie wir es uns am Ende vornehmen, werde ich ihm in diesem Punkt ernstlich widersprechen müssen. Darüber hat sich eine Kruste von persönlicher Bitterkeit gebildet. Sie haben ihn gemieden, nachdem Maggi ihn gefeuert hatte. Er und seine Frau sind immer allein geblieben an ihrem Tisch in der Gaststätte. Der Hecht ist zu weit gesprungen, er liegt auf dem Trockenen, die Karpfen verdrücken sich unauffällig.

IV

Langsam entspannt er sich dann aber. Die Erfahrung der Solidarität unter den Arbeitern scheint stärker zu sein als die der späteren Vereinsamung. Fast zwei Jahrzehnte muß er sich unter seinen Arbeitskollegen bewegt haben wie ein Fisch im Wasser. Er ist offenbar einer ihrer einflußreichsten Sprecher gewesen, eine Art deutscher shop steward, ein scharfzüngiger Rhetor, der sich in dem eher traditionalistisch geprägten Milieu dieses Betriebes in der Tat merkwürdig deplaziert ausnimmt. »Wissen Sie, das war so, die Arbeiter, ich war für die Arbeiter der einzige, es war für die schon ein Vergnügen, psy-

chologisch kann ich mir das nicht anders vorstellen: da war
einer aus ihren Reihen, der noch intelligenter war, noch ...
die haben ja gewußt, hinter mir steht nix, und hat noch mehr
Geist zum Verspritzen gehabt wie die. Der hat sie geradezu
lächerlich gemacht, verstehen Sie. Nicht lächerlich durch -
sondern wirklich in der harten geistigen Auseinandersetz-
zung ... Ein Beispiel: der Direktor stellt sich auf und macht
einen Arbeiter fertig und zwar einen Arbeiter, der hat daheim
fünf Kinder gehabt, gell, also ein armer Hund, oder? Ich hab'
bloß zwei gehabt und hab' gewußt, wie das war. Er hat fünf
gehabt. Und da waren auch wieder Lohnverhandlungen und
der hat also in einer sehr holprigen Art, also wirklich, die mir
selber auch ein wenig gestunken hat, nicht, aber ich hatte
eben begriffen, gell, der hat es halt nicht anders fertigge-
bracht, in einer sehr holprigen, grobklotzigen Art hat der also
die Geschäftsleitung angegriffen ... Und denn hat der Direktor Berning, der ist da das erste Mal aufgetreten, das war
der erste Deutsche, der in der Geschäftsleitung das Sagen
hatte. Ich hab schon zu den anderen gesagt, das ist völlig klar,
jetzt beginnt die rauhe Zeit. Die gutmütigen loyalen Schweizer, der Vater von dem Rüdy, genannt Papa Rüdy, nicht, da
waren wir noch Maggi. Und inzwischen sind wir denn nun
fusioniert nachher zu Nestlé. Und zwar ziemlich kurzfristig
und da ist es genau so rüde zugegangen, weil das ja, Schweizer
Kapital ist noch rüder als das deutsche ... Da ist der Berning
wutentbrannt natürlich auf, weil der ja wirklich nun eine
Handhabe gehabt hat, verstehen Sie anhand dieser Ausführungen von dem. Und er hat gesagt: ›Ich verbitte mir‹, oder,
in dem Ton hat der dann angefangen, ›ich verbitte mir, daß Sie
auf diese Art und Weise die Geschäftsleitung angreifen. Das
ist eine einwandfreie Lüge!‹ Und so weiter und so fort. Und
das sind ja nachher Dinge, wo jeder, auch die große Menge
bei den Arbeitern mitkriegt, daß der nicht auf die Tour die
Geschäftsleitung hätte angreifen sollen. Weil da hat jeder das
Gefühl gehabt, nicht, daß das ungeschickt war. Und denn bin
ich aber sofort auf, gell, und habe gesagt: ›Hören Sie, Herr
Direktor, es ist natürlich so, gell, was Sie vielleicht nicht wissen. Sie haben vielleicht das Problem zu Hause, ich weiß es
nicht, aber es kann sein, Sie haben vielleicht einen Pudel zu
Hause oder eine Katze und so weiter, nicht, und Ihre Frau,

die kommt zu Ihnen und sagt: ›Fitti frißt heute morgen ihre
Schokolade nicht.‹ Hab ich gesagt: ›Aber jetzt wollen Sie mal
den Karl‹, ich hab da schon sämtliche Klaviere auch gespielt,
hab ich gesagt: ›Der Karl hat fünf Kinder, hat nix mehr, fünf
Kinder. Ich hab zwei, und kann mir nix, absolut nix leisten.
Und der mit seinen fünf Kindern, der geht doch am Stock.
Und nun aus dieser Situation heraus, in dieser Lohnrunde, er
weiß ja, um was es geht, verliert er ein klein wenig die Nerven
und schwätzen kann er halt auch nicht so gut wie ich, da wird
er halt holprig.‹ Auf die Tour hab ich das zunächst einmal . . .
Aber dann habe ich aber nachher gesagt: ›Aber bezogen auf
Ihre Ausführungen von wegen, daß er Sie der Lüge bezichtigt
hätte . . . Wissen Sie, nicht jeder bringt das fertig wie diese
zwei Putzfrauen im Bundestag. Wo eine gesagt hat zu der andern: ›Du hast mich der Lüge bezichtigt‹, und die andere hat
nachher gesagt zu ihr, die Putzfrau im Bundestag hat nachher
zu der anderen gesagt: ›Ich habe Sie nicht der Lüge bezichtigt,
aber Sie müssen mir schon erlauben, daß Ihre Ausführungen
mögliche Zweifel beinhalten!‹ Hab ich gesagt: ›Und genau
dasselbe möcht ich Ihnen sagen . . . Nun sag ich Ihnen das
eben auf die feinere Tour, was der Karl eben saumäßig holprig gesagt hat, zugegeben, über die Form kann man sich streiten‹, hab ich gesagt. ›Aber eines muß ich Ihnen sagen, mit den
Worten dieser Putzfrau im Bundestag: Sie müssen uns auch
gestatten, anhand von dem und von dem und von dem, daß
Ihre Ausführungen mögliche Zweifel beinhalten. Ich möchte
Sie dabei nicht der Lüge bezichtigen.‹ Und dann war natürlich eine Stimmung im Saal, ein Riesengelächter, verstehen
Sie, auf die Tour.«

V

»Ich hab in einer Betriebsversammlung, da habe ich unseren
Meister charakterisiert. Wie er ist. Unter dem müssen wir leben, nicht. Und ich hab gesagt: ›Zu dem Mann sag ich nicht
mehr Guten Tag, der ist für mich als Mensch einfach nicht
mehr vorhanden.‹ Wenn der nicht eine Tochter gehabt hätte
. . . das war auch wieder sowas, gell. Der hat eine Tochter gehabt, eine hellblonde und so weiter, die hat ’nen französischen Kapitän geheiratet in Singen. Und der war in Singen.

Und da sind französische Arbeiter angereist, das war ja denn, ich war in dem Antifa-Ausschuß, war ich, dem Vorläufer der Parteien, antifaschistischer Ausschuß hat das geheißen, war ich hauptamtlicher Angestellter, also ich hab das Büro betreut. Und in der Zeit sind französische Genossen, die bei Haas & Kellhofer [Maschinenfabrik-Werkzeugbau in Singen, E. K.] geschafft hatten, da war der Meister, der, der ist ja bei uns nur Meister geworden, weil der wieder erstens einmal ist er nachher Mitglied von der SPD geworden und der französische Kapitän hat dann dafür gesorgt, über den Holwegler, daß der da Meister geworden ist bei uns, nicht. Und die kommunistischen Genossen, wo unter dem zu leiden hatten während dem Dritten Reich, nicht, die sind angereist und haben ihn wirklich gesucht und haben ihn totschlagen wollen. Die haben ihn totschlagen wollen. Die haben keinen anderen Zweck ihrer Reise war, den totzuschlagen. Und dann haben die erleben müssen, daß nachher sich ein französischer Kapitän schützend vor ihn gestellt hat. Der hat eine Art und Weise gehabt, du . . . Ich ging immer davon aus: wenn ich meine Arbeit mache, ich brauche keinen Aufpasser für meine Arbeit, die ich jeden Tag mache. Und der hat aber nicht vorbeilaufen können und schon, daß einer mal zwei Minuten dort steht, verstehen Sie, sondern dann hat er sofort, hat der dann rumgeguckt und hat gesagt: Das. Das. Das. Wissen Sie, der Herrscher, *ich*, du kleiner Scheißer, gell. Es hat noch einmal einen Aufstand gegeben . . . Da bin ich hingestanden und hab gesagt in der Betriebsversammlung hab ich unter anderem habe ich ihn so weit charakterisiert, daß ich gesagt hab, daß es Leute gibt, sogenannte Vorgesetzte, hab ich gesagt, die einem Mann, der jeden Tag 20 Tonnen Kohlen schaufelt, von Hand, denn an einem schönen Tag, wo er noch eine Schaufel in der Hand gehabt hat, zeigen will, wie man das macht. Hab ich gesagt: ›Und dann sind wir froh‹, wörtlich erklärt, ›und dann sind wir froh, wenn ein solcher Vorgesetzter endlich Platten putzt, daß wir wieder schaffen können.‹«

VI

Seltsamerweise hat man das 17 Jahre lang hingenommen. Man hat ihn die ganze Zeit schwer arbeiten lassen. Man hat

ihn noch Kohle schaufeln lassen, als seine jüngeren Kollegen
schon längst an Ölöfen arbeiteten. Eine Zeitlang hat man
auch versucht, ihn zu kaufen. Einmal, erzählt er, eine ganze
Nacht lang auf einer schwülen Party mit viel Alkohol und
geilem Gefummel. Warum hat man sich seiner nicht bei der
ersten besten Gelegenheit entledigt? In den ersten Jahren
nach dem Krieg hätte man das wohl nicht wagen dürfen.
Wenn man die alten Faschisten wieder hereinholte, mußte
man wohl auch diesen Antifaschisten ertragen. Aber in den
50er Jahren, in der Zeit des KPD-Verbots, hätte man ihn
doch ohne weiteres loswerden können?

Aber vielleicht hatte man das gar nicht nötig. Vielleicht
wollte man es gar nicht. Der Mann war nicht eigentlich gefährlich. Er war nicht in der Lage, die Kontrolle der Firma
über ihre Arbeiter zu erschüttern. In mancher Hinsicht, in
seiner Arbeitsauffassung etwa, war er sogar selbst ein treuer
Maggianer. Andrerseits ist diese Kontrolle erstickend. Sie
bringt alles zum Schweigen. Sie schneidet das Management
von authentischen Meinungsäußerungen ab. Sie unterbindet
das feed back. Möglich, daß man sicher, daß man souverän
genug war, sich die Wahrheit ins Gesicht sagen zu lassen.
Nicht von jedem, aber doch von diesem bewährten Meister
improvisierender Redekunst. Vielleicht ist das Vergnügen an
dieser Gabe sogar gelegentlich über die Klassengrenzen hin-
weggesprungen.

Schließlich ist der Mann dann doch entlassen worden - und
zwar nicht, weil er der Geschäftsleitung, sondern weil er den
Kollegen vom Betriebsrat unerträglich geworden war. Mindestens der damalige Betriebsratsvorsitzende scheint schwer
korrupt gewesen zu sein. Die Geschäftsleitung hatte ihn offenbar durch die Finanzierung von Kuraufenthalten im
Schwarzwald bestochen. Von einer unabhängigen Arbeiter-
vertretung konnte unter diesen Bedingungen nicht mehr die
Rede sein. Der unbestechliche Einzelkämpfer gewann in dieser Situation an Boden in der Arbeiterschaft. In den folgenden Betriebsratswahlen haben die Arbeiter denn auch einen
großen Teil jener Betriebsräte, die für die Entlassung verantwortlich gewesen waren, abgewählt. Diese Leute sind danach
nie wieder hochgekommen.

Als Vorwand für die Ausschaltung des gefährlichen Wi-

dersachers mußte eines seiner rhetorischen Bravourstücke
herhalten. Er hatte in einer Betriebsversammlung eine grund-
sätzliche Bemerkung über die Funktion des Betriebsrates gemacht: sie ähnele nach dem Willen des Gesetzgebers »der des
Narren an einem feudalen Hof« - ein Einfall, den der Mann
wohl intuitiv aus den trüben Tiefen der Werksgeschichte von
Maggi gefischt hat. Er habe »extra noch hinzugefügt, daß ein
guter Hofnarr sehr intelligent habe sein müssen. Wie leicht
habe er sich um Kopf und Kragen geredet«. Aber der Betriebsrat entschied sich trotzdem, es als eine Beleidigung und
als eine »Störung des Betriebsfriedens aufzufassen«. Er hatte
sich wohl schon zu sehr kompromittiert, als daß er das humo-
ristisch verzerrte Spiegelbild hätte verkraften können.
Der Kommunist hat dann nie mehr Arbeit gefunden in Singen.

Eingekleidete Aufgabe

Jemand findet auf den nächtlichen Straßen von Singen ein
Dossier mit Papieren. Er bringt es zur Polizei. Die Polizei
stellt fest, daß es sich um die Unterlagen und Notizen eines
Betriebsrats von Maggi handelt. Der Mann ist der Polizei
nämlich bekannt, er ist nämlich Kommunist. Die Polizei muß
weiter feststellen, daß die Aufzeichnungen interne Informationen zur Geschäftspolitik der Firma enthalten.
  Frage: Was tut die Polizei nun mit diesen Papieren? Fal-
sche Lösung: Sie gibt sie dem Verlierer zurück. Das wäre un-
logisch, denn dieser hat sie ja schon einmal verloren. Richtige
Lösung: Sie bringt sie zur Geschäftsleitung von Maggi.

Miszelle über die geistigen Interessen

»Wie sehr sich . . . die Arbeiter für die großen geschichtlichen
Ereignisse und Persönlichkeiten im Leben des Volkes interessieren, ist dem Verfasser in immerhin überraschender
Weise klar geworden, als er sich einmal mit dem Verwalter
einer Singener Werkbücherei längere Zeit darüber unterhielt,

welche Bücher von den Arbeitern vorzugsweise verlangt würden. (Bei dieser Besprechung sind anhand eines Katalogs sämtliche Bücher der Bibliothek der Reihe nach durchgenommen worden.) Dabei hat sich nämlich herausgestellt, daß Bücher historischen und sogar ausgesprochen patriotischen Inhalts von den Arbeitern gern gelesen werden (im übrigen ist es ja klar und bedarf gewiß keiner weiteren Begründung, daß von Arbeiterinnen - besonders von den jüngeren - die literarischen Erzeugnisse einer Courths-Mahler, Nataly von Eschstruth u. ä. leidenschaftlich begehrt werden, während sich die jungen Arbeiter an Abenteuergeschichten [Karl Mays und Reiseschilderungen [Sven Hedin] begeistern). So sind z. B. beliebt: Ernst Moritz Arndt: ›Für Vaterland und Freiheit‹, der Roman ›Bismarck‹ von Karl Bleibtreu, die Schriften von Walter Bloem (z. B. das ›Eiserne Jahr‹), Felix Dahns ›Ein Kampf um Rom‹, ›Deutsche Sagen‹ (Gebr. Grimm), ferner: ›Die deutschen Heldensagen‹, ›Die alten Deutschen während Urzeit und Völkerwanderung‹ (beide Bücher von G. Klee), Walter von Molos ›Fridericus‹, ›Die Freiheit‹ (Schillerroman), ›Die Fugger und ihre Zeit‹ (F. v. Seeburg) . . . Ein schönes Zeugnis stellt es auch dem Bildungsstreben der Arbeiter aus, daß nach den Aussagen des genannten Bibliothekars die Namen Goethe und Schiller eine starke Anziehungskraft besitzen.« (Philipp Daum, *Arbeitsverhältnisse und Struktur der Arbeiterschaft der Großindustrie Singen a. H.*, 1931, S. 142 f.)

Sozialgeschichte, Kulturgeschichte der Weimarer Republik - Fachhistoriker werden mir gern zugeben, daß das eine kleine Kostbarkeit ist: inhaltlich kaum überraschend; daß Marx und Engels nicht dabei sind, auch Bebels *Die Frau und der Sozialismus* nicht, kann den Kenner jedenfalls wenig überraschen - das Ganze ist aber doch ein selten wirklichkeitsnaher und auch amüsanter Beleg für die klassenübergreifende Kraft des bürgerlichen Geschichtsbildes und Bildungsgutes. Oder anders ausgedrückt: für die geistige Subalternität der Arbeiter.

Lassen Sie mich Ihnen ein wenig Wasser in den Wein gießen. Ich fürchte nämlich, der Beleg hält nicht ganz, was er verspricht. Ich meine hier nicht einmal in erster Linie die abgründige Problematik der Rezeption, wie sie uns jetzt die

128

moderne Literaturwissenschaft erschlossen hat. Was wissen
wir schon über den Leser von Singen! In früheren Jahrhunderten scheinen die Leute mit der Bibel und mit den wenigen
anderen Büchern, die sie gelesen haben, direkt gewaltsam
umgegangen zu sein. Vielleicht sind von dieser alten Souverä-
nität oder Eigenwilligkeit des lesenden Volkes wenigstens ein
paar spezifische Rezeptionsstrukturen übriggeblieben im historischen Prozeß der Verflachung.

Meine Zweifel zielen in eine andere Richtung. Unser Be-
wußtsein ist kein Knäuel, das man von irgendeinem losen
Ende her vollständig abwickeln könnte. Nehmen Sie zum
Beispiel mich: ich sitze fast jeden Abend vor dem Fernsehapparat. Aber ich müßte es entschieden zurückweisen, wollten
Sie daraus jetzt auf meinen Bewußtseinszustand schließen.
Ich warne Sie. Ich würde sofort zu einer Gegenanalyse ansetzen. Während Sie noch dabei wären, mich von meinem Frei-
zeitverhalten her zu entrollen, würde ich Sie schon von Ihrer
Professionalität her packen. Sie dächten, ich stünde Ihnen
noch Modell, dabei wäre ich längst in Ihrem Rücken und
machte mir eine Skizze von Ihrer komischen Figur.

Auch unser Autor selbst glaubt, den Zipfel einer ganzen
Geisteshaltung in der Hand zu halten. »Man kann dieses Interesse der Arbeiter für Bücher, die sich mit der nationalen
Geschichte befassen, vielleicht als stille Reaktion gegenüber
dem vom Marxismus allzusehr betonten internationalen
Klasseninteresse der Arbeiterschaft und seiner brüsken Forderung des Klassenkampfes betrachten.« Ich meine hingegen,
daß diese Interpretation mehr über den Interpreten sagt als
über seinen Gegenstand. Beachten Sie etwa ihre Feinsinnig-
keit: Die Arbeiterseele flüchtet, schleicht sich ganz leise aus
dem betäubenden Trommelfeuer der Ideologie in den Schutz
der Kultur. Das erinnert doch verdammt stark an den Weg
der deutschen Freiheit in die Innerlichkeit. Die Karteikarten
des Bibliothekars erzählen eine altvertraute Geschichte. Jetzt
sind also auch die Proletarier von Singen zum Volk der Dich-
ter und Denker gestoßen. Das ist umso bemerkenswerter, als
das Singen der Weimarer Republik im allgemeinen als rot
galt. Die Nationalsozialisten werden es dann als »rote Hochburg« bezeichnen und entsprechend brutal unterdrücken.
Hätten sie sich doch erst einmal mit dem Bibliothekar unter-

halten. Die Ergebnisse der Reichstagswahlen 1930-1933 bringen der KPD in Singen einen erheblichen Vorsprung vor der SPD. Und wenn die Kommunisten in diesen Elendsjahren eine Unterstützungsaktion für die Arbeitslosen durchführen, können sie auf viele Bauern, Wirte, kleine Geschäftsleute zählen. (Informationen aus: Käte Weick, *Widerstand und Verfolgung in Singen und Umgebung*, 1982, S. 13 ff., S. 36 ff.) Isoliert waren die Kommunisten also wahrlich nicht - umso wichtiger erscheint es, aufzudecken, wie oberflächlich doch ihr ideologischer Einfluß ist.

War er das? Wenige Seiten vorher erzählt der Verfasser eine andere Geschichte: »Als ich mich einmal mit einem Arbeiter in Singen, den ich in seiner Wohnung aufgesucht hatte, unterhielt, holte dieser unvermittelt ein Heftchen, aus dem er mir nun einen Aufsatz vorlas, den er, wie er sagte, als er einmal krank zu Bette lag, sich ausgedacht hatte. Das schriftstellerische Produkt hieß: ›Der Frühling‹. Zunächst kamen, wie zu erwarten war, einige - stilistisch übrigens gut gefaßte - Betrachtungen über das Blühen der Blumen, das Grünen der Bäume, das Erwachen der Natur überhaupt. Bald aber fand der Verfasser in nicht ungeschickter Weise den Übergang zur Erörterung der gesellschaftlichen Zustände, wobei er der Disharmonie derselben die kraftvolle Harmonie der Naturentfaltung im Frühling entgegenstellte ... Übrigens kann man auch beobachten, daß die Arbeiter, wie mir der Verwalter einer Singener Werkbücherei einmal erzählte, mit Vorliebe Bücher solcher Autoren lesen, die an den sozialen Zuständen scharfe Kritik üben. So seien beispielsweise die Erzählungen Hansjakobs sehr begehrt.« Merkwürdig, das kann doch nicht derselbe Bibliothekar gewesen sein? Aber wenn der Autor sich, was ich vom Methodologischen her nur begrüßen kann, tatsächlich mit mehreren Bibliothekaren unterhalten hat, warum vergleicht er ihre Aussagen dann nicht miteinander? Das hätte ihn auf eine Fülle von Hypothesen bringen können. Er hätte beispielsweise folgern können, daß das ganz heimtückische Menschen sind, die ihre Position in aller Stille für gewisse Zwecke mißbrauchen und dem Arbeiter nur das ausleihen, was ihnen selbst gefällt. Oder er hätte annehmen können, daß es arme Angeber sind, die vielleicht gar nicht so viel ausleihen im Monat und über jedem ausgeliehe-

nen Buch gleich eine Theorie errichten, wenn einmal einer sie
danach fragt. Oder aber er hätte sich sagen können, die Arbeiter lesen alles durcheinander wie Kraut und Rüben. Sie lesen wie es gerade kommt, völlig theoriefeindlich und chaotisch mal diesem, mal jenem Kitzel sich überlassend. Oder er
hätte sich ein Herz fassen und denken können, daß viele
Menschen vielleicht überhaupt kein klares und kohärentes
Weltbild haben und daß klassenbewußte Arbeiter manchmal
Patrioten oder sogar richtige Nationalisten oder halbe Bil-
dungsbürger oder Ordnungsfanatiker von geradezu frideri-
zianischem Zuschnitt sind . . .

Aber das ist alles so lange her, ein halbes Jahrhundert
schon. Diese ganze Sorgfalt, diese Vorsicht im Umgang mit
den Quellen ist heute ja gegenstandslos. Sie lesen ja heute
nichts mehr. Fast jeden Abend sitzen sie vielmehr vor dem
Fernsehapparat.

Charakter ist die beste Methode

Ich trete gern bei einfachen Leuten als freier Schriftsteller auf,
bei führenden Persönlichkeiten dagegen als Professor. Das
hat mir auch bereits die Kritik des Konstanzer »Forschungs-
projekts Regionalgeschichte« eingetragen. Das sei nicht korrekt und desavouiere die Universität und ihre langfristigen
Forschungsprojekte. Das sei unverantwortlich.

Das Gegenteil von unverantwortlich ist langfristig. Aber
ich weiß nicht, wie ich es sonst machen soll. Ein Gewerkschaftsfunktionär zum Beispiel wird einem hergelaufenen
Schriftsteller fast nie etwas sagen, wohl aber einem Professor.
Wenn Sie als Professor in Erscheinung treten, unterstellt man
Ihnen allerdings leicht, daß Sie schon alles wissen. Das ist natürlich ein Nachteil. Es kann Ihnen durchaus passieren, daß
man Ihnen eine Andeutung zuwirft und dann loslacht. Sie lachen natürlich mit, haben aber im Grunde überhaupt nichts
begriffen. Da hilft nun alles nichts: man muß einfach Charakter genug haben, mitten in diese strahlende Heiterkeit der

herrschenden Klasse hinein ab und zu eine Informationsfrage
zu stellen.

Rückwärtsgefechte gegen einen großen Namen

I

»Im Anschluß an die Versammlung beim Rathaus und auf
dem Hofgarten, die ohne Zwischenfälle verliefen, durchzo-
gen die Demonstranten unter kommunistischer Führung mit
roten Fahnen die Stadt, um arbeitswilliges Personal aus den
Betrieben herauszuholen ... Die Lage wurde erst ernster, als
die Demonstranten die Wohnung des Direktors der Aluminium, Dr. *Paulssen,* in der Widerholtstraße stürmten auf der
Suche nach Waffen. Da jedoch Dr. Paulssen nicht anwesend
war, verlief diese Aktion ohne großen Zwischenfall. Als jedoch die aufgebrachte Menge in das benachbarte Anwesen
des Major Scherer einzudringen versuchte, widersetzte sich
der Major mit der Waffe in der Hand. Im Verlauf dieser Aus-
einandersetzung wurde der Major erschossen und drei Demonstranten verletzt. Danach wurde dieses Ereignis von den
verschiedenen politischen Richtungen in ihrer Weise inter-
pretiert und polemisiert. Von seiten der Aluminium wurde
vor allem die Stadtverwaltung angegriffen, da für die Wohnung rechtzeitig Polizeischutz angefordert, aber nur unzu-
reichend gewährt wurde.« (Edgar Kramer, *Einfluß der
schweizerischen Unternehmungen auf die industrielle Entwicklung der Stadt Singen/Hohentwiel,* Technische Hochschule Darmstadt, 1975, Maschinenschrift, S. 58 ff.)
Das war im Jahre 1922. Walter Rathenau war ermordet
worden und die Arbeiter waren überall in Deutschland auf
die Straße gegangen. In Singen hatte nur der Ortsausschuß
des Christlichen Metallarbeiterverbandes in einer Zeitungs-
anzeige dazu aufgerufen, nicht an diesen Demonstrationen
teilzunehmen. Die Verfassung könne viel besser durch Arbeit
geschützt werden als durch Demonstrationen. Die Kommunisten, die damals bedeutenden Einfluß in den großen Singener Metallbetrieben besaßen, waren die treibende Kraft.

Aber ich möchte diese Geschichte hier nicht wieder ausgraben. Es ist, wie gesagt, genug polemisiert worden. Ich wüßte aber doch gerne, ob Direktor Dr. Paulssen damals wirklich Waffen in seinem Haus gehabt hat. Vielleicht zur besseren Ausrüstung der Feuerwehr. Paulssen im Jahre 1970: »Das Aufgabengebiet einer freiwilligen Werksfeuerwehr kann auch auf den allgemeinen Wach- und Ordnungsdienst und weitere Ordnungsaufgaben innerhalb eines Werkes ausgedehnt werden. Als der Verfasser in den zwanziger Jahren nach dem ersten Zusammenbruch Deutschlands eine Werkfeuerwehr schuf, schwebte ihm das damals notwendige Ziel vor, hier einen Kristallisationspunkt für die ordnungswilligen Elemente gegenüber allen Unordnungsfaktoren zu schaffen. Ähnliches trat ein beim Wiederaufbau nach dem Zusammenbruch 1945.« (*Psychologie der Unternehmensführung*, 1970, S. 23)

Oder, weniger praktisch, auch zur Erinnerung an die schöne gemeinsame Zeit in Oberschlesien: »Dr. Paulssen nahm sich nun der Freicorpsleute an und brachte sie, als ›Arbeitskommandos‹ getarnt in seinem Betrieb unter. Diese Leute fand man später fast ausnahmslos in den Reihen der NSDAP und ihrer Untergliederungen wieder. Die Aluminium-Walzwerke Singen wurden so zu einer Hochburg der ehemaligen Baltikumer und zu einer Keimzelle der sich formierenden faschistischen Bewegung.« (Käthe Weick, *Widerstand und Verfolgung in Singen und Umgebung*, Stuttgart 1982, S. 188 ff.)

Einen Augenblick habe ich daran gedacht, ihm zu schreiben und ihn selbst zu fragen. Das ist doch immer der gradlinigste Weg. Aber dann ist mir eingefallen, daß ich gar nicht weiß, ob er überhaupt noch lebt. Und ich habe dann einfach nicht die Kraft aufgebracht, mich danach zu erkundigen.

So vermerke ich denn nur noch, daß es in Singen bis heute eine »Major-Scherer«-Straße gibt.

II

Vor mir liegt ein Jahrgang der früheren Werkzeitung der Aluminium-Walzwerke: ›An der Walze‹, Jahrgang 1941. Ich beschäftige mich hier nicht speziell mit der Sozialpolitik des

Nationalsozialismus. Ich bin auch nicht der Ansicht, daß es
da eine direkte, nur eben totgeschwiegene Kontinuität gäbe
bis zu uns hin. Auf vielen Bildern Knappheit, Mangel, Armut: in den »Bastelstunden für die Siedlerfrauen« z. B., die
mit ernsten Gesichtern über ein paar Stoffetzen sitzen. Im
Hintergrund eine dicke Jungfer, die heilige Philanthropie
vermutlich. Oder beim Besuch »unserer Kranken und Veteranen«, der von einem Dreierkommando abgewickelt wird:
der Vorgesetzte, feiner Herr mit Hut, Schal und Mantel, eine
Nazicharge im Military-Look und die unvermeidliche
Schwester mit ihrem unvermeidlichen Lächeln. Nur nicht auf
den Bildern über die Produktion: da herrscht kein Mangel,
sondern die Eleganz moderner Präzisionsinstrumente - Bilder, die man auch noch zwanzig, dreißig Jahre später in der
Nachfolgezeitschrift ›Der Arbeitskamerad‹ finden kann.
Oder es herrscht dort der heroische Appeal, die monumen-
tale Kraftentfaltung des arbeitenden Mannes wie auf dem
Halbnacktakt des ›Villinger Spezialarbeiters‹, der freilich
nach 1945 nicht wieder neu aufgelegt worden sein dürfte.
Kein Mangel zu sehen ist auf den zahlreichen Sportfotos, die
vielmehr lebensfrohe und glückliche Männer aus allen
Schichten des Volkes vereinen, seltener auch junge Turnerin-
nen, graziöse Körper zum Teil, züchtig und einladend in einem. Dagegen sehen die vier vielleicht vierzigjährigen
Frauen, die da so freundlich auf dem Bild vom 1. Mai posie-
ren, alle aus wie sechzig. Übrigens sind sie, wie aus einer anderen Stelle der Zeitschrift hervorgeht, alle vier damals bereits seit zwanzig Jahren bei der Alu. Das Lächeln verdeckt
kaum die Erschöpfung. So wenig wie der weihnachtliche
Lichterglanz den Muff und die Kleinlichkeit: »Dann be-
grüßte der Betriebsführer, Herr Direktor Dr. Paulssen, die
Kinder und Eltern . . .: ›Wenn wir Euch dieses Jahr nicht mit
den üblichen Gaben beschenken können wie in den vergangenen Jahren, so wißt Ihr alle, daß Deutschland in einem
schweren Krieg liegt . . . Nun ist es aber besser, daß wir Gra-
naten und Munition haben, um das Vaterland verteidigen zu
können, als daß wir Euch jetzt mit Kakao und Kuchen bewir-
ten. Und so müßt auch ihr Kinder dies Opfer bringen. Und
wenn Ihr trotzdem hier im Saal versammelt seid und die ge-
schmückten Weihnachtsbäume im Lichterglanz erstrahlen,

134

so dankt Ihr das Vater und Mutter, die jahraus, jahrein täglich
den Weg hinaus zur ›Aluminium‹ machen, um dort Brot für
Euch zu verdienen . . . Den besten Dank, den Ihr Euren Eltern für ihre aufopfernde Arbeit abstatten könnt, ist, daß Ihr
schön gehorcht . . .‹ «

Die Erziehung der Jugend scheint diesem großdeutschen
Wehrwirtschaftsführer des Schweizer Kapitals überhaupt am
Herzen gelegen zu haben. Auf einem Foto ist er zu sehen, wie
er in soldatischer Pose die neuen Lehrlinge »begrüßt«. Die
Kinder sind in Reih und Glied angetreten. »Der neue Jahrgang marschiert.« Einige der Jugendlichen starren ihren
obersten Chef wie gebannt an, todernst, andere scheinen sich
mehr für den Photographen zu interessieren. »Ihr seid die
Zukunft des deutschen Volkes, der Beruf muß Euch einmal
mehr bedeuten als Gelderwerb, er soll Euch tiefste innere Befriedigung bringen, soll schlummernde Kräfte und Fähigkei-
ten zur Entfaltung bringen, soll Euch Arbeit für Familie und
Volk bedeuten.«

Aber wenn das alles so weit weg ist, dann frage ich mich,
warum diese vergilbten Bilder und Blätter so niederschlagend
auf mich wirken. Ist es, weil sie mich daran erinnern, in was
für einer Zeit meine Eltern ihre besten Jahre verbracht haben?
Zwerge, winzige Figuren in einem riesigen Panorama. Irgendwann, wenn man älter wird, enthüllt sich einem ja diese
Tragik. Ich spüre, daß mir diese Gedanken gefährlich werden
könnten. Sie bedrohen meinen Begriff von politischer Verantwortung, sie bedrohen sozusagen meinen Humanismus.

Werkszeitungen dieser Art erlauben keinen unmittelbaren
Einblick in das Denken der Arbeiter. Es reden vor allem die
kleinen Goebbels. Ab und zu redet auch ein Ingenieur über
Werkstoffe oder ein anderer Experte über den Arbeitsver-
trag, den Akkord, die Lohnabrechnung oder die Krankenkasse. Gelegentlich der Betriebsarzt über Unfälle, die leicht
zu vermeiden wären, oder über Hautschäden, die ebenfalls
leicht zu vermeiden wären. Wenn einmal ein Arbeiter das
Wort ergreift, dann nur in der verkindschten Form des Erleb-
nisaufsatzes über einen Ausflug oder ein anderes frohes Bei-
sammensein, das leider schon zu Ende ging, oder in einem
überschwenglichen und chauvinistischen Dankesbrief aus
dem Felde.

Aber wir betrügen uns, wenn wir nur diese Gleichschaltung sehen. Lösen wir uns ein wenig von den Texten. Wir werden dann die Umrisse eines Modus vivendi, eines sozialen Friedens erkennen. Der Alltag, den man heute überall feiert, ist furchtbar. Er besteht daraus, daß man sich an alles gewöhnt. Er besteht daraus, daß man schließlich leben muß. Nicht nur heute, sondern auch morgen. Jede Ordnung, die mir das gewährleistet, ist besser als keine.

Das Amusement und die Gelöstheit auf den Sport- und Festfotos sind zweifellos echt. Die schlangestehende Bescheidenheit bei der Entgegennahme der Weihnachtsgratifikationen ebenfalls. Das offene und ehrliche Lächeln der jungen Arbeiterin, die gerade vom Direktor die Hand geschüttelt bekommt, wahrscheinlich nicht, denn von den hinter ihr wartenden Frauen lächelt keine. Wohl aber das Interesse an der nationalsozialistischen Feier des 1. Mai, denn der Saal ist proppenvoll. Allerdings steht das Regime 1941 ja auf dem Gipfel seiner militärischen Erfolge.

III

»Unseren Toten zum Gedächtnis.

Unser Volk hat die Form noch nicht gefunden, in welcher es seine Gefallenen und die, welche aus politischen Gründen den Tod fanden, gemeinsam trauernd ehren kann.

Dem Soldaten, der an der Front fiel und demjenigen, der aus politischer Überzeugung starb, gebührt die gleiche Ehre; beide haben für uns gekämpft, gelitten und das Leben hingegeben. Aus unserem Werk fielen als Soldaten im Zweiten Weltkrieg 144; weitere 68 sind bis heute vermißt oder noch nicht heimgekehrt. Drei starben für ihre politische Überzeugung vor und nach dem Kriege.

Ihnen allen bewahren wir ein ehrendes Andenken.«

Dieser bemerkenswerte Text findet sich auf der letzten Seite der Jubiläumsausgabe der gleichen Werkszeitung: 40 Jahre Aluminium-Walzwerke Singen, 1912 - 1952 - schwarz umrandet, in großen fetten Buchstaben. Auf der ersten lesen wir ein kurzes optimistisches Geleitwort von Dr. Paulssen, der also überlebt hat. Der Betrieb kann dankbar dafür sein, denn »der Kampf aller gegen alle als Folge des furchtbaren

Zusammenbruchs, die willkürliche Verfolgung angeblich Belasteter auf Anweisung der Besatzungsbehörden untergraben Moral und Disziplin, die durch die Ereignisse der letzten Kriegsjahre ohnehin schon fühlbar zersetzt sind«.

Aber mich interessiert viel mehr der Nachruf auf die Toten. Er wirft einiges Licht auf die Überlebenden. Er bemüht sich, die Toten unter einen Hut zu bringen. Nach dem bewährten Motto: ich kenne keine Parteien mehr, ich kenne nur noch Tote. Das ist das leise, feierliche, infame Startzeichen für den kalten Krieg unter den Lebenden. Kurz: man macht Politik mit den Toten.

Das kennt man bis zum Überdruß: die Soldatenfriedhöfe in Deutschland und ihre Denkmäler sind Politik, auf andere Weise der Volkstrauertag. Das Comeback eines Politikers wie Carstens zum Beispiel beginnt exakt auf diesen nationalen Totenstätten. Tote Helden kann man schlecht fragen, wofür sie gelebt haben. Armes Deutschland, du trauerst um viele Söhne, und niemand soll es wagen, dich dabei zu stören. Wir werden diese schamlosen Frevler, Grabschänder restlos vertilgen.

Aber soweit sind wir 1952 nocht nicht. Carstens und seinesgleichen sind politisch tot. Das Interessante an unserem Text ist seine Vorsicht, seine gewundene Sprache. Wenn sie eigentlich sagen wollen: Schluß jetzt endlich mit der Vergangenheit, Schluß mit diesem ganzen schwachsinnigen Masochismus, dann sagen sie: Unser Volk hat die Form noch nicht gefunden, in welcher es allen seinen Toten gerecht zu werden vermag. Sie meinen: wir lassen uns unsere Soldaten nicht länger beschimpfen; der deutsche Soldat war der tapferste der ganzen Welt, und die Waffen-SS, auch das muß einmal gesagt werden, war ein reiner Kampfverband. Aber sie sagen bloß: laßt uns endlich fair sein zu den Toten.

Es geht nicht um die Frontsoldaten, schon gar nicht um die toten. Es geht um die politische Zerstörung der Erinnerung. Aber dazu muß man die Soldaten rehabilitieren, vor allem die lebenden. Aber man fängt erst mal mit den toten an. Das ist leichter durchzusetzen. Mit dem Gedächtnis der Toten gegen das Gedächtnis der Lebenden. So leicht nun aber wiederum nicht, daß man nicht die Geister der toten Widerstandskämpfer zu Hilfe rufen müßte. Erst ihre Anwesenheit vertreibt

endgültig die bösen Geister der Scham und des schlechten
Gewissens. So kommt es zu dem einmaligen Kraftakt einer
patriotischen Geisterbeschwörung. Man darf ihn wagen, weil
man sicher sein kann, daß man diese Geister nachher wieder
los wird. Sie sind ungefährlich und kraftlos. Binnen kurzem
wird man sie für immer begraben.

Beruhigend wirken auch die Zahlen. Für ihre politische
Überzeugung starben ja bloß drei, einer oder zwei davon
auch noch nach 1945, ein armseliges Häuflein toter Seelen.
Daneben der Block der toten Soldaten.

IV

»Beide Diskussionspartner, Herr Dr. Paulssen sowohl wie
auch die rund 160 jugendlichen Angehörigen unseres Werkes, hatten dieser Diskussion über das Thema ›Die sozialen
Fragen unserer Zeit auf betrieblicher und überbetrieblicher
Ebene‹ am 14. Dezember mit einer gewissen gedämpften Er-
wartung entgegengesehen. Die ganze Diskussion war als ein
Experiment gedacht. Welche Gedanken machen sich wohl
junge Handwerker und Kaufleute - zumeist noch Lehrlinge -
über die sozialen Fragen unserer Zeit, und machen sie sich
überhaupt Gedanken . . . Es waren nur wenige, die eine Meinung äußerten. Angst aber hatte offenbar keiner von ihnen,
so daß dennoch so etwas wie eine Diskussion zustandekam,
wenn auch das ganze Gespräch bewies, daß sich nur wenige
junge Menschen heute über soziale Probleme tiefere Gedanken machen. Ja selbst einfache Fragen, etwa, was man unter
den Sozialpartnern verstehe, welche Aufgaben Gewerkschaften und Arbeitgeberverbände haben, konnte von vielen nicht
hinreichend beantwortet werden.« (›Der Arbeitskamerad‹, 6.
Jg., Heft 1, Januar 1955, S. 19)

»Kein Verein, keine Schule, keine Gewerkschaft und natürlich auch kein Industriebetrieb kommt ohne Ordnung
aus, sie bindet alle Belegschaftsangehörigen, Vorgesetzte und
Untergebene gleichermaßen . . . Die Betriebsordnung ist
deshalb auch in langen Besprechungen und Verhandlungen
zwischen dem Betriebsrat und der Geschäftsführung geschaffen und von Herrn Dr. Paulssen und dem Betriebsrats-
vorsitzenden, Herrn Hässig, am 18. Januar d. J. unterschrie-

ben worden . . . Noch ein besonderes Wort zu den Ziffern 45 und 46, gegen deren Bestimmungen - vielleicht ohne böse Absicht - hie und da verstoßen wird. Wir wollen doch alle, die nichts Schlechtes im Schilde führen, in Ruhe und Frieden arbeiten und unser Geld verdienen. *Deshalb* gehen wir jeden Tag ins Werk, nicht aber, um Streitgespräche über partei- oder sozialpolitische Fragen zu führen . . . Nun hat sich gezeigt, daß hier nur eine ganz klare Regelung zum Erfolg führen kann, weil die Grenzen des Zulässigen und Tragbaren oft fließend und die Folgen meist zunächst ganz ungefährlich und harmlos erscheinen. So hat sich auch die bei uns seit Jahren gültige Vereinbarung bewährt, daß die Ausgabe gewerkschaftlicher Druckschriften usw. zwischen Betriebsrat und Geschäftsleitung abgestimmt wird, da auch hier niemand daran Interesse haben dürfte, wenn Propaganda und Gegenpropaganda der verschiedenen im Betrieb vorhandenen Gewerkschaften die Gemüter am Arbeitsplatz erhitzen und etwa langjährige Kollegen entzweien . . .« (›Der Arbeitskamerad‹, 6. Jg., Heft 2, Februar 1955, S. 23 ff.; der Artikel ist unterzeichnet von Rudolf Ott, Personal- und Sozialchef.)

Man muß ja fast annehmen, ich hätte es hier auf Dr. Paulssen abgesehen. Dem ist aber nicht so, bestimmt nicht. Es ist vielmehr so, daß der Name von Dr. Paulssen dauernd auftaucht. Sie können praktisch keinen wichtigen Text ausfindig machen, in dem nicht dieser Name verewigt wäre - mag er nun aus der Zeit der Weimarer Republik oder des Nationalsozialismus oder auch aus der Zeit nach dem zweiten Weltkrieg stammen. Ich gerate hier in eine Verzweiflung, die komisch wirkt, wie ich wohl weiß, und die einem Historiker gewiß nicht ansteht. Aber ich kann mir nicht helfen. Ich habe manchmal mit der absurden und quälenden Vorstellung zu kämpfen, meine Quellen seien alle identisch. In meinen Angstträumen beuge ich mich über ein großes zeitloses Dokument, das den geschichtlichen Wandel erdrückt statt ihn der Nachwelt zu überliefern.

Meine erste Frage lautet: Warum sagen diese Jugendlichen nichts? Denn daß sie nichts wissen, kann ich nicht glauben. Die Fragen, die man ihnen stellt, sind abstrakt. Aber als alter Lehrer weiß ich, daß auch abstrakte Fragen anregend sein können. Meine zweite Frage lautet: was will man überhaupt von diesen Jugendlichen? Warum fordert man sie auf zu räsonnieren, zu politisieren, während man das doch sonst, wie der zweite Text zeigt, nach Kräften abzuwürgen sucht, und zwar mit Unterstützung des Betriebsrats.

Was die letztere Frage angeht, so möchte ich dringend davon abraten, in die Tiefe zu gehen und in diesem frühen Versuch, mit der jungen Generation ins Gespräch zu kommen, etwa die Reaktion auf eine sich bereits abzeichnende Legitimitätskrise zu sehen. Der Arbeitgeberpräsident Dr. Paulssen, denn diese Funktion bekleidet er inzwischen auch, spürt vielleicht instinktiv: wenn er jetzt nichts macht, werden sie irgendwann noch einmal einen Arbeitgeberpräsidenten entführen - ich bitte Sie, das können wir doch nicht machen so. Wir sollten uns daran erinnern, daß die geschichtliche Wirklichkeit meist flach und profan ist. Einen Monat nach dieser denkwürdigen Singener Diskussionsveranstaltung findet in München eine Kundgebung der Bundesvereinigung der Deutschen Arbeitgeberverbände statt mit dem Thema: »Die junge Generation in unserer sozialen Ordnung« (›Der Arbeitskamerad‹, 6. Jg., Heft 2, Februar 1955, S. 1).

Vielleicht ist die andere Frage falsch gestellt. Aus welchem Grund hätten die Lehrlinge eigentlich reden sollen? Man kann mir befehlen, zu schweigen. Aber man kann mir nicht befehlen, zu sprechen. Dazu muß man mich dann schon zwingen. Der Mensch, soweit nicht akademisch gebildet, redet in der Regel nur, wenn ihn etwas interessiert. Der Durchschnittsmensch redet nicht, wenn er gefragt wird. Kenner der 50er Jahre wissen schon, worauf ich hinauswill: ich möchte hier nämlich die Frage aufwerfen, ob wir die Theorie von der »skeptischen Generation« überhaupt brauchen. Vielleicht ist sie sogar irreführend. Sehen Sie, lieber Schelsky, wenn Sie so gerade durchgeflutscht wären - 1955 haben von 96 Bewerbern 16 eine Lehrstelle bei der Alu bekommen, 1954 waren es acht von 63 -, würden Sie wahrscheinlich auch lieber die Schnauze halten.

V

Es gibt bekanntlich die verschiedensten Sorten von Humor. Der Humor des einfachen Amerikaners hat zum Beispiel einen stark heroischen Einschlag. Er ist die Frucht eines Landes ohne Sozialpolitik. In Chikago habe ich einmal eine alte, halbgelähmte Dame, die sich mit ihren Krücken in der Drehtür einer Bank verklemmt hatte, sagen hören: Gott, jetzt stellt sich das alte Mädchen doch tatsächlich quer und hindert freie amerikanische Bürger daran, ihr hart verdientes Geld auszugeben.

Der rheinische Humor ist dagegen völlig unheroisch. Er ist das Ergebnis von 100 Jahren Sozialpolitik. Wenn man dort, sagen wir, in der Umgebung von Aachen, in einen Bus steigt und sich über die langen Wartezeiten beschwert, wird man vom Fahrer ungefähr folgendes zu hören bekommen: Ja, früher sei es etwas besser gewesen, dafür sei es aber heute etwas teurer. Jedes Ding habe eben seine zwei Seiten. Seiner Meinung nach liege das hauptsächlich an den Scheichs, »aber nicht nur an die arabischen«.

Manche behaupten, die Leute in Baden-Württemberg besäßen weder einen heroischen noch einen unheroischen Humor. Sie besäßen vielmehr überhaupt keinen. Eine heikle Frage, vielleicht ist der südwestdeutsche Humor nur feiner und nicht so penetrant. Aufdrängen tut er sich jedenfalls nicht, man muß ihn suchen.

Aber wenn schon nicht ganz sicher ist, ob es hierzulande Humor gibt, Humoristen gibt es jede Menge. Nach ihnen braucht man nicht lange zu suchen. Jedes Städtchen hat hier seine »Narrenmodder« und hält sie in Ehren. »Man müßte einmal nachzurechnen versuchen, wie vielen Menschen der Bliestle Hannes mit seinem unverwüstlichen Humor Freude gemacht hat, wie viele Singener er an seiner Arbeitsstätte, der Georg Fischer, die wir kurz Fitting nennen, zum Lachen brachte und wie viel humorige Freude er an Fastnacht verbreitet und nicht nur dort, sondern überall, wo er mit Menschen zusammentraf. Der Hannes war ein Original und sein Witz war ein unerschöpflicher Brunnen, der nie versiegen wollte, selbst nicht in den Jahren der bösen Krankheit. ›Jesses, sind mir ä arme Gegend, bei uns stond d'Hüser jo alle im Freie‹ konnte er trocken bemerken.« (›Schwarzwälder Bote‹, 18./19. Juli 1981)

Der sozialpolitische Hintergrund dieser Sorte von Humor ist die Eigentumsbildung in Arbeitnehmerhand. Daß die

Karriere des Humoristen in einem Großbetrieb beginnt und
von dort dann in die Zentren des karnevalistischen Vereinswesens führt, scheint nicht untypisch zu sein, jedenfalls nicht
für Singen. Auch der Vorgänger des Bliestle Hannes: das
Original Gottfried Schmid, in Singen als »Gosch« bekannt,
ist diesen Weg gegangen. »Es spricht für das Fingerspitzenge-
fühl von Dr. Hans Constantin Paulssen, daß er Gosch in der
Werkzeitung ›Arbeitskamerad‹ eine ganze Karikaturseite
eingeräumt hat.« (›Schwarzwälder Bote‹, 11. September
1981) Ich würde sogar sagen, es war mehr als nur Sensibilität.
Es grenzte schon an Toleranz. »Ein Streit darüber, ob die
Werkzeitung abhängig vom Unternehmer und somit unselb-
ständig ist, sollte durch die Güte der Zeitung und durch ihren
Inhalt überflüssig sein. Natürlich ist sie eine Art ›Geschenk‹
des Unternehmers, denn er trägt die Kosten. Aber darin zeigt
sich der wahre Unternehmer, daß er diese Schenkung nicht
mißbraucht, sondern dem Redakteur und damit der Zeitung
freiesten Spielraum läßt. Daher ist die Auswahl des Redak-
teurs ein besonderer Vertrauensakt.« (H. C. Paulssen, *Psychologie der Unternehmensführung*, 1970, S. 16)

Der Humor von Gosch hat sicher sein Teil dazu beigetragen, daß ein solcher Streit überflüssig blieb. »Liebe Bergheimer. Schon oft habe ich an Euch gedacht . . . 1944 war ich in
Eurer Gegend Soldat und schlief bei zwei Mädchen mit einer
alleinstehenden Frau. Nach vier Wochen wurde ich an der
Front eingesetzt bei Hastenrath. Wir setzten uns aber bald
wieder planmäßig ab . . . Im November fielen mir plötzlich
kleinere Teile einer Granate auf den Nischtel (Kopf), wo-
durch ich so erschüttert war, daß ich zwei Tage später im La-
zarett zum zweiten Mal das Licht der Welt erblickte. - Liebe
Bergheimer. Nun will ich Euch noch etwas von Singen
schreiben. Es hat momentan 26 487 Einwohner. Bis Ihr diese
Zeilen habt, sind es aber schon wieder mehr. Singen liegt im
Hegau. Wenn es sich aber so weiterentwickelt, liegt der Hegau bald in Singen. Der Hegau ist eine wellige Ebene, aus der
sich viele Felsenkegel herausvulkanisierten. Der Hohentwiel
ist der größte und hat die mächtigsten Ruinen von Deutschland, die vor 1943 schon da waren . . .« (›Arbeitskamerad‹, 6.
Jg., Heft 1, Januar 1955, S. 28)

Make love not war. Oder sagen wir besser: Ficken ist auch

im Krieg möglich. Leichter als im Frieden vielleicht sogar. Über die brillante Hintergründigkeit mit ihren unvermittelten Übergängen von der Idylle zur historischen Realität werden alle gelächelt haben, auch jene, die vielleicht unter der unsichtbaren Kolonialisierung des Hegau durch die Singener Großindustrie gelitten haben. Und über das Wortspiel mit den Ruinen, die immer schon hier, im Krieg dann aber anderswo waren, dürfte selbst Dr. Paulssen ein bißchen geschmunzelt haben.

Aber so makaber ist Gosch selten. »Jawohl - am Sonntag ist wieder e Fest, da kriegt de Dr. Paulssen de Ehrenbürgerbrief vu de Stadt Singen. D'Turnhalle bei de Berufsschul ist scho g'schmückt. E wunderbar Symbol hond sie obe im Eck, a Vogelnest mit 4 Junge.« - »Was het das Vogelnest mit em Dr. Paulssen z' tue?« - »Schimpfle, das ist wunderbar. Die 4 Junge sind s'Martinswerk Villinge, Rheinfelde und Singe [4 Werke des Konzerns, E. K.] also genau wie bei uns und d'Alte vu de Vögel ist immer kumme, gange, kumme, gange. Doch jedes Mol, wenn er kumme is, hat er ebbis mitbrocht.« - »Stimmt, Bimmelmeier, genau wie bei uns - und jetzt wird denn no fünftes Vögele dazuekumme, d'Stadt Singe.« (›Der Arbeitskamerad‹, 6. Jg., Heft 7, Juli 1955, S. 28)

Die Hommage des Humoristen. »Dr. Paulssen - das war eine Ära für sich. Paulssen war alles«, hat mir ein alter Betriebsrat der Aluminium gesagt. Gosch wagt es, von der Reichweite dieser Macht zu sprechen. Hände über der Stadt. Es ist ein Quentchen Verachtung für die Kommune darin, die, wie man sich vorstellen könnte, eine demütige Delegation in feinen schwarzen Gewändern vor die Tore des Werkes geschickt hat. Aber diese Verachtung ist nicht demokratischer, sondern zynischer Natur. Und sie kann auch nicht bestehen vor dem gesunden Menschenverstand. Ihr profitiert doch auch davon. Ihr lebt davon, wir sitzen alle im gleichen Nest.

Hände über der Stadt.

VI

Ich kapituliere. Ich gebe es auf, mich in die grassroots von Singen zu verbeißen. Ich kann nicht mehr. Ich lasse los, ich lasse mich mitreißen von der schwindelerregenden Karriere des Dr. Paulssen. Ich spüre sogar biographische Gelüste wieder in mir wachsen, die ich schon endgültig verdrängt zu haben glaubte.

Ich kann im Moment noch nicht genau sagen, was das alles für mich bedeutet und welche Konsequenzen es insbesondere für meine wissenschaftliche Position hat. So viel ist mir aber schon jetzt schmerzhaft deutlich: ich werde nie mehr so tun können, als gäbe es die großen Männer nicht. Was weder Bismarck noch Hitler gelungen ist, Dr. Paulssen hat mich verunsichert. Es gibt Augenblicke, da frage ich mich, ob diese ganze Geschichte des kleinen Mannes nicht ein Irrtum ist. Ich befürchte, die sogenannte Geschichte von unten trifft, wenn sie nicht krampfhaft wegguckt, überall auf die Spuren riesenhafter Tatzen. Der Boden ist voll davon. Kann denn die Wissenschaft demokratischer sein als die Wirklichkeit? Ist denn die Wissenschaft in diesem Fall noch demokratisch? Wir sagen, wir werden endlich die kleinen Leute zum Sprechen bringen. Haben wir vergessen, daß unsere schönsten Beispiele aus Inquisitionsprotokollen stammen? Wir erwecken Stimmen zum Leben, die im Leben schweigen. Ich will sagen, wir vernachlässigen über der technischen Frage, wie wir die Leute zum Sprechen bringen, die historische Frage, was sie zum Schweigen gebracht hat. Das bringt mich wieder auf Dr. Paulssen.

Ich glaube das Schlüsselerlebnis war die Entdeckung einiger Schriften von Paulssen in der Konstanzer Universitätsbibliothek. Ich hatte wahrscheinlich nicht damit gerechnet, auch in diesem Terrain wieder auf diese Spuren zu stoßen. Das war ja ein beängstigender Bewegungsradius. *Die Aufgabe der Vereinigungen der Arbeitgeber und der Arbeitnehmer in der sozialen Ordnung* (1956): *Die Lohnpolitik in der Sicht der Arbeitgeber* (1960), publiziert in den »Veröffentlichungen der Wirtschaftshochschule Mannheim« und eingeleitet durch ein professorales Vorwort von kriecherischer Unterwürfigkeit; *Psychologie der Unternehmensführung* (1970), veröffentlicht im »Universitätsverlag Konstanz«.

Wir befinden uns, wie man sieht, auf jenem hohen Niveau sozialpolitischer Reflexion, wo Politik dann unmerklich in Wissenschaft übergeht oder wo vielmehr die rigorosen Unterscheidungen Max Webers ihre Bedeutung überhaupt verlieren. Hier überschreiten die verschiedenen Eliten ihre besonderen und partikularen Horizonte, etwa den des unternehmerischen Risikos oder den der wissenschaftlichen Wertfreiheit, und verschmelzen zu einer Gesamtelite oder politischen Klasse.

Der Inhalt der Schriften ist allgemein bekannt. Es ist ein Konzentrat der Klassenerfahrung des deutschen Industriebürgertums seit dem ersten Weltkrieg. Wir sind Partner. Nicht bloß Tarifpartner, »ich möchte sie trotz der Ablehnung der anderen Seite richtiger Sozialpartner nennen«. Das bringt besser zum Ausdruck, daß beide Partner gemeinsam eine große Verantwortung tragen. Auch und gerade in der Lohnfrage.

Der erste Versuch in dieser Richtung ist trotz der vielversprechenden Ansätze der »Zentralarbeitsgemeinschaft« von 1918 bekanntlich gescheitert. »Ein Teil der Gewerkschaften folgte der alten Klassenkampfideologie ... Andere gewerkschaftliche Kräfte forderten die sogenannte Demokratisierung der Wirtschaft, d. h. die Übertragung der allgemeinen Regeln der parlamentarischen Demokratie auf den Betrieb ... Auf der Grundlage dieser Vorstellungen konnten die sozialen Partner der ersten deutschen Republik nicht zu einer gemeinsamen Anerkennung der Grundaufgaben der Arbeitgeberverbände und der Arbeitnehmerorganisationen kommen. Wie im politischen Bereich, so war auch im sozialpolitischen Raum die Weimarer Republik von der Tragik auseinanderstrebender Kräfte umwittert, die schließlich das gemeinsame Ziel überhaupt nicht mehr sahen und einzeln von der heranrollenden Welle des revolutionären Nationalsozialismus überflutet wurden.« So waren wir Partner eines tragischen Schicksals, da wir Partner einer konstruktiven Politik nicht zu sein vermochten.

Wir hoffen, man würdigt das partnerschaftliche Entgegenkommen, das in dieser Interpretation der Vergangenheit liegt. Wir können nämlich auch anders.

Die Zeit des Nationalsozialismus können wir in diesem Zusammenhang übergehen, da es damals keine Partner gab.

Der zweite Anlauf nach 1945 war ideologisch weniger vorbelastet. »Weniger noch als 1918 belastete eine unterschiedliche Beurteilung der Notwendigkeit und der Richtigkeit einer parlamentarischen Demokratie das Verhältnis der beiden Partner.« Wir bejahen grundsätzlich diesen Konsensus. Wir bejahen insbesondere die freiheitliche Sozialordnung der Bundesrepublik. Wir akzeptieren bis auf weiteres den zentralen politischen Stellenwert, den sie der Tarifautonomie und dem Prinzip der sozialen Selbstverwaltung einräumt. Wir haben stets nur den Schutz, nie die Kontrolle des Staates gewollt. Unser Ideal war immer die totale Sicherheit gepaart mit der totalen Freiheit. In der Praxis haben wir dem Staat mal mehr, mal weniger an Leistung abverlangt, je nach Lage der Dinge. Dirigistischen Methoden haben wir hingegen in der Regel mißtraut. Freilich gibt es da große Unterschiede. Man kann Hitler nicht in einen Topf mit Stalin werfen. Hitler war sozusagen das enfant terrible der freien Welt, Stalin ihr Todfeind. Hier findet der an sich hochbedeutsame Begriff des Totalitarismus seine Grenze.

Wir haben aber leider Veranlassung, vor dem Mißbrauch unserer einzigartigen Liberalität zu warnen. Wenn wir mehr konsumieren als produzieren, wenn die Löhne dem Produktivitätszuwachs davongaloppieren, wenn die Leute mitten in der Vollbeschäftigung anfangen, zu schreien, daß samstags Vati ihnen gehöre, dann ist der Geldwert in Gefahr. »Durch vielfache Weckung des Neidgefühls und der Unzufriedenheit, durch besondere Betonung gewisser Teuerungsmomente wird ein dumpfer Drang nach ständigen Mehrforderungen mächtig.« Wieder spüren wir die »hektische Unruhe des typisch Deutschen: Alles so schnell als möglich und alles gleichzeitig.« Das Kernübel ist die Vollbeschäftigung. Sie gibt den Gewerkschaften die Möglichkeit, ihre Forderungen hochzutreiben ohne Rücksicht auf die Allgemeinheit: auf die Masse der kleinen Verbraucher, auf die Masse der kleinen Sparer. Aber es sind nicht nur die Arbeiter. Leider gibt es, so müssen wir hier selbstkritisch feststellen, auch Unternehmer, die dieses Spiel mitspielen und die sich über die Zahlung unverantwortlich hoher Löhne die nötigen Arbeitskräfte zu sichern suchen. Diese Praktiken erinnern einen ja fast an die der Rüstungskonjunktur nach 1936!

Aber wir sind dieser Verwilderung unserer Freiheit nicht schutzlos ausgeliefert. Wir verfügen über Regulative, um die uns andere Völker wahrscheinlich beneiden. Wir verfügen vor allem über die historische Angst der Deutschen vor der Inflation. Sie ist unser wertvollstes Kapital. Tiefe Traumen hindern das deutsche Volk daran, bedenkenlos in den Tag hineinzuleben. Geschichte steht gegen Gier, Angst gegen Anspruch, öffentliche Meinung gegen Gewerkschaftsmacht. »Wir haben im Laufe der Jahre beobachten können, wie die öffentliche Meinung, die jahrelang den Auseinandersetzungen zwischen Gewerkschaften und Arbeitgeberverbänden gleichgültig - wenn nicht teilnahmslos oder sogar mit Sympathie für den scheinbar Schwächeren - gegenüberstand, seit einiger Zeit, als sich Preise und Löhne stärker und häufig parallel nach oben entwickelten, aufgewacht ist.«

Unsere Demokratie ist jung und optimistisch. Aber unser Volk ist alt. Wir haben eine dunkle Vergangenheit, die uns reif gemacht hat für den Verzicht und für das Opfer. Sie sitzt in uns allen. Kein Deutscher glaubt ganz an das Wirtschaftswunder. Kein Deutscher fühlt sich ganz sicher. Das läßt uns hoffen.

VII

1892	Geboren in Weimar als Sohn des ehemals Großherzoglich Sächsischen, später Thüringischen Staatsministers Dr. h. c. Arnold Paulssen
1914	Promotion zum Dr. jur.
1914-1918	Leutnant, Führer einer Gebirgs-MG-Abteilung
1919/20	Führer eines Freikorps-Bataillon in Oberschlesien; wurde 1919 in die Reichswehr übernommen; erst Ende 1920 Abschied als Oberleutnant
1920	Eintritt in die Aluminium-Walzwerke Singen GmbH
1923	Geschäftsführer der Alu
1933-1945	Wehrwirtschaftsführer; 1939 Gründer und Generaldirektor der Aluminium-Industrie-Gemeinschaft Konstanz; Parteimitglied war er angeblich nicht

1945-1948	ohne entsprechende Beschäftigung
1948	Entnazifizierung und Wiedereintritt in seine früheren Posten; führende Mitarbeit an der Durchführung des Marshall-Plans
1949	Präsident der Industrie- und Handelskammer Konstanz (heute Ehrenpräsident) und des Arbeitgeberverbandes der Badischen Eisen- und Metallindustrie in Freiburg
1950	Präsident der Deutsch-Französischen Vereinigung in Konstanz (heute Ehrenpräsident)
1951	Präsident des Rheinschiffahrtsverbandes Konstanz
1953	Großes Bundesverdienstkreuz
1953-1964	Vorsitzender der Bundesvereinigung Deutscher Arbeitgeberverbände (BDA). Paulssen bemüht sich erfolgreich um Sozialpartnerschaft. 1954 Einrichtung des »Runden Tischs«; Eintreten für »Spitzengespräche der Sozialpartner«; »Margarethen-Abkommen«, in dem sich der DGB und die BDA verpflichten, bei den angeschlossenen Organisationen auf Abschluß von Schlichtungsvereinbarungen hinzuwirken. »In diesem Amt trug er maßgeblich zur Auflockerung der starren Haltung der Sozial- und Tarifpartner bei. Für die Einrichtung von Schlichtungsstellen bei Tarifstreitigkeiten hat er sich immer verwendet. So hat seine Tätigkeit mit beigetragen zu dem, was man den sozialen Konsens in der Bundesrepublik nennt, den sozialen Frieden . . .«
1955	Ernennung zum Ehrenbürger der Stadt Singen; Stern zum Bundesverdienstkreuz
1957	Stern und Schulterband zum Bundesverdienstkreuz
1962	Ehrensenator der Albert-Ludwigs-Universität Freiburg im Breisgau
1965	Gründungspräsident der Gesellschaft der Freunde und Förderer der Universität Konstanz
1968	BDA stiftet Paulssen-Preis.

Sozialer Konsens

Paulssen saß unter anderem in den Leitungsgremien der
Badischen Bank-AG, Karlsruhe; der Gothaer Lebensversi-
cherungs AG, Göttingen; der Gothaer Feuerversicherung
AG, Köln; der Rheinischen Treuhand-AG, Mannheim; der
Aluminium-Gießerei Villingen GmbH, Villingen; des Elek-
trizitätswerks Rheingau AG, Baden/Schweiz; der Mittel-
Thurgau-Bahn, Weinfelden/Schweiz. Paulssen saß ferner in
den Aufsichtsräten der Deutschen Bank AG, Frankfurt; der
Landeszentralbank Baden-Württemberg, Stuttgart; der Alu-
minium-Zentrale e.V. Düsseldorf; der Mannesmann-
Leichtbau GmbH., München. Er lebt heute zurückgezogen
in Konstanz. (Quellen: Munzinger-Archiv/Int. Biograph.
Archiv 6/82 P. 2780-92 Pa-ME; *Who's who in Germany*,
München 1964, S. 1283; ›Südkurier‹, 5. 6. 1982)

Armer Hund

Die vielen Dokumente, Zitate und Zahlen zerreißen meine
armen Texte. Und diese Fetzen bleiben Fetzen, selbst wenn
ich sie mit Gold besticke. Ja, ein einfacher Fetzen wirkt sogar
besser als ein verzierter.

Auch ich habe längst bemerkt, daß dies weniger ein Buch
über eine Stadt ist als ein Buch über die Schwierigkeiten des
Recherchierens. Darin liegt ein Stück Resignation, ein Zurückweisen vor der Aufgabe, die ich mir gestellt habe. Bleibt
mir nur noch zu hoffen, daß nicht gar am Ende noch ein Buch
über die Schwierigkeiten des Schreibens daraus wird.

Ein Arbeiter, dem ich von diesem Buch erzähle und auch
von meiner Idee, es vielleicht »Goldgräberstadt« zu nennen,
empfiehlt mir, unbedingt noch einen Untertitel dazuzuset-
zen. Ich sage: Warum nicht? Ich verstehe aber nicht ganz: Es
würde den farbigen Titel doch eher verwässern, nicht wahr?
Ja eben: es könne nämlich sonst leicht passieren, daß so ein
armer Hund seine paar Mark für das Buch ausgäbe in der An-
nahme, es sei eine Abenteuergeschichte.

Das Zentrum und die Randgebiete

Heizung

Ich habe einmal irgendwo gelesen, daß es nicht auf die Radikalität ankomme, mit der man über etwas schreibe. Man könne z. B. jahrelang die ungeheuerlichsten Angriffe auf die Psychiatrie vortragen ohne die geringste Wirkung. Dagegen solle man nur einmal probieren, ein bestimmtes Ereignis, sagen wir, den mysteriösen Absturz eines Patienten von der Nordwand eines Irrenhauses, öffentlich zu durchleuchten. Unter Angabe von Ort und Zeit, unter Angabe der verantwortlichen Personen. Da kann man was erleben. Der verantwortliche Chefarzt wird auf jeden Fall zum Sprunge ansetzen und versuchen, dir an die Gurgel zu gehen.

Aber ich habe hier keine Skandale aufzudecken. Freilich juckt es mich doch in den Fingern, die Dinge beim Namen zu nennen. Ich habe mich daher entschlossen, Singen ganz direkt und ohne Umschweife Singen zu nennen. Ich verzichte also auf die literarische Weiterverarbeitung und Veredelung des lokalen Rohmaterials zu Parabeln. Ich gebe damit schöne Möglichkeiten aus der Hand, ich weiß das. Aber ich hoffe eben, daß man so einige meiner Figuren wiedererkennt.

Es ist mir natürlich vollständig klar, daß ich keine Namen nennen darf. Das wäre ein Verstoß gegen Sitte und Anstand. So etwas möchte ich nicht machen. Ich hätte an sich nichts dagegen. Ich kenne da, offengestanden, gar keine Hemmungen. Ich meine moralische. Aber ich möchte doch die Machtverhältnisse respektieren. Es sind nicht einmal die möglichen juristischen Verwicklungen, die ich fürchte. Die fürchte ich eigentlich überhaupt nicht. Darauf bin ich sogar scharf, denn so ein Prozeß würde mich natürlich viel schneller berühmt machen. Ich habe auch keine Angst davor, aus der Gewerkschaft ausgeschlossen zu werden. Ich fühle genau, ein solches Ausschlußverfahren würde mich zum ersten Mal in meinem Leben zu einem richtig aktiven Gewerkschaftler machen.

Es ist etwas anderes. Ich fürchte mich im Grunde nur davor, mich ins Unrecht zu setzen. Wenn ich die Namen meiner Opfer preisgebe, sieht das, fürchte ich, so aus, als bewürfe ich sie zu allem Überfluß auch noch mit Schmutz. Und dann kippt wahrscheinlich die öffentliche Meinung.

Ich glaube aber, ich sehe einen Ausweg. Ich werde wahrscheinlich mit raffinierten Andeutungen arbeiten. Sie müssen so gezielt sein, daß jedem auch nur halbwegs Eingeweihten sofort klar ist, wer hier gemeint ist. Sie müssen aber knapp vor der eigentlichen Identifizierung halt machen. Dann habe ich glücklich eine Anonymität gewahrt, die keine mehr ist, weil ich sie soeben gelüftet habe. Diese durchtriebene Vorgehensweise scheint mir auch noch einen anderen Vorzug zu besitzen. Sie ermöglicht es dem Autor, im selben Moment nach zwei ganz verschiedenen Leserschaften zu schielen. Die Andeutung ist für das lokale Publikum, die Anonymität für das nationale. Jene spielt auf angenehme Art in den Tratsch hinüber, diese stößt eine Pforte auf zum seriösen politischen Essay.

Aber ich sollte besser einmal einen praktischen Versuch machen. Er war ein Boß, damit sage ich ja noch nicht zu viel. Er war ein Gewerkschaftsboß. Er war es, als ich mit ihm zu tun hatte, und er ist es auch jetzt noch, da ich schon längst wieder ausgeschieden bin. Er war gerade mit überwältigender Mehrheit in seinem Amt bestätigt worden. Er erfreute sich in der Stadt eines großen Ansehens, jedenfalls berichtete die Presse immer ausführlich darüber, wenn er wieder etwas gesagt hatte. Es waren harte kompromißlose Worte darunter. Ich denke etwa an eine scharfe Absage an die Politik des sozialen Abbaus. Sie hätte ohne weiteres von Steinkühler selbst stammen können. Anderes erinnerte mehr an Vetter, wie der einprägsame Aphorismus, man brauche heute keine neue Regierung, sondern nur eine andere Politik. Ich bin kein Theoretiker, aber ich erkläre mir das so: während die bekannten großen Gewerkschaftsführer sich heute politisch profilieren müssen, ob sie es nun wollen oder nicht, hat der Hauptamtliche an der Basis den Zusammenhalt, die Geschlossenheit der Gewerkschaftsbewegung sicherzustellen. Seine Aufgabe ist also eine integrative, und man übertreibt wohl kaum, wenn man sagt, daß sie immer schwieriger wird.

Dann hat dieser Gewerkschaftsführer sich auch öffentlich auf die Seite der Arbeitslosen gestellt. Ich zitiere aus der Zeitung, ungeachtet der Gefahr, damit alles zu verraten. »Die Grüße des Vorstands übermittelte der Bevollmächtigte …, der nach seiner Kurzbetrachtung über die Entwicklung der gewerkschaftlichen Bewegung der letzten 70 Jahre die Frage aufwarf, ob die gewerkschaftliche und soziale Welt aus den Fehlern der Vergangenheit die Lehren gezogen habe. Die Arbeitnehmer hätten zwar ihren sozialen Status und Lebensstandard hart erkämpft, doch die Geißel der Arbeitslosigkeit komme wieder zum Vorschein und diejenigen, die über Kapital und Produktionsmittel verfügten, seien wieder daran, die Rechte der Arbeiter zu beschneiden. Das Recht auf Arbeit dürfe nicht zum Privileg werden … angesichts einer für 1982 erwarteten Zahl von zwei Millionen Arbeitslosen, die eine Herausforderung für den Staat bedeute. Eine rücksichtslose Sparpolitik könne die Probleme auf die Dauer nicht lösen. Notwendig sei ein wirtschaftliches Wachstum und Stärkung der Massenkaufkraft. Scharf wandte sich der Redner gegen die weitverbreitete Diffamierung von Arbeitnehmern als ›Faulenzer und Abstauber‹ von sozialen Leistungen des Staates, die er als unerhört bezeichnete.« Über den wirtschaftspolitischen Gehalt dieser Ausführungen kann man streiten. Auch über die Zahlen, denn der Gewerkschaftsführer hat sich offensichtlich an die offizielle Arbeitslosenstatistik gehalten, was ja nicht unbedingt nötig gewesen wäre. Aber es ist doch immerhin eine klare Absage an die übliche Hetze.

Aber das ist alles noch zu blaß oder zu typisch, zu wenig charakteristisch. Ich bin viel zu vorsichtig. Es ist nicht leicht, auf den dünnen Seilen des Schlüsselromans zu tanzen, ohne abzustürzen. Jeden Freitagmorgen kam er kurz herein und drehte die Heizung an. Darauf war Verlaß. Er hat uns kein einziges Mal im Kalten sitzen lassen. Wenn er die Heizung angedreht hatte, ging er wieder hinaus. Er begab sich dann direkt in sein Büro einen Stock höher. War er vielleicht darauf so gespannt, daß er schon, während er die Heizung noch andrehte, an nichts anderes mehr denken konnte? Man muß sich das Ganze nämlich vollständig wortlos vorstellen. Er sagte kein einziges Wort. Doch, ganz am Anfang hat er einmal gesagt, wir sollten die Heizung in Ruhe lassen. Dann aber nichts mehr. Der große und gepflegte Raum war sowieso viel zu gut für uns. In der Regel tagten und konferierten hier ganz andere Leute. Die besondere Empfindlichkeit und Verletzlichkeit der Heizung war vermutlich nur der Ausdruck dieses allgemeineren Mißverhältnisses. Einmal allerdings ist er anscheinend außer der Reihe hereingekommen, d. h. nicht um die Heizung anzudrehen. Ich war in dem Moment gerade nicht da und kann mich daher hier nur auf den Bericht der Arbeitslosen stützen. Es kann nur eine Sache von Sekunden gewesen sein. Er sei hereingekommen und wortlos in die Ecke gegangen, in der das Telefon stand. Dann habe er in das Telefon hineingesagt, der Raum könne heute leider nicht genutzt werden, da diese Arbeitslosen schon wieder drin seien. Ob das nun genau so gesagt worden ist oder nicht, jedenfalls war der Mann, der es mir erzählte, schneeweiß im Gesicht. Er war einer der gewählten Sprecher der Gruppe, ein zurückhaltender Mann Ende vierzig, Dreher von Beruf, seit Jahren arbeitslos. Er sagte, er sei knapp davor gewesen, ihm mit der Faust in die Fresse zu hauen. Der allgemeinen Stimmung nach zu urteilen glaube ich nicht, daß ihm da einer in den Arm gefallen wäre.

Ich komme da auf eine gewagte Gedankenverbindung. Hat er vielleicht deshalb nicht mit ihnen geredet, weil er sich öffentlich so stark für sie eingesetzt hat. Es ist ja oft so im Leben: die Leute, die einem das Äußerste abverlangen an Mitgefühl, müssen einem nicht unbedingt gerade die allerliebsten sein. Es ist, als müßten wir es ihnen irgendwie heimzahlen, daß sie uns überfordern. Und für einen Vorkämpfer der Vollbeschäftigung und des Rechts auf Arbeit, wie er es ist, stellen die Arbeitslosen schon eine Art Zerreißprobe dar. Vielleicht war es also einfach dieser allzumenschliche Widerwillen, so etwas wie Berührungsangst gegenüber Leuten, die Arbeiter waren und doch keine Arbeiter mehr waren.

Und dann waren sie ihm auch in den Rücken gefallen. Während er sich für sie an den Fronten der öffentlichen Meinung schlug, standen sie lässig an das Gewerkschaftshaus gelehnt und hatten schon frühmorgens eine Flasche Bier in der Hand. Ich glaube nicht, daß er in diesem Punkt kleinlich war. Es war nicht eine Frage des Quantums, sondern des Stils. Man muß wissen, daß in Singen Gewerkschaftshaus und Arbeitsamt direkt vis-à-vis liegen. Mußten sie ihn denn unbedingt desavouieren? Wenn man sie schon verteidigte, vielleicht ein bißchen arg pauschal verteidigte sogar, dann sollten sie sich auch danach verhalten.

Ein weiterer Zwischenfall dürfte ihn uns dann noch tiefer entfremdet haben. Diesmal ging es nicht nur um erste Anzeichen von Verlumpung im Eingangsbereich des Gewerkschaftshauses. Das war entschieden etwas Konkreteres und Krasseres als jene schleichende Schande und Unehre. Jemand hatte laut und deutlich gesagt, daß er kein Sklave sei und daß es für ihn keinesfalls in Frage komme, hier zu arbeiten. Gemeint war die *Georg Fischer AG,* einer der bedeutendsten Arbeitgeber der ganzen Region, und gefallen war der ominöse Satz bei einer jener Betriebsbesichtigungen, die man den Arbeitssuchenden bisher immer noch eingeräumt hatte. Die Bemerkung war von einem Meister aufgeschnappt, unverzüglich an die Personalleitung weitergegeben und von dort umgehend der Gewerkschaftsführung übermittelt worden. Ich hätte schwören können, es sei einer von den Spätaussiedlern gewesen. Das hätte denen ganz ähnlich gesehen. Ich habe selbst eine junge Frau aus Polen mit ganz ungläubigem Gesicht sagen hören, das sei ja wie »im Frühkapitalismus«. Darauf kam natürlich wieder niemand außer mir. Offenbar traute man vorläufig diesen Fremden, die ja freiwillig zu uns gekommen waren, mehr als den Einheimischen. Also waren wir es wieder einmal gewesen. Immerhin fand die Gewerkschaft dann die Kraft, den Eklat auf einer Kreisvorstandssitzung angemessen zu behandeln, d. h.: ohne jede Panik.

Rein menschlich

Ich kenne in Singen einen kranken, abgewirtschafteten, unglücklichen Arbeiter, der seit Jahren arbeitslos ist und mit seiner Situation kaum mehr fertig wird. Zu den ganz wenigen Leuten, an die er sich ratsuchend wendet, gehört ein prominenter FDP-Stadtrat, Finanzdirektor in der Aluminium, entschiedener Befürworter einer Politik des öffentlichen Sparens im sozialen und kulturellen Bereich. Der Arbeiter seinerseits ist seit über zwei Jahrzehnten Mitglied der IG Metall.

Das Opfer

Am Schluß sah man sich dann gezwungen, ihn aus dem Hause zu werfen. Es ging nicht anders, er wollte einfach nicht zahlen. So warten Sie doch einen Moment, die Geschichte hat nämlich eine Pointe. Es war gar nicht die Polizei. Der Wohnungseigentümer hatte gar nichts damit zu tun. Es war gar nicht die Miete. Es war das Unterhaltsgeld, das er nicht zahlte. Er war nämlich der Vater, der ihn hinauswarf. Früher, ich meine in biblischer Zeit, hätte er seinen Jungen wahrscheinlich auf den nächsten Tisch geworfen und das Schlachtmesser hochgerissen. Das Antlitz gen Himmel gewendet, wo er den grausamen Gott des Alten Testaments vermutet hätte. Aber das ist vorbei, die Zeiten haben sich geändert, und so warf er ihn aus der Wohnung.

Sie halten mich für voreingenommen? Sie sind der Ansicht, mein dramatischer Rückgriff auf das Alte Testament sei ein Fehlgriff? Damit schiebe man die Verantwortung irgendeiner höheren Macht zu und annulliere die menschliche Schuld des Jungen? Bitte, dann wechseln Sie doch zum Neuen Testament und werfen Sie den ersten Stein.

Uncle Tom

Ich möchte mich an das halten, was mir gleichsam im Gedächtnis liegt. Nein, ich rede wie ein Magenkranker. Ich meine gar nicht diese schweren Klumpen. Aber es ist so: ei-

156

niges, und zwar keineswegs das Massive, scheint schwerer absorbierbar zu sein. Ich hoffe aus irgendeinem Grund, daß es auch das Wichtige ist. Wichtiger jedenfalls als alles, was ich mir bereits zurechtgelegt habe. Ein Alptraum, wenn ich mir vorstelle, daß ich das immer wieder neu formulieren müßte; denn es ist ein für allemal verstanden und verbraucht und verfeuert. Es wäre frisch lackierte Schlacke.

Ich greife nach diesen nebelhaften, halbverwehten, aber zugleich auch merkwürdig widerstandsfähigen Intuitionen von gestern. Ich hasche nach ihnen, besser gesagt; denn sie entziehen sich ja und kokettieren auch noch damit. In diesem Fall ist es das geradezu wolfsmäßige Lächeln eines Sozialarbeiters anläßlich einer Weihnachtsfeier. Es schien ungefähr folgendes zu sagen: Du Biest. Du würdest dich bestimmt nicht so produzieren, wenn du nicht ganz genau wüßtest, daß mir die Hände gebunden sind. Du hast in einer langen Karriere nach unten wohl alles ausgelotet, was unsereins darf und besonders, was wir nicht dürfen. Sonst würde ich dir dein Maulwerk und deine ganze säuferhafte Motorik schon stillegen, da kannst du sicher sein.

Ich selbst war nur als Beoachter anwesend. Es handelte sich um eine jener Maßnahmen nach § 41 a des Arbeitsförderungsgesetzes; »... sollen die Teilnehmer befähigen... sich mit ihrer individuellen, durch Arbeitslosigkeit geprägten Situation auseinanderzusetzen und so ihr Vertrauen in ihre Möglichkeiten am Arbeitsmarkt zu stärken...« (Aus der Begründung zum Regierungsentwurf) Man hatte mich angewiesen, dort ein wenig zu hospitieren. Der praktizierende Kollege lächelte, so schien mir, wie ich immer gelächelt hatte, wenn meine Kinder die Anwesenheit eines alten Genossen aus der Zeit der antiautoritären Kinderläden genutzt hatten, um mich ungestraft zu reizen. Die Frau war offenbar angetrunken. Sie war auch zu spät gekommen, aber es war ja bald Weihnachten. Darüber hinaus war es ja die Abschlußfeier der ganzen Maßnahme. Darüber hinaus waren diese Maßnahmen vom Gesetzgeber ja extra für die Problemfälle unter den Arbeitslosen eingerichtet worden. Ganz abgesehen von der riesigen Masse von Wissen, das man über das Innere dieser Elendsgestalten angesammelt hat.

Es war unter diesen Umständen also einfach nicht möglich,

die Frau zu attackieren oder sie hinauszuwerfen. Wenn das
möglich gewesen wäre, wäre unsere Freundlichkeit Freundlichkeit gewesen. So aber war unsere Freundlichkeit Feigheit,
Gesetzestreue, berufliches Können. Sagen Sie selbst, was soll
ein Mensch mit einer so vielschichtigen Freundlichkeit anfangen?

Die Frau sagte zu dem Sozialarbeiter, sie werde ihm, wenn
er vielleicht einmal die Güte habe, in dieses Restaurant zu
kommen, ein Jägerschnitzel braten so groß, daß er daran zu
würgen habe. Auch wieder so eine Freundlichkeit, die, wie
man sieht, hier schon beinahe in eine Attentatsdrohung übergeht. Die Frau schien aber auch unglücklich darüber zu sein,
daß die Maßnahme zu Ende ging. Sie schien seltsamerweise
unglücklich über das eine und unglücklich über das andere zu
sein. Sie hatte Gebäck und Mandarinen auf den Tisch gelegt
und alle, auch uns, aufgefordert, davon zu essen. Als sie ihrer
Nachbarin, einer molligen älteren Frau, die schon die ganze
Zeit auf ihrer Seite gewesen zu sein schien, von ihrem Glück
bei der Arbeitsvermittlung berichtete, fing sie an zu weinen.
Sie sagte, sie müsse morgen um sieben Uhr in dieser Küche
anfangen, also noch vor Weihnachten. Sie sei immer gern in
diesen Kreis gekommen. Jetzt würden sie alle wieder ausein-
anderlaufen.

Ich wollte das schon ziemlich abgeschmackt finden, wür-
delos, die Frau war hier doch noch vor einer Minute mit der
Fürsorge des Staates zusammengestoßen, als ihr die anderen
zustimmten. Genauer gesagt, die anderen Frauen. Sie fingen
an, die praktischen Möglichkeiten für weitere Zusammenkünfte zu besprechen. Ich muß sagen, so etwas könnte ich
nicht, soweit glaube ich mich zu kennen. Wenn sie mich in
eine solche Situation brächten, würde ich alle meine Fühler
sofort einziehen. »Sie kommen zu spät, zur Arbeit müßten
Sie ja auch pünktlich erscheinen, aber lassen wir es gut sein, so
etwas kann ja jedem einmal passieren.« »Wir wissen alle, daß
die Sache mit dem Alkohol und den Drogen überhaupt ganz
wichtig ist, wir haben das ja hier deswegen auch ganz ausführlich behandelt. Aber warum fangen Sie denn jetzt schon
wieder davon an. Jetzt haben wir doch ein anderes Thema.
Heute wollen wir doch darüber reden, was dem Einzelnen
diese vier Wochen Gespräch gebracht haben.« Ich weiß ge-

nau, eine einzige Bemerkung dieser Art, egal ob sie nun lobend oder tadelnd, unfreundlich oder freundlich gemeint wäre, würde mich zu Stein werden lassen. Es wäre mir egal, wer neben mir säße. Ich bräuchte ihn gar nicht anzusehen, es wäre Uncle Tom für mich. Ich würde denken: der stinkt ja vor Demut. Ich würde vielleicht auch denken: das ist ein Zeuge. Er weiß alles. Er hat gesehen, was sie hier mit dir machen. Auf der Straße wird er dich wiedererkennen und dich auf eine gewisse Art grüßen.

Ich könnte die anderen nicht als Kollegen ansehen. Ich weiß nicht, warum sie es konnten. Rechts von mir saß ein schmächtiger Mann, ungefähr 40. Er war es, der so unvermittelt das Thema Drogen angeschnitten hatte. Er wisse Bescheid, leider. Er habe in dieser Hinsicht selbst genug durchgemacht. Er habe bezahlen müssen. Er warne alle jungen Leute. Wieso kämen die Jungen eigentlich auf so etwas heute? Er für sein Teil sei überzeugt, das sei reine Angeberei. Ich war mißtrauisch. Für mich war das einer, der einem Vorurteil schmeichelte, der sich anbiederte, der vielleicht aus Schwäche zu Kreuze kroch. Für die anderen aber offenbar nicht. Sie nahmen das ernst. Sie nahmen es als Meinungsäußerung, als Argument. Sogar eine junge Frau, die sehr gepflegt aussah und bis dahin eher indigniert gewirkt hatte, griff in die Diskussion ein und widersprach dem Mann entschieden, aber ohne Schärfe.

Ähnlich später. Der Mann sagt, die Maßnahme habe ihn natürlich beruflich nicht weiter gebracht. Er wolle ja, wie man wisse, Oberkellner in einem großen Hotel werden. Dazu müsse er auf die Hotelfachschule. Eine gewisse Heiterkeit breitet sich aus. Mein Gott, drei Sterne womöglich. In dem Alter und mit der Akte. Ein armer Hund. Ich denke: hoffentlich hört er bald auf, sonst werden sie sich über ihn hermachen. Aber der Mann schnabuliert weiter mit strahlendem Gesicht. Es ist die Rede vom Flambieren am Tisch, unter den Augen des Gastes. Darin besitze er schon gewisse Grundkenntnisse. Er erntet ermunternde Zurufe, und man sieht direkt, wie er sich in die graziöse Meisterung der gastronomischen Flammen hineinträumt. Es dauert aber ein Weilchen, bis mir klar wird, daß der Mann neben seinen Illusionen auch Humor hat und die anderen das zu schätzen wissen.

Wenn einer Arbeit hat, hat er kein Motiv. Er hat vielmehr gute Gründe. Kein Mensch käme darauf zu fragen, was ihn zur Arbeit motiviere. Er arbeitet eben ganz normal. Er arbeitet, weil er Geld verdienen muß. Seltener auch, weil seine Arbeit ihm Freude macht. Erst wenn der Mensch keine Arbeit mehr hat, braucht er Motive. Eine gute Motivation ist etwas, was ihm so leicht niemand wegnimmt. Das Problem der Arbeitsmotivation stellt sich daher in seiner ganzen Dringlichkeit erst dann, wenn die Aussichten auf Arbeit gering sind. (Improvisation zu einem Thema von Agnes Heller, *Theorie der Gefühle*, 1980, S. 70 ff.)

»Der ganze Ort war von tiefer Resignation befallen. Die Menschen fühlten sich überflüssig und vom normalen Leben ausgeschlossen.« (Marie Jahoda 1982 über ihre 1933 erschienene Arbeit *Die Arbeitslosen von Marienthal*) Dieses Buch über hoffnungslose Antriebslosigkeit haben die Nationalsozialisten verbrannt. (›Frankfurter Rundschau‹, 22. 4. 1982)

»Wenn wir Glück haben oder einer oder zwei von diesen 15 oder 20 Leuten am Ende Arbeit findet, dann hat das doch nichts mit uns und unserer Arbeit hier zu tun: die meisten Leute suchen sowieso mit aller Kraft nach Arbeit. Und wenn es einer nicht tut, wie sollen wir ihn dann in sechs Wochen dazu bringen, in sechs Wochen?« Bilanz eines Kollegen nach zweieinhalbjähriger Praxis in Maßnahmen nach § 41 a des Arbeitsförderungsgesetzes (Anfang 1982). Der Mann besitzt allerdings keine formelle berufliche Qualifikation auf diesem Gebiet. Sonst hätte er sich wahrscheinlich nicht so selbstkritisch ausgedrückt.

Ihr müßt nur häufig genug auf dem Arbeitsamt gewesen sein, dann kommt das Arbeitsamt eines Tages auch zu euch. Es ist dann alles umgekehrt. Es ist dann der Vermittler, der allein ist. Du hingegen sitzt in der Reihe deiner Kumpane und hörst ihm gelassen zu. Er erklärt euch die Aufgabe und Arbeitsweise des Arbeitsamts. Ihr merkt daran, wie machtlos der Mann in diesem Moment ist. Sonst würde er es nicht tun. Er ist gezwungen, euch diese Dinge lang und breit zu erklären. Er ist gezwungen, euch Staatsbürgerkunde zu erteilen.

160

Das ist das Schönste, dieser unfreiwillige Flirt mit dem Akademischen. Der Arbeitsvermittler wirkt unfrei, irgendwie
behindert, kurz wie ein Wolf, den sie in einen Schafspelz gesteckt haben.

Deserteur

Es ist nicht ganz leicht, über einen Mann zu schreiben, der
keinen Mantel hat. Es hat etwas Abgeschmacktes. Nächstens
lassen Sie noch St. Martin herangaloppieren und sich ostentativ was vom Leibe reißen. Die anderen waren entgeistert, sie
sind später noch öfters darauf zu sprechen gekommen, fast als
ob so ein Mantel mehr sei als ein Mantel. Einmal hat uns das
sogar in eine außerordentlich peinliche Situation gebracht.
Wir hatten einen der leitenden Beamten des Sozialamtes zu
uns eingeladen und der Zufall wollte es, daß er beim Hereinkommen einen schweren eleganten Pelzmantel abwarf.
Wahrscheinlich so leichthin auch noch, etwas zerstreut, achtlos, ohne ihn noch einmal kurz zu streicheln zum Abschied -
mit der Miene eines Mannes eben, der Wichtigeres im Kopf
hat als Mäntel. Vielleicht ärgerte sie nur das. Wäre er zunächst
einmal herumgegangen und hätte alle der Reihe nach an dem
Pelz fühlen oder riechen lassen, wie der letzte Mafioso oder
Zuhälter, wäre, glaube ich, alles glatt gegangen. Er stand
kaum an der Tafel, um uns die Regelsätze der Sozialhilfe zu
erläutern, da unterbrach ihn einer mit der Bemerkung, das sei
aber wirklich ein gutes Stück. Wie bitte? Den Mantel dort
hinten, den habe er aber auch nicht bei Hertie gekauft! Ich
brauche das hier wohl nicht im einzelnen zu schildern. Es
ging eine Zeitlang flapsig hin und her, in Wirklichkeit aber
feindselig, bis der Mann schließlich knallrot im Gesicht war
und Anstalten machte, den Raum zu verlassen.
Er hatte also keinen, schien aber dennoch zu zögern, als die
andern ihn drängten, sofort zum Sozialamt zu gehen. Er lächelte und nickte nach allen Seiten, als wolle er sich von ihren
wohlmeinenden Ratschlägen erst noch genüßlich ein bißchen
schieben, ein bißchen bemuttern, ein bißchen wiegen lassen.

Er war freilich auch noch sehr jung, kaum 20. Er schien noch nicht so richtig mit beiden Beinen auf dem Boden zu stehen. Schon wie er wohnte. Anstatt sich von der Stadt in ein Hotel einweisen zu lassen, bis er eine Wohnung hätte, hauste er weit draußen vor der Stadt in einem winzigen Häuschen, das fast zugeschneit war und unter den Schneemassen eher einem Iglu ähnelte. Wir waren hinausgefahren und hatten lange nach dieser verwunschenen Adresse gesucht, weil er seit einer Woche wie verschollen war. Komischer Kauz, wie er da mit seinem Mädchen an der Hand vor die niedrige Tür trat. Vor dem winterlichen Hohentwiel im Hintergrund sahen sie kleiner aus als sie waren, Konrad und Sabine im Gebirge sozusagen. Das sei aber nett von uns, daß wir uns extra seinetwegen herausbemüht hätten. Das sei ihm ja noch nie passiert. So war das immer mit ihm: er hatte ganz offensichtlich nicht gelernt, Ansprüche zu entwickeln. Ich weiß gar nicht so genau, was mich veranlaßt hatte, ihn aus seiner Einsamkeit in die Stadt zu transportieren. Aber er glaubte wohl, er brauche alles nur mit seinem Zauberstab zu berühren und schon wäre es das pure Gold der Brüderlichkeit.

Wir wußten, daß er direkt aus dem Gefängnis kam. Er hatte mir erzählt, daß er von der Bundeswehr nach Italien desertiert sei. Er sei nachher am ganzen Körper so braun gewesen von der Sonne wie noch nie zuvor, ausgenommen einen sehr heißen Sommer in seiner Kindheit. Bei Gericht habe man ihm dann gesagt, er müsse ins Gefängnis, *weil er die Staatsgewalt zu einer außergewöhnlich aufwendigen Verfolgungsjagd gezwungen habe.* Ich kann nicht glauben, daß man ihm das wirklich so gesagt hat. Es war wohl eher eine etwas kindliche Interpretation komplizierter Ausführungen, die ihm weitgehend unverständlich geblieben sein mochten. Vielleicht schwang da ein gewisser Stolz mit. Vielleicht auch nur ein ungläubiges Staunen darüber, wie wichtig doch der kleine Mann als Verfolgter plötzlich werden kann.

Als er eines Tages im Kurs wieder von seiner Fernmeldetechnik zu schwärmen anfing, war mein Plan fertig. Er hatte davon schon öfters geredet. Wenn er überhaupt einmal das Wort ergriffen hatte, dann über diese offenbar geradezu ausschweifende Bastelei. Er könne heute so gut wie alles machen. Er habe aber natürlich kein Material. Ein Romantiker; wenn

er über den kleinen illegalen Sender sprach, den sie da wohl
im Innern des Schwarzwaldes aufgebaut hatten, hätte man
fast meinen können, sie hätten da etwas Schönes, eine Art
Kunstwerk geschaffen. Mein Plan war fertig. Aus diesem
Jungen würden wir etwas machen. Zuerst würde er den
Hauptschulabschluß nachmachen, also rief ich bei der
Volkshochschule an, informierte das Arbeitsamt und kon-
taktierte den Bewährungshelfer. Dazu müßte er in Singen
wohnen, er würde nicht jeden Tag aus seinen weltfern glit-
zernden Schneefeldern anreisen können. Es wäre doch ge-
lacht, wenn das nicht möglich wäre. Ich würde alle Hebel in
Bewegung setzen. Sie würden sich von selbst in Bewegung
setzen, wenn man sähe, daß man aus diesem Jungen wirklich
etwas machen könne. Ich habe ihm alles erklärt. Gesagt hat er
nicht viel, ein wenig erstaunt scheint er gewesen zu sein. Aber
er war ja über alles erstaunt. Dann eine Lehre, bei der Post
vielleicht. Zimmer, Schulabschluß, Lehre, klare Abfolge genau überlegter Einzelschritte. Er würde sich festigen, sein Leben würde feste Konturen bekommen.

Dann war er plötzlich weg. Einfach verschwunden, niemand wußte irgendetwas. Später habe ich dann gehört, daß er
irgendwo im Schwarzwald ein paar Wochen als Tellerwä-
scher gearbeitet habe. Das war aber auch alles.

Leicht lädiert

Jemand hat mir einmal gesagt, man kenne ein Land nur, wenn
man dort gearbeitet habe. Danach kennt man also auch eine
Stadt nur, wenn man dort gearbeitet hat. Oder wenigstens arbeitslos dort war. Ein Krüppel hat mir einmal gesagt, man
müsse auf Krücken durch eine Stadt laufen, um sie und ihre
Bewohner richtig kennenzulernen. Ich weiß nicht, was man
sonst noch alles machen muß. Jedenfalls reicht wissenschaftliche Untersuchungsarbeit keinesfalls aus.

Ein Realitätskontakt ist entweder traumatisch oder es ist
keiner. Eine Erfahrung, die keine Ängste hinterläßt und das
dunkle, beinahe körperliche Gefühl verletzt, verkleinert

worden zu sein, ist keine. Es wäre Nahrung für unseren ewig
gierigen Geist oder Material für unsere Kreativität oder auch
bloß Stoff für eine Analyse, aber es wäre keine Erfahrung.
Eine Erfahrung unterbricht und stört mein kontinuierliches
Bemühen, mir die Welt glatt und genießerisch einzuverlei-
ben.

Verantwortungslos

»Wenn einer von den Armen redet, kann ich wirklich sauer
werden. Von wem redet er denn da eigentlich? Die Leute, die
hier reinkommen, sind schrecklich arm, aber es sind Stella
oder Onkel Wash und Bob, einzelne Menschen. Erstmal sind
sie Menschen, und dann sind sie unter anderem auch arm. Ich
wollte, sie wären's nicht. Aber für uns hier sind sie jedenfalls
nicht jemand auf einem Blatt Papier, ein Prozentsatz.« (Inha-
berin eines Tante-Emma-Ladens in Kentucky, USA, zitiert
nach: Studs Terkel, *Der amerikanische Traum*, Berlin 1981,
S. 134 f.)

»Man kann die Unterdrückung der Jugendlichen aus der
Arbeiterklasse und die Entfremdung der Jugendlichen aus
der Mittelschicht analysieren ... Die Sozialwissenschaften
zeigen die Unterdrückung auf und teilen die Entfremdung.
Sie umreißen ›das Problem‹ ... Die Sozialwissenschaften
könnten nie ein herausgeputztes, handfestes Motorrad hervorbringen, einen bestickten Schaffellmantel, eine umwerfende Rock'n Roll-Platte.« (Paul Willis, *Profane Culture*,
Frankfurt am Main 1981, S. 17 f.)

Der Gedanke, ich könnte diesen wissenschaftlich fundierten Elendsbildern und hellsichtigen Psychogrammen eine
weitere Studie hinzufügen, weckt in mir ein Gefühl des Ekels.
Man weiß anscheinend alles über Arbeitslosigkeit. Die in jeder Hinsicht verheerenden Folgen dieses Zustandes liegen, so
scheint es, klar zu Tage. Sie werden gelegentlich mit beeindruckender Einfühlsamkeit herausgearbeitet. Was ist also dagegen zu sagen? Ich habe den Verdacht, daß diese Leute die

Arbeit verherrlichen. Wenn sie sich über die ruinierte Persönlichkeit des Arbeitslosen beugen und ihren schnellen Zerfall erforschen, haben sie dann ein Arbeiterstandbild aus Bronze im Kopf? Sie gehen zu dicht heran. Sie konzentrieren sich auf die Zeit der erzwungenen Muße. Der Mann lebt aber schon viel länger. Seine Geschichte beginnt nicht schlagartig mit dem Tag seiner Entlassung. Auch sein Ruin vielleicht nicht. Es ist lächerlich, Menschen, die irgendwo aus dem Dunkeln auftauchen, von einem bestimmten Zeitpunkt an erfassen und durchleuchten zu wollen: vom Zeitpunkt der Einlieferung in ein Krankenhaus etwa oder von dem Moment an, in dem sie die Leistungen des Arbeitsamts beanspruchen.

Aber ich möchte hier nicht auf den finanziellen Kern unserer mitmenschlichen Aufmerksamkeit hinaus. Es fällt auf, daß der Arbeitslose des öffentlichen Diskurses, der von den Gewerkschaften, Kirchen, Jugendverbänden und Sozialwissenschaften veranstaltet wird, eine eindeutige tragische Figur ist. Das ist es, was sie den Diffamierungsbemühungen der Liberalen und Neoliberalen entgegensetzen. Es handelt sich hier nicht um Faulenzer, sondern um Opfer - um Schicksale, die uns Achtung abnötigen und denen wir uns mit Trauer zuwenden sollten. Angesichts dieser vielen ergreifenden Plädoyers und Anklagen frage ich mich, wie man in dieser Atmosphäre überhaupt noch atmen soll. Nehmen wir an, *jemand will nicht arbeiten.* Sagen wir, weil er noch sehr jung ist. Oder weil er alt ist. Oder weil er schon in der Mitte seiner Jahre müde ist. Oder weil er seine Arbeit aus tiefster Seele haßt. So einer kann sich heute kaum noch hervorwagen. Er hält besser den Mund. Er tut gut daran, seine unernste und verantwortungslose Natur zu verbergen. Die Grenze zwischen dem Arbeitslosen und dem Asozialen darf gerade heute auf keinen Fall verwischt werden. Das ist es ja gerade, was die anderen wollen. Bekanntlich versuchen sie ja, auf diese Weise, das Problem der Arbeitslosigkeit zu individualisieren. Gegen diese infame Strategie haben wir das klare Bild der persönlichen Schuldlosigkeit, der zurückgestoßenen Leistungsbereitschaft zu setzen.

Müssen wir also lügen, aus übergeordneten Gründen sozusagen? Nun, es gibt vielleicht Schlimmeres als eine taktische Verlogenheit dieser Art. Bedenklich wird die Sache aber,

wenn der Moralismus der vereinigten Kräfte des Fortschritts
die heimlichen Vorbehalte gegen seine Unwahrheit abwürgt
und das leise Lächeln auslöscht. Ich kenne eine Reihe von
Leuten, die sich nicht scheuen, freimütig über das Aufatmen,
die wohltuende Erschlaffung in der Arbeitslosigkeit zu reden, aber auf welche Weise! Sie sagen, man gleite da unmerklich hinein, man fange an, sich gehen zu lassen. Ist das nicht
der Stil der Selbstentblößung, der Beichte? Sie scheinen gegen
sich selbst Partei zu ergreifen. Sie interpretieren ihr wachsen-
des Desinteresse an der Arbeit als Symptom des moralischen
Verfalls. Sie behandeln ihre Erfahrungen mit sich selbst achtlos und brutal als Anschauungsmaterial für die herrschende
Doktrin. Vielleicht versuchen sie instinktiv, sich damit zu beruhigen. Wenn ich dermaßen distanziert über mich reden
kann, kann ich noch nicht ganz unten sein. Ich habe noch Anschluß, ich habe noch Verbindung mit den anderen. Wenigstens mein Kopf funktioniert noch einigermaßen.

Kurz gesagt also, ich möchte nicht mit irgendwelchen fein-
nervigen Reportagen über das Elend der Arbeitslosen zur allgemeinen Vergötzung der Arbeit beitragen. Ich will mich gegen diesen Konsens stellen, der im Moment eine fast magne-
tische Anziehungskraft zu entwickeln scheint. Ich muß versuchen, mich von diesem humanitären Pathos freizuhalten,
das nichts als eine heimtückische Variante von Konformis-
mus ist.

Ein Aspekt dieser Staatstrauer: ich muß sagen, ich war unangenehm berührt, als ich merkte, daß die Kursteilnehmer
gar keine Totalarbeitslosen waren. Ich meine damit Leute, die
sich ausschließlich mit ihrem schweren Geschick befassen.
Ohne sich im geringsten ablenken zu lassen. Keine Zerstreu-
ungen, keine Albernheiten, keine unangemessenen kulturellen Interessen. Sondern lediglich dieser einfache große Ernst.
Was ich dagegen antraf, war das Übliche. Das alltägliche
bunte Gewimmel. Eine durchaus banale Lebenslust. Einen
jungen Mann beispielsweise, der sich elegante Frechheiten
herausnahm in meinem Unterricht und offenbar überhaupt
mehr Interesse an der Ästhetik des Zwischenrufs oder der
spöttischen Randbemerkung hatte als an den schwerwiegen-
den Gehalten, die ich in unsere Mitte zu schleppen versuchte.
Ich erfuhr darüber hinaus, daß er bei irgendwelchen Filmen

als Statist mitspielte. Und einmal verließ dieser Mann sogar
meinen Unterricht vorzeitig, um sich im Fernsehen zu sehen.
Zusammenfassend möchte ich sagen, daß dieser unverfrorene
Mensch vermutlich auch nicht so viel anders ist als ich.

Verlust der Mitte

Ich bin vom Rand langsam auf das Zentrum zugewandert, das
aber auch wieder in Randgebiete und in ein Zentrum zerfällt
und so weiter. So ist dieses Buch angelegt. Es handelt, wie
viele andere Bücher über die Bundesrepublik auch, von der
fortschreitenden Umwandlung des Zentrums in Randgebiete.

Geschrieben und aufgebaut habe ich es aber nicht so. Ich
habe zwar an der äußersten Peripherie begonnen, dort, wo sie
schon fast in die dritte Welt übergeht, bin dann aber mit einem Satz in die Mitte gesprungen. Die Zwischenzonen habe
ich erst ganz zuletzt betreten, obwohl sie bei weitem den meisten Raum einnehmen und ich anfangs eigentlich nur sie erforschen wollte. Und obwohl ich selbst dort wohne. Ich
finde, sie sind grau, sie sind reizlos, trostlos uninteressant, in-
tellektuell längst abgegrast. Kaum ein geeigneter Gegenstand
für die Literatur.

Kunststücke

An die deutschen Arbeiter oder Arbeitslosen wage ich mich
nicht so recht heran. Es fällt mir leichter, sagen wir, über die
Türken zu schreiben. Ich kenne diese Leute nicht, die Kontakte waren sporadisch, das erleichtert das Schreiben immer
ganz ungemein. Man denke nur an die unerhörte Masse von
Reisebeschreibungen. Ich war zwar nur bis Singen gekommen, aber schon auf dieser kurzen Wegesstrecke waren mir
einige jener fremdartigen und unergründlichen Gestalten be-

gegnet, es ist, als ob sie dir im Vorübergehen zuwinkten und dich leise aufforderten, etwas Reizvolles über sie zu Papier zu bringen.

Hinzu kommt, daß ich die Türken als sehr stark empfinde. Schon oft, wenn ich diese Pulks von Männern am Wochenende durch die Straßen schlendern sah, habe ich mich gefragt, warum sie unter dem Druck dieser Pariasexistenz nicht ihre Haltung und ihre Festigkeit verlieren. Ich glaube, ich würde unter solchen Verhältnissen binnen kürzester Zeit zum Trinker. Man braucht also nicht zu befürchten, bei diesen Leuten schnell auf die Symptome der Schwäche und des Verfalls zu stoßen. Das ist bei den Deutschen anders.

Sollte ich nicht besser ganz die Finger davon lassen? Es ist immer eine Art Vertrauensbruch, wenn man hinterher über Menschen schreibt, die davon nichts ahnen konnten, als man ihnen begegnete. Denn sie wären vielleicht verschlossener gewesen, wenn sie es gewußt hätten.

»Um sichere Unterlagen zur Beurteilung der sozialen Verhältnisse, unter denen die Arbeiterschaft der Singener Großindustrie lebt, zu gewinnen, gedachte ich seiner Zeit eine Umfrage durch Fragebogen unter der großindustriellen Arbeiterschaft zu veranstalten. Zunächst wurden in einem der drei Großbetriebe etwa 1700 Fragebogen an die Belegschaft verteilt. Auf diesem Bogen sollten außer der Angabe von Personalien (Name, Geburtstag und Geburtsort, Familienstand, Wohnort) hauptsächlich bestimmte Fragen nach Herkunft und Berufsschicksal, nach den Wohnungsverhältnissen, nach etwaiger nebenberuflicher Tätigkeit (namentlich landwirtschaftlichem Nebenerwerb) sowie nach Ausbildung und Beruf der Kinder beantwortet werden. Die Arbeiter wurden gebeten, die ausgefüllten Fragebogen beim Vorsitzenden des Arbeiterrates abzugeben. Nach einigen Wochen waren erst wenige Dutzend Fragebogen eingegangen. Darauf wandte ich mich an die in Betracht kommende Gewerkschaft, die nun in den Singener Zeitungen in einem Aufruf an die Arbeiterschaft bat, die Fragebogen auszufüllen. Irgendein Nachteil würde den Arbeitern nicht erwachsen. Außerdem sollte anstelle des Namens jetzt lediglich ein Vermerk treten, ob es sich um eine männliche oder weibliche Person handelte. Der Erfolg bestand in einigen wenigen abgegebenen Fragebogen.

Im Ganzen hatten kaum 50 Personen, also nicht einmal drei
Prozent derjenigen, die einen Fragebogen erhalten hatten,
diesen ausgefüllt und abgeliefert. Wie mir später mehrfach
von Arbeiterseite versichert wurde, war es hauptsächlich ein
gewisses Mißtrauen gegenüber dem angegebenen wissenschaftlichen Zweck der Erhebung, das viele Arbeiter davon
abhielt, den Fragebogen zu beantworten. Dieses Vorurteil
vermochte selbst die Gewerkschaft, indem sie das Vorhaben
befürwortete (auch durch einen Anschlag am Schwarzen
Brett im Fabrikhof), nicht zu verscheuchen.« (Philipp Daum,
*Arbeitsverhältnisse und Struktur der Arbeiterschaft der
Großindustrie Singen a. H., unter besonderer Berücksichtigung der Pendelwanderung*, Endingen 1931, S. 131)

Aber wer schreiben will, wird sich über diese Skrupel hin-
wegsetzen, ziemlich leicht sogar, offengestanden. Es ist eine
ambitiöse professionelle Tätigkeit, die sich letztlich an der
Leistung orientiert und nicht an der Moral.

Ich habe allerdings doch ein bißchen Angst vor der eigenen
Courage. Das Private und Familiäre werde ich möglichst un-
terschlagen, aber darf ich es denn wagen, das Denken dieser
Leute so darzustellen, wie es mir begegnet ist, ohne jede
Schönfärberei? Mehr läge es mir, die Arbeiter leicht zu idea-
lisieren, ich sage leicht - nicht so massiv, wie wir es früher gemacht haben.

Nehmen wir z. B. den berüchtigten Arbeitslosen, der fordert, daß zuerst einmal die Ausländer hinausmüßten. Das ist
ja keine Ausnahme: 1979 sind 50 Prozent der vom Institut
für angewandte Sozialwissenschaft, Infas, in Nordrhein-
Westfalen Befragten der Meinung, daß die Ausländer den
Deutschen die Arbeitsplätze wegnehmen. 49 Prozent wollen,
daß die Ausländer in ihre Heimat zurückkehren (Vgl. *Morgens Deutschland, abends Türkei*, herausgegeben vom
Kunstamt Kreuzberg, Berlin 1981, S. 186). Auffassungen dieser Art, die um keinen Deut akzeptabler werden, wenn sie
von einem Proletarier kommen, möchte ich ganz gern in den
Hintergrund treten lassen. Vielleicht hat derselbe Mann irgendwann eine prächtige Attacke gegen das Arbeitsamt vorgetragen. Das möchte ich gern in den Vordergrund stellen.
Also die Zeichen von Verwirrung, von politischer Umnach-
tung unterbewerten und die Zeichen von Auflehnung über-

bewerten, das wäre nach meinem Geschmack. Ich muß mich geradezu zwingen, nicht auf diese Weise zu verfahren. Wieso eigentlich? Ich neige doch sonst nicht eben dazu, Andersdenkende zu schonen. Eine verdächtige Milde. Nehme ich etwa diese Leute gar nicht als denkende Wesen wahr? Oder jedenfalls nicht ernst? Ein unangenehmer Gedanke - dann wären meine Interpretationskunststücke eine Form der Herablassung? Wenn sonst jemand zu mir sagen würde, die Beamten im Arbeitsamt täten doch den lieben langen Tag nichts anderes als auf ihren breiten Ärschen sitzen und Kaffee saufen, würde ich doch auch nicht angenehm berührt lächeln. Und nicht für mich denken: wie schön grob. Wie schön, diese plebejische Verachtung für die Obrigkeit.

Man wird einwenden, daß es doch einen erheblichen Unterschied mache, ob das nun irgend jemand sage oder ein Arbeiter. Das mag schon sein. Der Haß der Arbeiter auf die Beamten hat zweifellos andere und tiefere Gründe als das Ressentiment vieler Bürger gegen die Bürokraten. Die einen denken vermutlich an die Macht, an die Arroganz und an die einzigartige soziale Sicherheit der Staatsfunktionäre, die anderen nur an die Steuern. Trotzdem, es ist beides Mal ein Kurzschluß.

Diskretion

Nehmen Sie an, ein arbeitsloser Fabrikarbeiter gewährt Ihnen aus irgendeinem Grund Einsicht in seine Unterlagen. Er will Sie vielleicht in irgendeiner Sache konsultieren. Sie finden in diesen Papieren Spuren eines schweren Konflikts. Es geht um die Abrechnung der im Akkord geleisteten Arbeit. Man hat ihn des Akkordbetrugs beschuldigt. Die Geschäftsleitung hat ihn schriftlich verwarnt. Nehmen wir weiter an, der Mann weise Ihnen gegenüber diese Verdächtungen weit von sich. Nehmen wir an, er bezichtige den Meister einer alten, persönlichen, intriganten Feindseligkeit. Sie glauben ihm das ohne weiteres. Warum auch nicht? Aber das andere glauben Sie ihm nicht. Sie spüren vielmehr, daß er so redet, weil er kein Vertrauen zu Ihnen hat. Woher auch? Sie glauben, daß er tatsächlich getrickst hat und daß er dabei erwischt worden ist. Sie wissen, daß ein Arbeiter in Deutschland über so etwas nicht laut reden darf. Er dürfte es in England, in den USA, er dürfte es wahrscheinlich auch in Polen, aber nicht in der DDR oder in der Bundesrepublik. Auch nicht zu Kollegen, kaum zu einem Freund, keinesfalls zu einem Unbekannten. Sie sind also überzeugt, daß er Ihnen da etwas vormacht. Wenn das möglich wäre, würden Sie ihm jetzt sagen, daß er das nicht bräuchte. Sie persönlich hätten zwar weder die Gelegenheit noch wahrscheinlich auch den Mut zu solchen Betrügereien, sie hielten sie aber für legitim, sogar für lebensnotwendig. Sie hielten sogar Sabotage für legitim. Aber es ist nicht möglich. Sie ahnen, daß ihn Ihre Emphase nur verlegen oder noch mißtrauischer machen würde. Also lassen Sie es und tun so, als glaubten Sie ihm seine Version der Angelegenheit.

Jetzt die Preisfrage: Glauben Sie, daß Sie darüber wenigstens im nachhinein freimütig schreiben können? Ich glaube nein. Man kann es drehen und wenden, wie man will, es geht nicht. Es wäre zu gefährlich. Es wäre auch nach fünf Jahren noch zu gefährlich für ihn.

Ich bin nicht bereit, hier die volle Wahrheit zu sagen. Ob es mir gelänge, ist eine ganz andere Frage. Aber ich versuche es gar nicht. Es wäre nicht legitim. Wenn das hier ein Roman wäre, verhielte es sich wohl umgekehrt. Dann wäre die schonende Darstellungsweise, die ich hier anstrebe, nicht legitim. Es wäre einfach Kitsch. Aber es ist kein Roman, sondern eine Reportage über reale Verhältnisse und lebende Menschen. Ich habe Leute kennengelernt, die unter dem Druck der Arbeitslosigkeit ihre Würde verloren haben. Sehr wenige, aber es gab sie. Es hat mich angewidert. Diese Dinge lasse ich weg.

Es ist mir freilich klar: ein Text, der irgendwo an der Wahrheit herummanipuliert, muß oberflächlich und verlogen bleiben. Die Verlogenheit besteht darin, daß ich den Anschein erwecke, als könne ich einen unglücklichen Menschen nicht ablehnen. Vom Gefühl her kann ich das aber ohne weiteres. Ich kann auch einen Menschen, der ganz unten ist, verachten. Dann nämlich, wenn ich den Eindruck habe, er ist heruntergekommen. Ich verlange viel mehr von den Leuten als in diesem noblen Machwerk deutlich wird. Es handelt sich um einen brutalen Moralismus, einen Moralismus geradezu amerikanischer Art. Wenn ich einen Menschen sehe, dem es schlecht geht, achte ich unwillkürlich immer zuerst darauf, wie er sich hält.

Wo bleibt diese Menschenkenntnis ohne Pardon? Als Profi verleugne ich sie. Als Autor analysiere ich die Verhältnisse. Dieser Tradition des Schreibens fühle ich mich nach wie vor verpflichtet. Über den Menschen breite ich den fadenscheinigen Mantel meiner professionellen Barmherzigkeit. Ich sehe aber keine andere Möglichkeit.

Ich kann Kontakt finden nur zu Leuten, die stark sind und meiner nicht bedürfen. Denen biete ich gern meine Hilfe an. Das ist gar nicht zynisch gemeint, ich meine das dann durchaus ernst. Etwas Hilfe kann ja jeder brauchen. Aber ich muß die Sicherheit haben, daß er auch ohne sie auskommen könnte. Es darf für ihn nicht mehr sein als ein kleines willkommenes Präsent. Er lächelt erfreut, steckt es ein, und die Sache ist erledigt. Irgendeine Hoffnung knüpft sich nicht daran. Ich muß die Gewißheit haben, daß er sich nicht an mich klammern will. Wenn auch nur die leiseste Gefahr, ja auch nur der Verdacht besteht, daß so etwas passieren könnte, ist es aus. Eine persönliche Beziehung ist mir dann nicht mehr möglich. Die Angst, ich könnte ihn nicht mehr loswerden, sitzt mir wie ein Kloß im Halse. Anderer Gefühle bin ich dann nicht mehr fähig. Ich glaube, ich könnte dann ungerührt mitansehen, wie er weiter absinkt. Ich würde nur denken: gut, daß ich nicht an ihm dranhänge wie ein Rettungsschwimmer.

Auch ein Berufsverbot

Ich hatte ihm ausführlich die Geschichte von meinem Berufsverbot erzählt. Vielleicht etwas zu ausführlich. Er sagte lächelnd, er habe auch mal eines bekommen. Ich war ganz Ohr.

Er war Arbeiter. Er war Facharbeiter gewesen, und jetzt erfuhr ich also, daß er links stand. Die große, die klassische Kombination. Das Arbeitsamt habe ihn eines Tages als Hilfsbriefträger vermitteln wollen. Das sei ihm dann doch zu weit gegangen. Er trage keine Briefe aus. Das sei ja lächerlich. Er sei Walzwerker von Beruf und dabei bleibe er auch.

Der Typ vom Arbeitsamt sei aber hartnäckig geblieben und habe sich für seine Idee richtig begeistert. Könne man ja auch verstehen, die hätten ja auch ihre Schwierigkeiten und müßten sich nach oben irgendwie absichern. Da habe er dem Beamten, um sich aus der Affäre zu ziehen, gesagt, daß er nicht sicher auf dem Boden der Verfassung stehe. Daß er aller Wahrscheinlichkeit nach für den öffentlichen Dienst gar nicht tragbar sei.

Der Beamte habe aber gekämpft wie ein Löwe. Zunächst einmal habe er stichhaltige Beweise verlangt, schwarz auf weiß, was auf diesem Gebiet ja ziemlich albern sei. Die Unterschrift für den KBW bei den letzten Wahlen, die doch hundertprozentig irgendwo gespeichert sei, habe der Vermittler glatt vom Tisch gewischt. Erst als er ihm seine Bewunderung für Ulrike Meinhof entgegengehalten habe, sei der Mann zurückgewichen. Schrittweise aber nur, jetzt habe er nämlich versucht, die ganze Sache einfach herunterzuspielen. Briefe seien Briefe und die kämen eben in die Kästen und so weiter und so fort.

Aber dann habe man die Sache doch plötzlich fallenlassen. Er nehme an, nachdem man sich direkt mit der Oberpostdirektion in Verbindung gesetzt habe.

Der Mann ohne Meinung

Wenn ihn jemand nach seiner Meinung über irgendwas fragte, und das kam dann immer seltener vor, sagte er fast immer: darüber könne ja jeder seine eigene Meinung haben. Er wich also aus, aber so blöde, so hölzern, daß es einen schon wütend machen konnte. Er wandte wirklich immer nur diesen billigsten aller Kniffe der bundesdeutschen Konfliktver-

meidung an. Einmal, zweimal mochte es ja hingehen, mochte
es sogar besänftigend wirken auf die streitenden Parteien, die
sich dann vielleicht für einen Moment in dem angenehmen
Pluralismus eines freien Landes aufgehoben fühlten.

Mit der Meinung verhält es sich doch nicht wie mit dem
Geschmack. Es waren auch keine gleichgültigen Fragen,
dann wäre es ja noch verständlich gewesen. Der einzelne Betrieb hat doch heute überhaupt keine andere Wahl als zu ra-
tionalisieren und einen Teil der Leute auf die Straße zu setzen. Was wollen denn die Gewerkschaften dagegen machen?
Aber vielleicht ist das ein schlechtes Beispiel, da es in diesem
Fall ja wirklich sehr schwer ist, sich zu äußern, wenn man
ehrlich ist. Aber es gab doch genug Fragen, bei denen man mit
Fug und Recht hätte erwarten dürfen, daß er Stellung bezog.
Die Japaner waren ein Thema, das uns mehrere Stunden lang
beschäftigte und quälte. Könnten Sie sich vorstellen, so zu leben und zu arbeiten wie ein Japaner? Ich nicht, sagte eine
junge Frau. Wir anderen schwankten temperamentvoll zwischen unserer alten Liebe zur Disziplin und unserem alten
Haß auf die Disziplin. Manche griffen dabei auf die Erfahrungen der 50er Jahre zurück, ein älterer Mann griff sogar
noch weiter zurück. Nur er hielt sich wieder raus. Hatte er
denn die Hosen mittlerweile so gestrichen voll, daß er sich
überhaupt nichts mehr zu sagen traute? Das war es: wir wit-
terten irgendeine tiefsitzende Schwäche, und so etwas reizt
einen ja immer zum Zuschlagen. Oder der Gegensatz zwischen Ökonomie und Ökologie, der für einen Arbeitslosen
doch besonders beunruhigend sein mußte. Nichts. Es gab da
alle möglichen Standpunkte. Die meisten von uns nahmen sogar zwei Standpunkte ein: einmal den, daß es zu dieser Ökonomie absolut keine Alternative gebe, und zweitens, den, daß
es absolut eine geben müsse. Nur er nahm wieder keinen
Standpunkt ein.

Die Gereiztheit um ihn herum wuchs langsam, wenn auch
nicht linear. Einmal stand sein Nebenmann, ein vollsaftiger
Typ, der im Gegensatz zu ihm eine Schwäche für leiden-
schaftliche Dezidiertheiten hatte, polternd auf und setzte sich
anderswo hin. Manchmal schienen sie ihn dann wieder gelten
zu lassen in seiner Art und ihn wieder in ihrer Mitte aufzunehmen. Sehr konsequent waren sie nicht.

Bläßling! Kümmerling! Feigling! Wenn er nicht grüßen
mußte, grüßte er auch nicht. Er kam immer allein zur Schule.
Einmal beschleunigte er den Schritt und schlug sogar einen
Haken, um nicht mit mir zusammen gehen zu müssen. Er
ging eben lieber allein. Sollte er doch. Aber dann sollte er sich
gefälligst auch nicht wundern, wenn er eines schönen Tages
in völliger Einsamkeit verrecken würde wie in Hund. Ich
wünsche es keinem, so zu sterben. Ich war daher überrascht,
als er eines Tages nach dem Unterricht dablieb und mich an-
sprach. Er hatte gewartet, bis alle anderen weg waren. Ob er
mich einmal etwas fragen dürfe? Ob es denn möglich sei, daß
eine Gesellschaft einem gerade Dreißigjährigen wie ihm keine
Arbeit gebe. Komische Frage. Er sah doch, daß es möglich
war. Eine Gesellschaft! Möglicherweise hatte er meine Ausführungen über das Desinteresse der kapitalistischen Pro-
duktionsweise am Menschen noch nicht richtig verdauen
können. Sie schienen ihn nicht erleichtert, sondern bedrückt
zu haben. Er sträubte sich wahrscheinlich dagegen, sie auf
sich selbst anzuwenden. Es fiel im offensichtlich nicht leicht,
das Gesetzmäßige an seinem Einzelschicksal zu erkennen
und zu akzeptieren.

Er wisse, daß er nichts Besonders sei, kein Spitzenkönner,
mehr Durchschnitt, guter Durchschnitt, wie er sagen zu können glaube. Er habe einen Beruf gelernt und die Arbeit habe
ihn immer interessiert. Er könne es einfach nicht begreifen.
Das Seltsame war, daß er mich wirklich nach meiner Meinung
zu fragen schien. Er sah plötzlich aus wie ein ganz junger
Mensch. Man kennt das ja, wenn sie anfangen und einer Sache
auf den Grund gehen wollen.

Beschwichtigungen

Wenn man einem Arbeitslosen sagt, er dürfe sich nur selbst
nicht aufgeben, belügt man ihn womöglich. Es kann ja sein,
daß er tatsächlich für immer draußen ist. Wenn man ihm aber
andrerseits sagt, nicht er, sondern die Gesellschaft sei für
seine Arbeitslosigkeit verantwortlich, ist das geradeso, als

Volle Touren

habe man ihm nichts gesagt. Erstens weiß er das, jeder weiß
es, und zweitens wird er es nie glauben. Es ist eine praktisch
völlig bedeutungslose Wahrheit. Du sagst sie auch immer nur
anderen, nie dir selbst. Es ist eine jener Wahrheiten, die sich
nur für andere eignen. Ich kann nichts mit ihr anfangen, es ist
mir ein Leichtes, sie den anderen zu bringen. Erst bei diesem
Transfer enthüllt sich ihr eigentlicher Wert. Für mich, nicht
für den anderen; der wird sie vermutlich auch gleich weitergeben.

176

Wir haben offiziell den Auftrag, »die individuelle Schuldzuweisung abzubauen«. Mittlerweile kommt mir das wie eine
fromme Lüge vor. Leuten, die sich als Versager fühlen, soll
beigebogen werden, daß sie keine sind. Es ist eine Art humanitärer Gehirnwäsche, denn in gewissem Sinne sind sie Versager. Es gibt andere, die es schaffen, jüngere, gesündere, flexiblere, angepaßtere oder qualifiziertere. Wir tun aus Mitleid
fast so, als stünde die Wirtschaft still. Dabei läuft sie auf vollen Touren. Wir verfälschen unseren Klienten zuliebe einen
ökonomischen Anpassungsprozeß in einen Verfallsprozeß.
Wir zaubern und lassen das Scheitern gewisser Menschen in
einer allgemeinen Katastrophe verschwinden. Wir sagen den
Leuten beruhigend: seid nicht so traurig, es geht ja schließlich
alles kaputt. Das ist aber nicht wahr.

Kaum jemand bringt hier seine persönliche Lage in einen
direkten Zusammenhang mit dem Kapitalismus. Das ist auch
gut so; denn wenn es einer mal tut, macht er sich unmöglich.
Ich muß hier immer an einen jungen Werther denken, der
über sich selbst redete, als sei er die Fleischwerdung der Thesen des Heidelberger Patientenkollektivs.
Das überlassen wir den Gastarbeitern. Das sind Leute, die
noch etwas anderes kennen als Kapitalismus - die einen historischen Abstand zum Kapitalismus haben. Nur solche Leute
scheinen in der Lage zu sein, sich selbst, ohne Scham und
ohne Angst ihre Würde zu verlieren, als Objekt oder Opfer
des Kapitalismus zu bezeichnen.

Notiz über einen alternden Gewerkschaftler

Auf den ersten Blick wirkt er frisch und vital. Aber das ist er
nicht. Wenn er spricht, es mag noch so kämpferisch sein,
fange ich unwillkürlich an zu gähnen. Ich habe diese Reaktion auch schon bei anderen beobachtet. Er steckt jeden, aber
auch jeden neuen Konflikt in eine alte Schablone. Er redet viel
zu flüssig, viel zu perfekt. Er redet immer noch mit Temperament, scheinbar auch noch mit Genuß; aber man spürt, daß es

ihn auch ermüdet. Er wirkt wie ein Mensch, den eine unklare, depressive Langeweile erfaßt, wenn er sich selbst reden hört. Er kann aber - scheint's - nicht aufhören. Die Sehnsucht danach, in eine bodenlose Passivität zu versinken, muß stark sein. Aber das Korsett der Verantwortung hält ihn, das Gestänge der Pflichten, der Aufgaben, der Ämter. Und die Sequenz der bereits erbrachten Leistungen drückt ihn vorwärts. Leistungen müssen immer wiederholt werden, Leistungen geben einen nie frei.

Sophismus

Die meisten von uns versuchen, etwas für die Leute zu tun. Dafür werden wir schließlich ausgebildet, dafür werden wir bezahlt. Kaum einer von uns begnügt sich damit, wenigstens nichts gegen die Leute zu tun. Es ist vielmehr in der Regel so, daß sich der Versuch, etwas für die Leute zu tun, gegen die Leute richtet. Wer sich hingegen lediglich weigert, etwas gegen sie zu tun, wird bald überhaupt nichts mehr tun. Daher sagt sich so mancher: wenn ich es nicht bin, der etwas für die Leute tut, dann ist es ein anderer.

Der Parasit

I

Ob er endlich auch mal etwas sagen dürfe. Jeder dürfe hier offenbar reden, lang und breit, nur er nicht. Und dann fängt er wieder an, die endlose Geschichte seiner vergeblichen Umschulungsbemühungen zu erzählen, bis in das letzte Detail. Er hat das schon mehrmals getan. Das erste Mal hatte man ihm noch aufmerksam zugehört. Einige seiner Erfahrungen waren sozusagen wiedererkannt worden. Sie waren wohl exemplarisch. Er hatte mehrere Jahre lang auf die Möglichkeit einer Umschulung zum Feinmechaniker gewartet, und als sie

178

dann da war, in Tuttlingen, hatte das Konstanzer Arbeitsamt ihn nicht informiert. Möglicherweise, weil es selbst nicht informiert war. Als er eine ihm daraufhin angebotene Ersatzlösung ablehnt, weil sie seinem alten Berufswunsch nicht annähernd entspricht, bestrafen sie ihn mit einer Sperrfrist. Ganz so, als ob sie ihr eigenes Versagen in diesem Fall durch eine besondere Entschiedenheit und Festigkeit vertuschen müßten. Das Willkürliche dieser Vorgehensweise und das Schamlose daran trifft auch die anderen.

Aber als er das dann alles zum zweiten und dritten Mal vorträgt, gehen sie auf Distanz. Dabei redet er nicht schlecht, teilweise redet er sogar ausgezeichnet, er hat Esprit, der Haß inspiriert ihn. Einmal sagt er, er wünsche sich für sich auch einmal so einen Terroristenanwalt. Das sitzt, das kommt noch einmal an: eine Verlassenheit im Dunkeln, die auch in tausend Jahren noch kein politisches Aufsehen erregen wird. Auch rein physisch ist er beeindruckend: ein Hüne von einem Mann, wenn auch gesundheitlich angegriffen von seiner langen Arbeitslosigkeit. Aber es hilft ihm alles nichts mehr: die anderen ziehen sich offensichtlich angewidert von ihm zurück. Er hat die Grenze zwischen Selbstdarstellung und Exhibitionismus überschritten oder sonst irgendeine verdammte Grenze. Das ist die Situation, in der einer von ihnen mich auffordert, den Mann endlich zum Schweigen zu bringen. Mich, den Sozialbetreuer - ihn, den Kollegen, der direkt neben ihm sitzt. Das sei doch ein Fall für den Psychiater.

II

Es gibt in Singen einen Psychiater, vor dem die Arbeitslosen Angst haben. Man sagt mir, er sei selbst nicht ganz normal und früher wohl auch selbst einmal im Irrenhaus gewesen. Heute sei er immer schnell bei der Hand, wenn er jemand anderen dorthin bringen könne. Ansonsten scheint er sich im wesentlichen auf die Therapie der chemisch erzeugten Beruhigung zu beschränken, was mir allerdings ganz normal zu sein scheint. (1981 sind von deutschen Kassenärzten 44,5 Millionen Rezepte für sogenannte Tranquilizer ausgestellt worden. Pro Tag und tausend Einwohner werden mittlerweile schon zwischen 150 und 250 Tagesdosen an solchen Be-

ruhigungsmitteln verbraucht, ›Frankfurter Rundschau‹, 25.
5. 1982.) Ich hätte auch kein Wort über diesen Arzt verloren,
wenn mir nicht ein Dokument in die Hände geraten wäre, das
einen weitaus interessanteren Aspekt seiner ärztlichen Tätigkeit beleuchtet. Bisher hätte man annehmen können, es
handle sich um einen gewöhnlichen Mediziner auf der Jagd
nach Patienten. Hier wird deutlich, daß er außerdem als ein
engagierter Staatsbürger auf der Jagd nach Asozialen, nach
»Ballastexistenzen«, wie man es früher in Deutschland
nannte, betrachtet werden darf. Offenbar schließt das eine:
die Interpretation des seelischen Leidens als Krankheit im
Sinne der traditionellen Medizin, das andere: die Interpretation des seelischen Leidens als Betrug an der Solidargemeinschaft nicht aus. Wir haben hier anscheinend ein gedankliches
Kontinuum mit zwei dicken Enden vor uns: naturwissen-
schaftlicher Krankheitsbegriff und neoliberaler Leistungsbe-
griff. Oder einfacher ausgedrückt: der Arzt jagt die gleichen
Leute zweimal - zuerst als Patienten und dann als Parasiten.
Ich zitiere aus der Klageschrift eines 45jährigen Arbeiters, der
vor dem Sozialgericht um seine Anerkennung als Frühinva-
lide und um eine Rente kämpft: »Übereinstimmend wird
dem Kläger eine Beeinträchtigung im psychischen Bereich
bescheinigt. Mehrere Gutachter empfehlen eine psychiatrische Untersuchung bzw. Behandlung ... Auch Dr. ...
[eben unser Arzt! E. K.] bescheinigt ihm ein depressives Zu-
standsbild. Es ist aber festzuhalten, daß gerade in diesem Bereich der Kläger weder ausreichend behandelt wurde, noch
nach den vorliegenden Indizien ausreichend begutachtet
wurde. Insbesondere hier ist weitere Sachaufklärung gebo-
ten. Offenbar ist der Beklagten durch Bemerkung von
Dr. ... [wieder unser Arzt, E. K.] und Frau Dr. ... der Eindruck entstanden, es handele sich zum einen um einen Aggra-
veur und zum anderen um einen nicht gerade arbeitsamen
Menschen, der als Sozialstaatspezialist sämtliche Möglichkeiten ausschöpfen will.«

III

Die zitierte Klageschrift ist von einem frischgebackenen
Rechtsberater des DBG formuliert worden. Ich möchte sie an

sich nicht kritisieren, sie ist gut durchdacht. Freilich bleibt sie
ganz im Rahmen der vorherrschenden Wissenschaftsgläubigkeit. Sie verteidigt den Arbeiter gegen die Diffamierung,
nicht gegen die Psychiatrisierung. Sie führt vielmehr die Psychiatrisierung gegen die Diffamierung ins Feld. Aber das ist
immerhin etwas. Ich bin gar nicht so sicher, ob dieser Rechts-
sekretär sich in ein paar Jahren, wenn er erfahrener und vielleicht schon ein bißchen mit der AOK verfilzt ist, noch so
eindeutig auf die Seite eines solchen Arbeiters stellen wird.

Nur muß man wissen, was man tut und was es bedeutet, die
Medizin gegen die Mediziner ausspielen zu wollen, die Be-
griffe der Psychiatrie gegen die Politik der Psychiatrie. In irgendeiner Phase des Gerichtsverfahrens wird man sich ja
doch wieder einem Psychiater gegenübersehen. Man versucht also in Wirklichkeit nur, einen Psychiater gegen den anderen Psychiater auszuspielen. Aber abgesehen von der All-
gegenwart und der berufsständischen Komplizenschaft dieser Experten: auch die psychiatrische Diagnostik »an sich«,
die reine Lehre, die Theorie bietet dem Kläger keinerlei siche-
ren Rückhalt.

Einerseits ist nämlich der Begriff des »Aggraveurs«, den unser argloser Gewerkschaftler instinktiv als Vorwurf, Tadel,
als Unterstellung auffaßt und zurückweist, durchaus ein ter-
minus technicus der Psychiatrie. Ich zitiere ein anerkanntes
Handbuch: »Tatsächliche Unfallfolgen werden überbewertet
und fixiert. Die Verstärkung (Aggravation) zielt auf einen
Krankheitsgewinn ab. Diese Tendenz ist nicht immer voll bewußt. Sie ist nicht mit Simulation als der absichtlichen Darstellung und Vorspiegelung nicht vorhandener Sachverhalte
gleichzusetzen.« (Schulte-Tölle, *Psychiatrie*, 4. Auflage 1977,
S. 82) Allerdings fließen mit den Erläuterungen dann doch
wieder so viele Momente des alltäglichen Verhaltens und
Denkens in dieses Krankheitsbild, daß man ganz erschrocken
sein eigenes Konterfei zu erblicken glaubt. Das Krankheitsbild würde auch wahrscheinlich austrocknen, wenn es sich
nicht auf diese Weise mit Blut und Leben vollsöge. »Im ein-
fachsten Fall handelt es sich lediglich um eine Verdeutli-
chungstendenz. Der vom Unfall Betroffene versucht, Arzt
und Umwelt davon zu überzeugen, wie schwer der Unfall ist
und wie sehr er noch unter den Folgen leidet. Diese Verdeut-

lichungstendenz sieht man vor allem, wenn der Patient meint, die Umwelt, insbesondere auch frühere Untersucher, bewerteten die Unfallfolgen nicht ernst genug.« (Schulte-Tölle, a. a. O., S. 82) Wenn das Wörtchen »Tendenz« nicht wäre und der Schatten der »früheren Untersucher« - man würde gar nicht merken, daß es sich hier um Psychiatrie handelt. Man würde denken: es ist ja auch leichter für sie, alles zu verharmlosen. Man würde einfach an die Verharmlosungstendenz der Familie denken. »Häufiger zeigt sich hierbei die Tendenz, eine (höhere) finanzielle Entschädigung in Form von Schmerzensgeld oder Rente zu erzielen. Eine ansehnliche Rente eröffnet die Möglichkeit, leichtere Arbeit anzunehmen oder die Arbeit zeitlich zu begrenzen. Dieses Motiv findet man besonders häufig bei Menschen, die einer unbefriedigenden Berufstätigkeit nachgehen oder die ohnehin schon aus anderen Ursachen versagt haben, die in der Akzentuierung von Unfallfolgen aber eine Möglichkeit sehen, um ihr Versagen medizinisch zu begründen. Bei anderen Patienten findet man eine ausgesprochene hypochondrische Fehlhaltung mit dem Circulus vitiosus: Krankheitsangst - Beschwerden - verstärkte Krankheitsangst. Besonders sensitive Menschen können einen Unfall und seine Folgen so stark als Einbruch in die körperliche Integrität erleben, daß die unbefangene Einstellung den somatischen Funktionen gegenüber für lange Zeit gestört ist. In anderen Fällen sind querulatorische Züge festzustellen. Das Vordringlichste ist hier nicht einmal die Entschädigung, sondern die Wahrung ihres vermeintlichen Rechts dem Unverständnis der Instanzen mit ihren Sachverständigen gegenüber.« (Schulte-Tölle, a. a. O., S. 82 f.) Hier ist ja nun nicht mehr zu übersehen, daß es sich um Psychiatrie handelt. Einen Augenblick lang sieht man vielleicht einen Mann, der genug hat. Aber schon ist die Psychiatrie zur Stelle und stellt fest, daß das nur ein Motiv ist. Wir können verfolgen, wie der Mann jetzt blasser und blasser wird und wie er mit dem Rest seiner Kraft eine ausgewachsene Hypochondrie füttert und mästet. Genau betrachtet hat alles, was der Mensch im Leben tut, einen psychiatrischen Aspekt, besonders, was der Mensch für sich selbst tut, besonders der arbeitende Mensch. Man kann hier schön erkennen, daß das Eintauchen ins Leben der Psychiatrie nicht schadet. Im Gegenteil: sie kommt wieder hoch und scheint vitaler denn je, strotzend vor Selbstsicherheit, vitaler fast als das Leben selbst, das ja dahinzuwelken scheint. Und der Gutachter, eben noch ein wesenloses Gespenst, hat sich mit einem Mal zu einer kompakten Gestalt verdichtet, an der der lebendige Mensch scheitert.

Andrerseits ist aber auch der Begriff der »Rentenneurose«, den der gutgläubige Rechtsberater von der Gewerkschaft an einer anderen Stelle seines Schriftsatzes bemüht oder vielmehr aus einem ärztlichen Gutachten zitiert, nicht das, was er zu sein scheint. Ich gebe zu, er klingt wie der Schlachtruf der medizinischen Aufklärung beim Einmarsch in das uralte Terrain des Armenwesens. Wer eine Neurose hat, kann doch wohl nicht bloß ein fauler Hund sein. Ist es nicht ein Fortschritt, daß man heute auch dem einfachen Arbeiter seine Neurose zugesteht und nicht mehr nur der höheren Tochter?

Aber was für eine! Die Rentenneurose ist gleichsam ein Parvenu in der vornehmen Welt der anerkannten Geisteskrankheiten. Sie hat die Spuren ihrer vulgären Herkunft und ihres allzu schnellen Aufstiegs nie ganz abstreifen können. Noch heute scheint es manchmal, als sei der Titel falsch und als habe sie sich den Adel der Wissenschaftlichkeit irgendwie ergaunert. So lesen wir zum Beispiel in einem psychiatrischen »Lehrtext für Studenten und Ärzte«: »Unfallreaktionen und andere sogenannte Rentenneurosen haben eine große *soziale Bedeutung.* Ähnlich wie strafrechtlich die Freiheit des Unterlassenkönnens in einer bestimmten Tatsituation zu beurteilen ist, geht es im zivilen und Sozialrecht um die Zumutbarkeit eines freien Könnens, des Arbeitenkönnens, in der heute fast ubiquitären Versuchung, durch die sozialen Sicherungssysteme, den Bezug einer Rente, sich der Anstrengung einer regelmäßigen Erwerbstätigkeit zu entziehen. Wie man im Strafrecht erwartet, daß der Mensch gefährlichen Neigungen die Handlung versagt, wird im Regelfall bei den Unfall- und Rentenneurosen verlangt, daß der Betroffene jener Versuchung nicht nachgibt und auch psychisch traumatisierende Erlebnisse (Schreck- und Angstreaktion) überwindet. In der Behandlung und Begutachtung solcher von den tief fundierten Neurosen zu trennenden Zweckreaktionen ist es verfehlt, sie zu fördern und zu fixieren, indem man sie als krankhaft anerkennt und durch die Berentung im konkreten Fall die

Verfestigung eines der Genesung abträglichen Zustandes bewirkt.« (Gerd Huber, *Psychiatrie*, Stuttgart und New York 1974, S. 277) Wenn man dem folgt, dann ist die Rentenneurose im Grunde gar keine Entdeckung der Psychiatrie, sondern eine Erfindung der Patienten. Jedenfalls fordert dieser häßliche Bastard von Krankheit den Pädagogen oder den Sozialpolitiker im modernen Arzt mindestens ebenso stark heraus wie den Mediziner. Die Diagnose bewegt sich hart am Rande der Demaskierung, und die Therapie geht bruchlos über in einen ganz bestimmten Terror.

IV

Historisch verdanken wir die Rentenneurose oder doch ihre Etablierung in der Krankheitslehre der Psychiatrie der Zeit nach dem ersten Weltkrieg. (Sie hat allerdings einen primitiveren Vorläufer gehabt: die »Kriegsneurose«, die ein führender deutscher Psychiater im Jahre 1918 folgendermaßen definiert hat: »Nach Erfahrungen in der Heimat wird die Entstehung der Kriegsneurose allgemein auf den Wunsch, sich den Gefahren des Kriegsdienstes oder den Unbequemlichkeiten des Militärdienstes zu entziehen, zurückgeführt. Man muß die Leute daher gewissermaßen gegen ihren Willen gesund machen, aus Rücksicht auf die Volksgesundheit und das Volksvermögen . . . Die Hauptsache ist, daß den Leuten das Kranksein verleidet wird . . .« Diesen Hinweis verdanke ich Jörg Meyer, *Referat zur Psychiatrie in der Weimarer Republik*, Sommersemester 1982, Universität Konstanz, unveröffentlicht.) Sozialpolitisch hat sich zwischen 1918 und 1933 ein Wandel vollzogen, in dem das moderne Versicherungs und Versorgungssystem mit seinen Rechtsansprüchen sich die ältere Armenfürsorge endgültig untergeordnet hat. Aber es war mehr ein Paradigmen-Wechsel als eine politische Formveränderung. Der neue Sozialstaat als Ideologie ist dem Sozialstaat als Finanzierungssystem weit voraus. In diesem Vakuum, das einerseits vom Sog jenes neuen Modells der sozialen Sicherheit, andererseits vom Widerstand der alten öffentlichen Armut durchwirkt wird, ersteht die Konstruktion

der Rentenneurose. Sie gründet auf den neuen gesetzlichen Ansprüchen und zugleich auf der Unfähigkeit des Staates, diese Ansprüche einzulösen. Ihr gesamtes Erscheinungsbild durchzieht die Spannung zwischen der steilen, kühnen Linie der neuen Sachlichkeit und dem klassischen Bekenntnis zur Sparsamkeit. »Im großen stellt sich die heutige Schulmeinung etwa folgendermaßen dar: Die rentenneurotisch erkrankten Menschen sind vor jenen Anlässen, an die ihre Rentenerkrankungen anknüpfen, in der großen Mehrzahl abwegige Persönlichkeiten gewesen. Die Störungen des Rentenkampfes sind nicht organischer, sondern psychogener Natur. In ihrer Entstehung spielen Begehrungsvorstellungen, zumindestens in der großen Mehrzahl der Fälle, eine entscheidende Rolle ... Jedem nachdenklichen Gutachter werden aber hier und da Zweifel auftauchen, ob die Dinge wirklich so einfach liegen. In der Tat gibt es viele Ärzte, die sich den heute allzu einfachen Gesichtspunkten mit Nachdruck entgegenstellen, dabei allerdings zumeist in eine schiefe Lage geraten, dadurch, daß sie das Gewicht der tatsächlichen oder vermeintlichen Rentenanlässe, insbesondere des objektiven Unfallgeschehnisses und seiner grob organisch greifbaren Folgen verstärken, oder aber dem Unfallerlebnis als solchem eine hohe, die Lebenstüre durchbrechende Bedeutung zumessen.« (R. Meier-Blaauw, *Zur Genese der Rentenneurose*, in: ›Allgemeine Zeitschrift für Psychiatrie‹, Bd. 99, 1933, S. 323 f.)
Bemerkenswert die Verschlingung und Verwirrung der Fronten: das Allerneueste, das Interesse für das Psychische verknüpft sich und verbündet sich mit dem Allerältesten, dem Interesse für das Finanzielle, und das traditionelle ärztliche Interesse am Materiellen, am Physischen, am Körperlichen sieht sich gleich von zwei Seiten in Frage gestellt. Hoffnungslos naiv starren einige in die Vergangenheit: auf die Ursache der Invalidität - andere wiederum in die Zukunft: auf die Rente, während der Schwerpunkt der wissenschaftlichen Aufmerksamkeit sich doch längst auf die Gegenwart verlagert hat: auf den Rentenkampf. Jene Ursache hat es vemutlich nie gegeben, die Rente wird es vermutlich auch nie geben, aber den Kampf, den leidenschaftlichen Kampf in seiner ganzen Aussichtslosigkeit, den gibt es und den wird es vermutlich immer geben.

Tote Masse

Sie nehmen ihr Wissen mit ins Grab. Zurückhaltung und
Vorsicht im Umgang mit dem neugierigen Laien ist ihnen zur
zweiten Natur geworden. Untereinander kennen sie keinerlei
Geheimnisse. Wenn es um Amtshilfe geht, kennen sie keine
Schweigepflicht, und immer schneller lassen sie unsere Daten
kreisen. Aber uns informieren sie nur in Ausnahmefällen
über uns. In diesem Zusammenhang ein kleiner Tip: wenn Sie
von Ihrem Arzt oder Sozialarbeiter wissen wollen, wie es um
Sie steht, bitten Sie einfach einen Fachkollegen Ihres Arztes
bzw. Ihres Sozialarbeiters um eine Referenz. Dann stehen Sie
gleich ganz anders da.
  Aber es ist nicht nur diese Diskretion. Dahinter ist vielleicht gar nichts. Diese Leute tun vielleicht nur noch so, als
hätten sie wer weiß was zu verbergen. Möglicherweise ist es
ein reines Affentheater. Hinter der Fassade von Wichtigtue-
rei werden die Bewegungen des Denkens immer langsamer.
Schließlich stirbt der Geist. Er erlischt unter der toten Masse
der Informationen. Nehmen Sie einen Arbeitsrichter. Jeden
Tag schaut er tief in das soziale Leben, so tief, wie kaum ein
anderer sonst. Und das über Jahre, Jahrzehnte vielleicht,
wenn ihn die Beförderung nicht zu schnell nach oben reißt.
Aber er redet nicht darüber. Er schreibt auch nicht darüber.
Der einzige Output des Richters ist das Urteil. Auf diese
Weise verklumpt sich das täglich angesammelte Erfahrungs-
wissen allmählich zu einem massiven Klotz, der sich nicht
mehr bewegen läßt.

Maxime

Wenn schon nicht im Leben, dann wenigstens im Schreiben
anknüpfen an den Materialismus der Frauen. Nicht gerade an
den »schmutzigen Materialismus« der Hausfrauen, den Si-
mone de Beauvoir in *Das andere Geschlecht* analysiert hat,
aber doch an den Respekt, den die meisten Frauen, die ich
kenne, vor den facts of life zu haben scheinen. Das heißt vor

186

allem: Grenzen anerkennen, nicht zu viel verlangen, nicht
von sich, nicht von den anderen. Das Versagen nicht vertuschen, es aber auch nicht dramatisieren. Sich nicht selbst zerfleischen, auch niemand anderen zerfleischen. Und das
Schwerste: die ewige Sorge um das Überleben nicht verachten, auch wenn das in Deutschland, das immer versucht hat,
auf Kosten aller anderen zu überleben und das sogar seine
Massenmorde an anderen Völkern ausgezeichnet überstan-
den hat, fast unmöglich ist.

Confessiones

Es ist mir nicht selten ergangen wie dem Autofahrer, der hell-
wach und tadellos konzentriert auf grün wartet, der dann
aber doch eine Zehntelsekunde zu langsam startet und der
sich daraufhin bei seinem Hintermann für das Hupsignal be-
dankt, als sei es eine Aufmerksamkeit. Das sind deutsche Reflexe. Angstreaktionen vermutlich: der andere ist im Recht,
denn die Ampel ist grün, also friß deine Wut über den Blöd-
mann in dich hinein, alles natürlich blitzschnell, und zeige
dem anderen, daß du selbstverständlich weißt, daß er im
Recht ist. Dann schrumpft der Abstand zwischen dir und
ihm. Dann bist auch du wieder ein bißchen im Recht, dann
seid ihr wieder beide im Recht, wenn auch eine kleine Verlegenheit, eine kleine Verstörtheit bleibt, eine Zeitlang.
Und zwar auch in ernsteren Situationen. Ich kenne Uni-
versitätsprofessoren, angesehene Fachgelehrte an sich, die in
einem Staatsexamen den Kandidaten immer sofort fallenlassen, wenn der Prüfungsvorsitzende das wissenschaftliche Niveau der Prüfung anzweifelt. Auch wenn der Gelehrte weiß,
daß der Vorsitzende vielleicht seit Jahren kein Buch mehr gesehen hat. Das hat damit gar nichts zu tun. Es ist einfach das
unwiderstehliche Bedürfnis, zu dem hinzulaufen, der gerade
die Wissenschaft am höchsten hält. Das sind Reflexe von einer geradezu Pawlowschen Automatik. Ich kenne Gewerkschaftler, überzeugte, engagierte Leute an sich, die in jede

187

Kritik am Sozialstaat einflechten, daß »es auch auf unserer Seite natürlich Leute gibt, die das soziale Netz mißbrauchen«. Oder richtiger gesagt: ich kenne keinen einzigen Gewerkschaftsfunktionär, der es nicht täte. Ich glaube nicht, daß das etwas damit zu tun hat, daß es auch auf unserer Seite solche Leute gibt. Das wird ein echter Gewerkschaftler immer relativieren oder entschuldigen oder verschweigen. Es ist vielmehr ein mechanischer Kniefall vor dem Konsens, vor der öffentlichen Meinung, die bei uns unendlich viel stärker ist als irgendein Klassenbewußtsein.

Ich wollte hier zuerst schreiben: es ist als sei man das Sprachrohr, das Sprechwerkzeug einer höheren Macht. Aber das wäre eine Gedankenlosigkeit. Es ist vielmehr ein tiefes, süßes Vergnügen, von den Ohnmächtigen zu den Mächtigen zu laufen und mit den Mächtigen zu reden, in ihrer Sprache, über die Ohnmächtigen. Du meinst, du läufst in die Sonne. Zu einem Richter hinlaufen und ihm die Hand drücken - nicht küssen, das wenigstens nicht - und auch erst nach der Verhandlung, ihm, der gerade wieder einen Arbeitnehmer mit einer miesen Abfindung abgespeist hat: das ist zum Beispiel gar nichts. Das war im Arbeitsgericht Radolfzell. Ich lehne die arbeitsrechtliche Vermittlungsstrategie dieses Juristen ab, da sie den gesetzlichen Kündigungsschutz aushöhlt. Ich mißtraue auch seiner persönlichen Art, er moralisiert mir zuviel. Es nutzt mir aber alles nichts, ich muß zu ihm hin und muß mich bei ihm für alles bedanken, auch im Namen der Arbeitslosen, auch für die Erlaubnis zu Informationszwecken an der Verhandlung teilnehmen zu dürfen. Dabei sind diese Verhandlungen öffentlich. Dabei waren die Arbeitslosen gar nicht dankbar. Eine von ihnen hat dem Arbeitsrichter sogar öffentlich im Gerichtssaal gesagt, dieses Urteil sei seiner Meinung nach ein glatter Rechtsbruch. Ich bin ehrlich zusammengezuckt. Ich habe aufgeatmet, als diese Urteilsschelte aus dem Publikum vorbei war. Die Sternstunden der Demokratie sind mir offenbar eher peinlich. Es ist traurig. Es ist aber wahrscheinlich sinnlos, sich wegen solcher Perversionen moralisch anzuklagen. Es sitzt zu tief, man kriegt es nicht weg, es ist hoffnungslos, man muß damit leben. Es ist ja auch eine Unterwürfigkeit, die die Auflehnung nicht absolut ausschließt. Sie geht tief, aber sie ist nicht total.

188

Und vieles bleibt sowieso privat, ein heimlicher Schwächean-
fall, der sich nicht auf dein Verhalten auswirkt.

Blut und Tränen und Schadenfreude

Ich kannte ihn schon lange. Befreundet waren wir zwar nicht
gerade. Aber ich war immerhin einmal in einer Sommernacht
mit seiner damaligen Freundin in den See hineingetanzt. Bis
das Wasser ihre Brüste berührt hatte. Vollmond wahrscheinlich; wie ich mich kenne, hatte er sich wie der Lampion eines
göttlichen Festes auf die Fläche des Sees gesenkt, oder Föhn
oder beides, und es war ja auch seine Freundin. Mit ihm selbst
war ich nie richtig warm geworden. Wir waren uns öfters auf
den verschiedenen Treppen der Universität begegnet und
hatten uns dann jedesmal in hastigen, in zumindest gedräng-
ten Worten darüber informiert, wie schwer es heute für einen
echten Linken sei, irgendwo noch unterzukommen. Unsere
beiden schwierigen Biographien hatten sich dann für einen
Augenblick berührt. Ein paarmal hatten wir geradezu anein-
ander festgehangen und waren dann, wenn es vorbei war, mit
Energie auseinandergelaufen. Beim Abschied hatten wir uns
jedesmal über die schon wieder zunehmende Distanz hinweg
zugerufen, daß wir uns bald einmal richtig zusammensetzen
müßten. Aber wir hatten nie einen Termin ausmachen können.
Jetzt trafen wir uns wieder unter vollständigen veränderten
Umständen. Was ihn betraf, so war er meines Wissens schon
an der Universität eindeutig gewerkschaftsorientiert gewesen. Es lag daher nichts Unnatürliches oder Befremdliches
darin, daß die Gewerkschaft ihn inzwischen angestellt hatte.
Obwohl er links stand und an den realen Sozialismus glaubte,
wie man wenigstens hörte. Bei mir lagen die Dinge weniger
glücklich. Mal ganz pauschal gesagt, seit der Enttäuschung
über China hatte ich überhaupt nicht mehr genau gewußt, wo
ich stand. Der örtlichen Arbeiterbewegung hatte ich sowieso
immer ferngestanden. So etwas geht einem natürlich nach.
Man fühlt sich ein bißchen, wie soll ich sagen, verlumpt viel-

leicht?, wenn man dann eines Tages doch an gewisse Türen klopft. Dabei vergibt man sich doch sicher nichts, wenn man bei einem dieser mächtigen Apparate um Arbeit nachsucht. Aber es bleibt trotzdem ein Rest von Unbehagen, eine leise nagende Unsicherheit. Ich nehme an, weil es sich ja in diesem Fall um die Arbeiterbewegung handelt.

Aber ich übertreibe. Ich male zu schwarz. Direkt illoyal war ich nun auch wieder nicht gewesen. Immerhin hatte ich Anfang der siebziger Jahre eine Zeitlang der Betriebsgruppe der ÖTV an der Universität angehört. Wir sind damals für eine offensive Tarifpolitik eingetreten, gegen die spalterischen Prozentforderungen hauptsächlich - auch gegen die örtliche Arbeiterbewegung, wenn es sein mußte. Aber einige von uns haben das nicht durchgehalten, das ist richtig. Vielleicht weil wir an nebensächlichen Einzelerscheinungen kleben geblieben sind, z. B. an der außerordentlichen Höhe unseres Gehalts als Wissenschaftler. Er erschien uns einfach absurd, daß Leute mit einem Monatseinkommen von 3- bis 4000. — DM in diesen mühseligen Tarifrunden an vorderster Front kämpften. Man hat alles versucht, uns unseren Status als hundsordinäre Arbeitnehmer oder Lohnabhängige einsichtig zu machen. Vergeblich.

Dann noch etwas Gravierendes: wir hatten damals keine Ahnung davon, was gewerkschaftliche Solidarität ist. Wir waren zügellos und preschten dauernd vor. Wie ein alter Bekannter von mir, der auf einer Gewerkschaftsversammlung zur Tarifrunde die Interessen der Schlechtverdienenden so hartnäckig, so ernsthaft verteidigte, daß man ihn von der Polizei aus dem Saal tragen lassen mußte. Der Mann hat damals die leitenden Herren zu tragischen Handlungen getrieben. Die Frage stand so: Entweder sind wir eine Gemeinschaft oder wir lassen den ausreden. Ich habe mich damals davon schwer verbittern lassen. Was hatten wir uns dabei eigentlich gedacht? Wir selbst haben heute große Mühe, es zu rekonstruieren. Wir dachten damals allen Ernstes: wenn wir schon so schandbar viel Geld verdienten, müßten wir wenigstens die Wahrheit sagen in der Gewerkschaft. Darin liegt schon der Keim der Gewerkschaftsschädigung.

Er war aber fair. Und ich war butterweich. Ich habe immer mit einer hochquellenden Rührseligkeit zu kämpfen, wenn

190

mich jemand fair behandelt. Ich hatte das Gefühl, er wolle mir eine Chance geben. Vielleicht suchte er Unterstützung. Es war seine erste Stelle. Wahrscheinlich war er schockiert von der tiefen Schwäche der Gewerkschaft, die er auf der Universität für ein mächtiges Imperium gehalten haben mochte. Außerhalb der paar Großbetriebe zählt die Gewerkschaft wenig oder nichts in dieser Region. Zudem war er in einer Klitsche gelandet, wie er sich später, als er schon entschlossen war, mich wieder loszuwerden, einmal ausdrückte. In offiziellen Schreiben an große Firmen oder staatliche Stellen sagte er immer »unser Haus«: es waren immer die Lehrkräfte, die Mittel, die Räume »unseres Hauses«. Aber in Wirklichkeit ist das Berufsfortbildungswerk im Unterschied zu anderen DGB-Firmen eine Klitsche. So redete er damals natürlich noch nicht mit mir. Aber ich witterte sofort die Enttäuschung und die Verängstigung hinter seinem Elan. Er sah mich so prüfend an. Aber man kann den Leuten nun einmal nicht in die Seele schauen. Ich tat mein Bestes, um undurchdringlich zu bleiben. Ich glaube, er suchte in meinen Zügen nach einem Beweis für meine Vertrauenswürdigkeit. Wenn es auch nur ein klitzekleiner wäre. Er wirkte wie jemand, der sich vorgenommen hat zu glauben, es aber nicht kann. Ich meinerseits sah ihm immer wieder lieb in die Augen, um ihn zu beruhigen, rein instinktiv. Aber wenn das Mißtrauen einmal da ist, wächst und gedeiht es bekanntlich unter unseren Bemühungen, es einzuschläfern. Es war wie verhext.

Er hatte sich aber - scheint's - schon vorher entschieden, mich zu engagieren. Er kannte meine Situation, ich hatte sie ihm ein paarmal nachdrücklich in Erinnerung gebracht: längere Zeit arbeitslos, Familie. Es wird schon auch ein bißchen Erpressung im Spiel gewesen sein. Aber den Ausschlag hat sein Bedürfnis nach einem Kameraden gegeben, da bin ich mir ziemlich sicher. Ich hatte zwar etwas durchaus Unzuverlässiges an mir, aber ich kam immerhin aus dem gleichen akademischen Milieu, aus dem gleichen Stall. Ich war höchstwahrscheinlich immer noch ein Chaot, aber ich war auch ein Bote aus der Jugendzeit. In der Not frißt der Teufel Fliegen. In der Gewerkschaft ist es kalt, auch für Karrieristen. Sie machen es kalt dort und sie haben es kalt dort. Kurz, über unseren einführenden Gesprächen lag ein Hauch von Nostalgie.

Er wollte in diesem Moment nicht allzu viel auf mich einreden. Ich würde schon selber sehen. Es sei aber ein Job, in dem ich es todsicher mit »Blut und Tränen« zu tun bekommen werde. Ich fand die Formulierung etwas deplaziert. Er lachte und sah richtig rachelüstern dabei aus. Es schien ihm Vergnügen zu bereiten, mich im Geiste durch ein Meer von Leid waten zu lassen, ganz aufgelöst und beschmutzt von oben bis unten womöglich. Er fand aber schnell zu einer mehr gewerkschaftlichen und sozialpolitischen Sprache zurück. Es bedürfe hier eines Mannes von wirklichem sozialen Engagement. Ich müsse wissen, es seien in der Hauptsache sogenannte Langzeitarbeitslose, mit denen ich zu arbeiten haben würde. Diese Menschen seien natürlich nicht selten schwer angeschlagen, körperlich, aber primär psychisch. Unser Hauptproblem sei die tiefe Apathie vieler dieser Menschen. Von mir als sozialpädagogischem Betreuer werde erwartet, daß ich um jeden einzelnen dieser Menschen kämpfe. Er könne sich zum Beispiel gut vorstellen, daß ich mir frühmorgens kurzentschlossen den Wagen schnappen und zu einem, der im Kurs fehle, hinausfahren würde - und sei es bis an das Ende der Stadt. Ich habe ihn dies später gegenüber Dritten noch zwei- oder dreimal wiederholen hören, wenn es um eine knappe, aber plastische Erläuterung meiner Tätigkeit ging. Der Gedanke, daß da ein ebenso guter wie mobiler Hirte möglicherweise in überhöhtem Tempo quer durch die Stadt fährt, um so ein verlorenes Schaf aufzustöbern, mußte sich bei ihm festgesetzt haben.

Nur eines müsse er schon jetzt ganz unmißverständlich klarstellen: »keine Politik«. Das Wort fiel wie ein kleines Beil zwischen uns. Er sitze sowieso schon auf einem »Schleudersitz«. Ich sei ja nicht der erste Linke, den er von der Straße geholt und hier untergebracht habe. Wenn das auffliege, sei er am Ende, bevor er noch recht begonnen habe.

Er wollte mir also die Bürgerrechte nehmen. Ich behaupte nicht, daß ihm das bewußt war. Ich glaube eher, er ist einer von denen, die Sozialisten werden, bevor sie Demokraten gewesen sind. Ein Turmbau von Strategie über einer politischen Moral aus Sand. Es ist ja auch in der Bundesrepublik heute leichter, für die Arbeiterklasse einzutreten als für sich selbst. Im ersteren Fall ist man ja weit vom Schuß, auf den fernen

192

Höhen der Weltgeschichte. Mir ist jedenfalls jeder Intellektuelle suspekt, dem die Revolutionierung der gesamten Gesellschaft wichtiger ist als die Freiheit des Wortes.

Er war glücklich hineingeschmuggelt worden. Vielleicht wollte er diesem etwas schäbigen persönlichen Erfolg einen überpersönlichen Sinn geben. Das konnte es doch nicht schon gewesen sein, daß da irgendeiner irgendwo hineingekrochen war.

Epilog

Man kann über diese Dinge im Grunde kein Buch schreiben. Sie sind zu sehr im Fluß. Es ist zum Verzweifeln: man formt etwas und man färbt etwas und im nächsten Moment droht es einem unter den Händen zu zerfließen. Oder es changiert doch chamäleonartig. Ich habe soeben erfahren, daß mein Chef nun auch gefeuert worden ist. Es hat ihm also alles nichts genützt. Er hat mich gefeuert, das wollte ich eigentlich aus dramaturgischen Gründen erst später darstellen. Es hätte die Krise werden sollen. Jetzt ist er selber dran, und diese Neuigkeit erreicht mich mitten in der Arbeit an der Exposition.

Meine Genugtuung ist tief. Er hatte mich hinausgeschmissen aus Angst vor Konflikten, aus Angst vor seinen Vorgesetzten. Jetzt steht er selber auf der Straße, das ist schon überwältigend. Es gibt keine Gerechtigkeit auf der Welt, das will ich denn doch nicht behaupten in meiner Ausgelassenheit. Aber es gibt das Theater. Es gibt das Welttheater. Es ist eine Komödie, und sie ebnet für den Moment alles ein.

Zuerst hieß es, der Mann sei ein Opfer politischer Verfolgung geworden. Er sei wegen seines Engagements in der Friedensbewegung entlassen worden. Ich muß sagen, das wäre mir widerlich gewesen. Wenn sich diese Version bewahrheitet hätte, hätte ich nicht mehr gewußt, was ich nun empfinden soll: Solidarität oder Schadenfreude. Er hatte mir einen Maulkorb anlegen wollen, jetzt hatten sie ihm selber einen verpaßt. Es wäre das reinste double bind gewesen. Ach Leute, es ist am besten, ihr laßt den Vorhang fallen und packt eure Sachen. Ihr seid entlassen. Aber so war es nun doch nicht. Nach meinen jetzigen Informationen war es eine Mischung: man habe ihm gewisse finanzielle Unregelmäßigkeiten nachgewiesen; er habe zweitens den Betriebsrat ausgeschaltet; schließlich sei er nicht gut mit dem örtlichen Arbeitsamt ausgekommen, was in meinen Augen schon wieder fast für ihn spricht.

Nach Kanada und weiter

Wir waren Feinde, und zwar kleinliche, hinterhältige. Aber das habe ich schon fast vergessen. Wenn ich an den Mann denke, läuft bei mir so etwas wie ein Film ab mit Bildern von eigenartiger Schönheit. Ich sehe ihn dann in großer Höhe an der gläsernen Fassade eines Hochhauses kleben - ganz weit weg, zierlich wie ein Mauersegler. Es ist irgendwo in Kanada, und die utopische Ausstrahlung dieses Landes bricht sich, spiegelt sich in tausend blauen Fenstern.

Er ist wirklich in Kanada gewesen. Als junger Mann, das hat er jedenfalls den Leuten erzählt, hat er dort als Fensterputzer gearbeitet. Das muß so etwas wie das kanadische Gegenstück des amerikanischen Tellerwäschers sein: die unterste Sprosse der Leiter, obschon in diesem Fall die oberste, aber frei von Schmach, frei von Scham, frei auch von der finsteren Aura des Schicksals, die der Europäer überall spürt. Du hast noch gar kein Schicksal, es liegt noch vor dir.

Das lag jetzt freilich schon fast zwei Jahrzehnte zurück. Er war inzwischen nach Europa zurückgekehrt. Er war Gewerbeschullehrer geworden. Aber er scheint Kanada und die Einsamkeit jenes jungen Mannes zwischen Himmel und Erde nie ganz vergessen zu haben. Nichts gegen Kanada, aber das liegt, glaube ich, wirklich weniger an Kanada als an der DDR, wo er vorher war, wo er nämlich aufgewachsen ist, und an der BRD, wo er nachher war, wo er dann Beamter geworden ist. Schon allein aus der DDR und schon allein aus der BRD sehnt man sich ja nach Kanada, um wie viel mehr dann aus dem geteilten Deutschland in seiner Ganzheit. Vielleicht bleibt für einen, der aus der DDR kommt, Kanada sowieso immer Kanada, egal was er dort erlebt und wenn er zehn Jahre und mehr dort arbeitet. Und vielleicht sieht für einen, der aus der DDR über Kanada in die Bundesrepublik kommt, sogar die Bundesrepublik ein bißchen aus wie Kanada - selbst wenn er gar nicht in Kanada war, sondern alles nur geträumt hat.

Ich bringe seine Härte mit diesem träumerischen Zug in Verbindung. Irgend jemand hat mir gesagt, daß er manchmal seine freie Zeit opfere, um schwächere Schüler auf die Prüfung vorzubereiten, und zwar ohne Geld dafür zu nehmen. Dann war er also hart gegen sich selbst, wenn es Junge waren, die, noch ohne eigene Weltkenntnis, seiner Vorstellung von Leistung und Erfolg vertrauten und ihm selbst, der vielleicht schon manchmal daran zweifelte, die alte traumtänzerische Sicherheit zurückgaben. Aber wenn es keine Jungen waren, sondern Alte wie in diesem Fall, dann konnte er auch sehr wohl hart gegen andere sein. Er verliert dann offensichtlich die Achtung vor einem Menschen. Er hat diese Arbeitslosen mir gegenüber als »Schrott« bezeichnet, und ich habe zuerst nicht begriffen, wie er das meinte. Ich dachte, er sei einer jener mitleidlosen Technikfetischisten, wie man sie im gewerblichen Teil der höheren Bildung nicht selten antrifft. Aber das war er nicht. Er war nicht gefühlskalt. Er hat mir mehrmals gesagt, die Leute strengten sich zum großen Teil sehr an, schafften es aber nicht. Es sei eine Schande, sie in diese Situation zu bringen. Es sei eben menschlicher Schrott. Heute ist mir klar, daß er von seinem Traum redete. Er sah in diesen Menschen Trümmerstücke seines Traumes, und wenn er sie Schrott nannte, dann war das eher ein Versuch der Verharmlosung: Schrott, das sind kleine Haufen, keine Landschaften, Schrott gibt es immer, überall, eine gewisse Quote von Ausschuß, auch in der besten aller möglichen Welten.

Sein Fach war Fachrechnen. In der Alltäglichkeit des Unterrichts wird der Idealist zum Unterdrücker. Warum ist er nicht bei seiner Ansicht geblieben, daß sie der letzte Schrott waren? Das wäre vielleicht besser gewesen. Aber es wäre nicht anständig gewesen. Jetzt ist er ganz Lehrer, Pädagoge, nur sind sie keine Knaben, sie sind auch keine Schüler, sie sind zum Teil älter als er und haben auf jeden Fall mehr vom Leben gesehen als der Ex-Fensterputzer. Was ihm mitten im

Unterricht einer von ihnen auch einmal ins Gesicht geschrien hat, worauf er ihn aus dem Unterricht entfernt hat. Hat er vielleicht gedacht: ich werde dafür bezahlt, ich darf sie nicht einfach aufgeben, es wäre nicht korrekt? Oder hat er sich gedacht: ich habe immer versucht, ein guter Lehrer zu sein, was bin ich denn noch, wenn ich das nicht mehr bin? Oder ist er vielleicht einfach von der Großzügigkeit und der Sentimentalität seines eigenen Traums überwältigt worden? Schließlich fürchten sie ihn. Er geht viel zu schnell vor, er wiederholt den Stoff nicht genügend. Aber vor allem kann er ihnen nicht erklären, was ihnen das alles bringen soll. Sie verstehen nicht, wie es ihre Chancen, wieder in Arbeit zu kommen, auch nur im geringsten verbessern könnte. Das ist für sie eine Belastung ohne Sinn, eine Schikane. Die meisten von ihnen hatten sich eine praktische Grundausbildung in einer industriellen Technik erhofft, einen Lehrgang im Schweißen etwa, und begreifen jetzt die Kopflastigkeit des ganzen Kurses nicht. Sie ist auch nicht zu begreifen, sie hat ihren Grund nämlich nicht in irgendeinem Ausbildungsplan, sondern im Mangel an Übungswerkstätten. Einige hassen ihn wegen dieser Undurchsichtigkeit und Ungereimtheit des Kurskonzepts, die er nicht allein zu verantworten hat, die er aber mit aller Macht zu verkleistern sucht. Er belügt sie praktisch. Er ist unsicher,

Heimat mit Hohentwiel

196

aber er tritt auf wie ein großer Meister. Einige verachten ihn deswegen. Man sollte eben nicht versuchen, die Leute zu motivieren, wenn man ihnen keine reale Perspektive eröffnen kann. Und man sollte auch nicht versuchen, jemanden zu erziehen, der schon erzogen ist. »Mich hat das Leben erzogen, aber doch nicht dieser Wichser«, so hat es ein vierzigjähriger Metallarbeiter ausgedrückt, der ebenfalls aus der DDR kam und der zu allem Überfluß auch noch viele Jahre lang zur See gefahren und dabei entschieden weiter als nur bis Kanada gekommen war.

Retardiert

Er war wirklich langsam, kein Zweifel. Ich habe mich nachher gefragt, warum ich nicht einfach gesagt habe, er sei nun mal langsam. Der eine sei eben schneller, der andere langsamer. Aber daran habe ich überhaupt nicht gedacht. Darauf bin ich gar nicht gekommen. Gesagt hätte ich es ihm schon, die Kraft dazu hätte ich schon gehabt. Annullieren lasse ich mich nämlich nicht. Wenn ich einen Gedanken habe, sage ich ihn auch. Aber wie gesagt, ich hatte keinen.

Ich möchte dafür die Gesellschaft verantwortlich machen. Man hat mir seit frühester Jugend eingeprägt, daß der Mensch ein Produkt seiner Umwelt sei. Wen wundert es da noch, daß mir der Gedanke an angeborene Tempi und Toleranzen fremd und unfaßbar geblieben ist. Ich habe den Menschen zeit meines Lebens als eine Art Weichguß betrachtet, der nie ganz hart wird. Heute stehe ich hilflos vor der natürlichen Sprödigkeit des Menschen, die viele von ihnen bereits in jungen Jahren zerspringen läßt.

Vielleicht ist auch das Bedürfnis nach einer Verlangsamung des Tempos im Laufe unseres Jahrhunderts so tief geworden, daß man nicht mehr daran zu rühren wagt. Wir haben vielleicht Angst, wir bleiben ganz stehen. Es handelte sich um einen kleinen Metallbetrieb, Metallverarbeitung und Montage, der, glaube ich, hauptsächlich von Aufträgen der Alu lebt. Ich war auch in der Alu, das ist eine Welt für sich, ein Staat im

Staate fast, der ohne weiteres auch einen Sozialarbeiter ver-
kraftet. Kleine Metallbetriebe können das nicht. Die Büros
sind klein und leicht und kleben wie die Schwalbennester an
den Werkhallen. Man fühlt sich irgendwie als Fremdkörper
und fängt unwillkürlich an zu laufen. Ich hatte mich kaum
vorgestellt, da sagt jemand: der Mann sei ja furchtbar langsam. Immer zwei, drei Handgriffe im Zeitlupentempo, dann
wieder ein Zigarettchen, dann wieder zwei, drei Handgriffe.
Den würden sie hier sofort rausschmeißen, wenn der hier ar-
beitete. Es war ein junger Mann, Mitte zwanzig, in Straßen-
kleidung. Er hatte wohl gerade frei. Vielleicht hatte er nach
der Schicht ein bißchen geschlafen und war dann wie von
selbst wieder in den Betrieb geschlendert. Vielleicht hatte er
auch Urlaub.

Der Arbeiter hatte gesprochen oder der Vorarbeiter, ich
hoffe, er war Vorarbeiter. Verstehen Sie jetzt? Wenn der
deutsche Arbeiter so spricht, dann hilft kein Appell an die
Menschlichkeit. Dann müssen Sie ihm schon etwas Härteres
entgegenstellen, sonst bricht er durch.

Ich fand meinen Mann dann in einer Ecke des Betriebs mit
dem Anstreichen eines Metallgitters beschäftigt. Sie hatten
ihn also bereits aus der Werkstatt herausgenommen. Das war
gegen die Abmachung. Sie bekamen vom Arbeitsamt Geld
dafür, ihm etwas beizubringen. Aber ihr guter Wille hatte
sich wohl schon nach den ersten Tagen zerrieben an seiner
konstitutionellen Langsamkeit. Er lächelte, als er mich kommen sah. Von seinem Gesicht ist mir besonders der extrem
kleine Mund im Gedächtnis geblieben. Ich dachte, der ist
auch zurückgeblieben, ein Kindermund wie eine Kirsche. Er
sagte, gut, es gehe ihm gut. Aber wo denn der andere geblieben sei? Seines Wissens seien doch zwei Mann auf diesen Posten abkommandiert worden.

Luftaufnahmen

Mir wird allmählich bewußt, daß die seit einiger Zeit in Mode
gekommenen Hypothesen von der untergründigen Legitimi-

tätskrise in der Bundesrepublik leichtfertig und oberflächlich sind. Das rührt möglicherweise daher, daß man sich als vielfältig privilegierter Intellektueller nicht ohne weiteres vorstellen kann, welche Beunruhigung der Verlust bestimmter bisher fraglos akzeptierter Werte mit sich bringen kann. Dabei ist gar nicht in erster Linie an politische Desillusionierung zu denken, das läßt sich verkraften. Der Glaube war hier eh nie besonders stark. Was sich dagegen nur schwer oder überhaupt nicht verkraften läßt, ist die Infragestellung jener praktischen Ideologien, die der Alltagsexistenz Halt und Sinn geben. Sie kreisen alle um die Arbeit und in der Arbeitslosigkeit entfalten sie ihre Kraft erst recht. Der schlimme Verdacht jener praktischen Anhänger vom Wertzerfall, die in den Arbeitsämtern sitzen und sich dort von einem Heer zynischer »Sozialstaatsexperten« belagert glauben, hängt in der Luft.

Das ist jedenfalls die wichtigste Erfahrung, die ich in einem sechsmonatigen Praktikum (Dezember 1980 bis Juni 1981) als Lehrer und »sozialpädagogischer Betreuer« von Arbeitslosen gemacht habe. Mein Arbeitgeber war das Berufsfortbildungswerk des DGB, das in Konkurrenz mit anderen Trägern (Industrie- und Handelskammer, Handwerkskammern, Volkshochschulen, privaten Unternehmen auf dem Markt für Fortbildung) und im Auftrag der Arbeitsämter Fortbildungsmaßnahmen durchführt. Eine schmale Zeitspanne, man geniert sich fast (das »entscheidende psychologische Material« der berühmten Studie über die Arbeitslosen von Marienthal ist freilich in sechs Wochen zusammengetragen worden. Vgl. M. Jahoda u. a., *Die Arbeitslosen von Marienthal*, Frankfurt am Main, 1980, S. 9 und 30 f.), aber ich habe in dieser Zeit mit sehr vielen Leuten gesprochen: nicht nur mit Arbeitslosen sondern auch mit Beamten des Arbeitsamtes, des Sozialamts, der Krankenkasse, mit Sozialarbeitern, Kirchenfunktionären, Gewerkschaftsfunktionären, Betriebsräten, Personalchefs (allerdings habe ich oft den Eindruck gehabt, daß die Arbeitslosigkeit, die Arbeitslosigkeit der anderen, sie alle auf das engste zusammenschweißt).

Ich empfinde ein neues Mißtrauen gegenüber jenen Luftaufnahmen des Legitimitätszerfalls in der Bundesrepublik. Aus dieser Höhe entgeht einem zumindest, daß die Erschütterung von fundamentalen Werten die ganze Person erschüttern und zerstören kann. Weiter unten begreift das jeder, und wer diese Trümmerfelder sieht, wird in der Regel hoffen, daß sein Haus verschont bleibe. »Eines steht fest: wer Arbeit will, kriegt auch Arbeit.« Das ist, wenn es ein Arbeiter und nicht ein Topmanager sagt, die absurde Bekräftigung des Wertes im Moment seiner Demolierung durch die Fakten. Der Topmanager braucht sich da nur anzuschließen. Auch wenn *diese* Aussage dann eine ganz andere ist und der Arbeiter das auch weiß, kann er doch wenig dagegensetzen. Zwar haben die Arbeitslosen, die ich kennengelernt habe, nie so geredet. Das wäre ja auch Masochismus. Aber sie lassen sich fast alle von solchen Wertungen unter einen unerhörten Druck setzen. Besonders wenn sie nicht von oben, sondern von der Seite kommen. Die Diffamierungen eines Grafen Lambsdorff kann man ertragen, die entwürdigende Behandlung durch das Arbeitsamt zur Not auch noch. Aber was ist mit den substanzlosen und unfairen Vorwürfen der eigenen Ehefrau?

Sie sezieren erbittert die Vorurteile ihrer Umgebung, und im gleichen Atemzug grenzen sie sich von irgendwelchen anderen ab, die nun angeblich wirklich nichts taugen. Sie sind weder ganz draußen noch ganz drinnen, und ich weiß nicht, wie man eine derartige Zwiespältigkeit oder Zerrissenheit lange ertragen kann. Wie lange kann man ein System basismäßig bejahen, das einen ausstößt? Wie lange funktioniert die Ausgrenzung der anderen mitten in der Ausgrenzung durch die anderen? Ich habe große Unterschiede in der individuellen Verarbeitung der Arbeitslosigkeit beobachtet: vor allem eine scharfe Spannung zwischen älteren Arbeitslosen mit der Erfahrung von zwanzig, vielleicht dreißig Jahren körperlicher Arbeit und jungen Leuten, die überhaupt noch nie gearbeitet haben.

Es gibt einen sehr heiklen und verletzlichen Punkt in der Position des Arbeitslosen gegenüber den ihn kontrollierenden Apparaten: die »Solidargemeinschaft der Versicherten«. Wenn man dem Druck nachgibt und sich von diesem Konsens überwältigen läßt, gibt man sich selbst auf. Wie soll man mit sich als einem Parasiten leben? Wenn man sich andererseits wehrt und aus dieser verstaatlichten Moral zu befreien sucht, gerät man leicht in einen Strudel der Demoralisierung. Gerade Leute, die mit ihrer Arbeit die anderen lange getragen haben, scheinen sich nur schwer damit abfinden zu können, von den anderen getragen zu werden. Das sind Skrupel, die andere Klassen gar nicht kennen. Die Distanzierung ist dann eher desperadohaft als souverän. Die Gleichgültigkeit ist gespielt. In Wirklichkeit hat man mit dem Grauen der Selbstentfremdung zu kämpfen.

Die Gegenseite scheint dagegen vorläufig in der Offensive zu sein. Die staatlichen Behörden, die den einzelnen Arbeitslosen und seinen Ansprüchen regelmäßig das Gesamtinteresse der Versichertengemeinschaft entgegenhalten, können der Rückendeckung durch die Gewerkschaften sicher sein. Es ist schon frappierend zu sehen, wie rückhaltlos Gewerkschaftsfunktionäre - sogar Intellektuelle, Akademiker, die selbst nie gearbeitet haben - sich hinter diese Philosophie stellen. Denn der Vorwurf des »Egoismus« richtet sich schließlich gegen Menschen, die auch die »organisierte Arbeiterklasse« ihrem Schicksal zu überlassen pflegt.

Eher wird ein Kamel durch ein Nadelöhr gehen

Ein schnell wachsender Teil der Arbeitslosen hat keine wirkliche Chance, noch einmal wieder in den Arbeitsprozeß hineinzukommen. Diese fundamentale Tatsache wird in den Veranstaltungen der Berufsfortbildung verschwiegen oder verdrängt. Eine solche Hoffnungslosigkeit darf es in diesem Land nicht geben. Jeder Kursteilnehmer wird aus einer verlogenen und bequemen Fairneß heraus so angesprochen, als ob er zu denen gehöre, die es evtl. schaffen könnten, jedenfalls zu Beginn der Veranstaltung. Das ist eine der Lebenslügen der Berufsfortbildung, auch der des DGB. Sie wird von niemandem ernstlich geglaubt: weder von den Lehrern noch von den Beamten des Arbeitsamtes - von den Arbeitslosen selbst schon gar nicht. Jede dieser Gruppen redet auch offen darüber, wenn sie für sich ist: Arbeitslose unter sich, Lehrer und Beamte des Arbeitsamtes unter sich. Beide Seiten wissen auch voneinander, daß niemand daran glaubt. Die Arbeitslosen wissen, daß die Beamten nicht naiv sind. Und umgekehrt wissen die Beamten, daß die Masse der Arbeitslosen sich von diesen Maßnahmen nichts oder nicht viel erhofft und hauptsächlich wegen des Geldes und vielleicht wegen der Kontaktmöglichkeiten daran teilnimmt. Wenn sie es nicht aus Furcht vor Repressalien des Arbeitsamtes tun. Dennoch vermeiden die Beamten es strikt, mit ihren Klienten über diese Situation zu reden. Das wäre illoyal dem eigenen Arbeitgeber gegenüber. Aber es ist noch mehr im Spiel: wie verhält sich zum Beispiel ein Lehrer einem Schüler gegenüber, dem er jede Zukunft abgesprochen hat?

Es ist nicht weiter erstaunlich, daß diese Sorte von Zweckoptimismus und Sprachregelung in der Gewerkschaft nicht weniger grassiert als sonstwo. Die Basis aller dieser durchsichtigen, dennoch aber ebenso hartnäckig wie hilflos wiederholten Täuschungsmanöver scheint mir die Unfähigkeit der bundesrepublikanischen Gewerkschaften zu sein, die bedrohliche Perspektive einer strukturellen Massenarbeitslosigkeit in den nächsten Jahren und Jahrzehnten anzuerkennen. Öffentlich jedenfalls setzen sich unsere Gewerkschaften mit dieser Entwicklung, die ja auch den historischen Sinn der Gewerkschaftsbewegung und darüber hinaus die Legitimität des gesamten politischen Systems in Frage stellt, nicht auseinander. Bestenfalls werden einmal die Jahre vor 1933 und der Zusammenhang zwischen Arbeitslosigkeit und Nationalsozialismus beschworen. In aller Regel aber von einer Position aus, die keinen grundsätzlichen Zweifel zuläßt an der politischen Machbarkeit von Vollbeschäftigung. Ein anscheinend ungebrochener Keynesianismus. Ich weiß allerdings nicht, ob der wirklich so ungebrochen ist. Möglicherweise handelt es sich nur noch um eine traditionalistische Fassade, hinter der die Macher längst neoliberal oder - wie man heute sagt - korporatistisch (man könnte auch sagen: sozialdarwinistisch) geworden sind und hinter der sie die Spaltung der Gesellschaft in dynamische und tote Sektoren längst als endgültig betrachten. Diese Doppelbödigkeit der gewerkschaftlichen Politik - scheinbar auf das Ziel der Vollbeschäftigung verpflichtet, in der Praxis aber einverstanden mit der Logik unabsehbarer Sanierungsmaßnahmen - findet man wieder in den Lehrgängen der Berufsfortbildung. Programmatisch geht es hier darum, diese Menschen aus ihrer Isolierung und Resignation herauszuholen, ihnen wieder etwas Lebensmut zu geben, ihren Leistungswillen wieder zu beleben und so weiter. In der Praxis läuft es darauf hinaus, die paar wenigen, die den heutigen Leistungsansprüchen der Wirtschaft evtl. noch Genüge tun könnten, herauszusieben. Auf die anderen kann bei dieser verspäteten und mit wenig Hoffnung und mit noch weniger Zeit betriebenen Auslese keine Rücksicht genommen werden. Am angemessensten wäre es, wenn sie sich in den hinteren Teil des Klassenzimmers zurückzögen und sich still verhielten. In diese Richtung soll jedenfalls der sozialpädagogische Betreuer arbeiten: Aufmunterung der Spätberufenen, Besänftigung und Tröstung der Unberufenen.

Was ein Kritikkatalog will und bewirkt

I

»Singen, den 23. 2. 1981.
Orientierungslehrgang Berufsfeld Metall.
Vorschläge für künftige Kursteilnehmer!

1. Keine Entscheidungen der Lehrer gegen Kursteilnehmer im negativen Sinn, ohne Klassensprecher zu informieren.
2. Keine Drohungen gegenüber Kursteilnehmern bei Verärgerungen, wenn Gründe vorhanden sind.
3. Freie Meinungsäußerungen der Kursteilnehmer respektieren, wenn es sich um Ausbildungsthemen handelt.
4. Forderung für neue Kurse: Schweißen, Drehen, Bohren usw., die zum angelernten Arbeiter führen (nicht bloß Bastelei verlangen).
5. Berücksichtigung individueller Wünsche (bei Nichtverstehen der gestellten Aufgaben Wiederholungen).
6. Breiteres Angebot im Lernverfahren (Mehr technisch, zeichnen, Metall besprechen, Arbeitsmaschinen, Bohr-, Dreh-, Hobelmaschinen usw.).

7. Berücksichtigung der Altersunterschiede beim Zusammenstellen eines Lehrganges, nicht 25- und 50-jährige in einer Klasse.
8. Sicherstellung der Leistungen des Arbeitsamtes bei Kursbeginn.

Kritik:
1. Der Unterricht darf nicht so einseitig aufs Fachrechnen verlegt werden, da er zu Überforderungen des Schülers führt.
2. Das Tempo im Lernverfahren ist zu schnell.
3. Leistungsteste ein paar Tage vorher umreißen. Bessere Vorbereitung.
4. Hausaufgaben nicht kurzfristig aufgeben (von Montag auf Dienstag).
5. Praktische Arbeiten erweitern.
6. Lehrbetriebe für abschließende Kurse frühzeitig aussuchen.
Verteiler:
Gewerbeschule
BFW
Arbeitsamt Singen und Konstanz
Kursteilnehmer Metall
Künftige Kursteilnehmer, IG Metall.«

Das Kritikpapier scheint eher harmlos, bescheiden bis an die Grenze der Demut, vor noch nicht allzu langer Zeit hätten wir gesagt: der Unterwürfigkeit. Es fordert doch nur das Minimum, das Unverzichtbare, das Selbstverständliche. Es hat aber vor Ort die heftigsten Reaktionen hervorgerufen. Die Adressaten haben so stark zurückgeschlagen, als gelte es, einen schweren Angriff abzuwehren. Einzelne Arbeiter hat man richtiggehend verhört, wobei einer aus Angst vor möglichen Sanktionen zum Denunzianten geworden zu sein scheint. Dann haben sie den Leuten eine große Szene gemacht: großer Auftritt in der Gewerbeschule - anwesend alle Lehrer, der Vertreter des Arbeitsamts, der Leiter des Berufsfortbildungswerks und die Schuldigen, außer mir, denn mir als dem mutmaßlichen Haupttäter hatte man Hausverbot erteilt. »Die saßen vorne wie beim Gericht, haben uns regelrecht zusammengeschissen und das ging so schnell, wir kamen gar nicht zu Wort.« Danach war dann alles anders: sie distanzierten sich stillschweigend von ihrem Vorstoß. Ich traue ihnen durchaus zu, daß sie ihn im nachhinein als eine Naivität betrachteten. Es war eine Ernüchterung, die der Selbstaufgabe gleichkam: ein Rückzug, den sie möglicherweise als Rückkehr zur Realität empfanden - eine Desillusionierung, die ja eigentlich schon hinter ihnen lag und die sie jetzt also noch einmal durchzustehen hatten. Mich, der sie überhaupt erst auf diese Idee, diese Schnapsidee gebracht hatte, scheinen sie von da an nicht mehr für voll genommen zu haben. Später, als ich dann schon entlassen worden war, hat mir einer von ihnen gesagt, er habe mit unserer Sekretärin über mich gesprochen: »Wissen Sie, habe ich ihr gesagt, ihr hättet dem, Doktor hin, Doktor her, erst einmal wie uns ein halbes Jahr Einschulung geben müssen, daß er hätte lernen können, was da geht und was nicht.« Ich hoffe, Gott straft ihn für diese miese Bemerkung.

II

Ein Mißverhältnis also, eine Unverhältnismäßigkeit? Die nur einmal mehr beweist, was wir längst wissen: daß nämlich hierzulande auch noch der kleinste Funke von Demokratie ausgetreten werden soll?

Nein, kein Mißverhältnis. *Es war ein schwerer Angriff.* Der Text ist nicht harmlos. Es zeugt von Ahnungslosigkeit anzunehmen, er sei es. Man könne ungestraft von einem Lehrer fordern, er solle einen nicht *bedrohen.* Die Einschränkung, scheinbar vorsichtig und selbstkritisch: er solle einen nicht bedrohen, wenn man Grund zur Verärgerung gehabt habe, macht die Sache auch nicht besser. Sie macht sie im Gegenteil nur noch schlimmer. Also darf gedroht werden, wenn sich jemand grundlos aufregt? Das hört sich ja gerade so an, als halte man diese Drohungen des Lehrers gegen den Schüler an sich für ganz normal und trete nur noch für eine gewisse Logik oder Berechenbarkeit ein.

Oder man könne ungestraft *freie Meinungsäußerung* verlangen. Wo leben wir denn? Ich bin ganz sicher, wenn ich dieses Papier selbst verfaßt oder auch nur redigiert hätte, wie man es mir unterstellt hat, hätte ich es anders, weniger hart, konkretistischer ausgedrückt. Anderes hätte ich hingegen vermutlich radikaler formuliert: etwa die Forderungen nach einer besseren Didaktik, die ich bestimmt weniger konkretistisch gefaßt hätte. Aber ich hätte mich davor gehütet, explizit die Wahrung der Menschenrechte und der Menschenwürde zu fordern, wie diese Arbeiter es tun. Als wendeten sie sich nicht an bundesrepublikanische Behörden, sondern an die Menschenrechtskommission. Gerade, daß sie so wenig fordern, so furchtbar wenig, ist das Provozierende.

Oder nehmen wir den ersten Punkt: ein Lehrer entscheidet zum Beispiel nach reiflicher Überlegung, daß es für diesen Schüler besser ist, wenn er die Schule verläßt. Aber er trifft damit doch keine *Entscheidung gegen diesen Schüler im negativen Sinn.* Das ist eine Ausdrucksweise, die für die Fabrik passen mag, wo die Gegensätze unvermittelt aufeinanderprallen, aber doch nicht für den pädagogischen Bereich.

III

Die Arbeiter haben gegen die ungeschriebenen Gesetze der öffentlichen Sprachregelung verstoßen. Diesen restringierten Code scheinen sie jedenfalls nicht zu kennen. Jedenfalls haben sie ihn nicht so intus wie wir. Sie haben die erwähnten Formulierungen, die dann eine fast hysterische Aufregung verursachen werden, überhaupt nicht diskutiert. Noch viel weniger haben sie jedes Wort auf die Goldwaage der politischen Sensibilität und Ängstlichkeit gelegt. Man muß es sich so vorstellen: einer sagt etwas, und wenn es nicht gerade eine unflätige Beschimpfung ist oder eine allzu direkte Anspielung auf den Nationalsozialismus, und anders als direkt spielen diese Leute sowieso nicht an, dann nehmen sie es ohne weitere Vorsichtsmaßnahme in den Katalog der Beschwerden auf.

IV

Es kann aber nicht bloß die Tabuverletzung gewesen sein. Das allein hätte diese untergeordneten Bürokraten bestimmt nicht vom Hocker gerissen. Man darf sich diese Leute nicht etwa als fanatisierte Wächter unserer sprachlichen Sauberkeit vorstellen. Die sitzen anderswo. Das Papier der Arbeitslosen war für sie vielmehr nur deshalb eine unerträgliche Zumutung, weil es sie voreinander, vor ihren Kollegen und vor ihren Vorgesetzten bloßstellte und weil diese Kettenreaktion von Bloßstellungen ihre Zusammenarbeit, ihr Bündnis und sogar ihre Berufsperspektiven gefährdete. Jedermann wußte, daß die Kritik in erster Linie einem besonders autoritären Lehrer an der Gewerbeschule galt. Man hatte mich schon vor Beginn des Kurses auf seine pädagogische Unfähigkeit hingewiesen. Aber sie brauchten ihn, sie hatten keinen anderen. Sie waren gezwungen, mit diesem Lehrer zusammenzuarbeiten, wenn sie nicht ganz auf die Durchführung derartiger Kurse verzichten wollten - und das war das letzte, was sie wollten. So konnten sie ihn auch jetzt nicht im Stich lassen. Arbeitslose gab es schließlich in Hülle und Fülle, er dagegen war auf absehbare Zeit nicht zu ersetzen. Der Mann war nahe daran, durchzudrehen. Sie mußten ihn beruhigen und ihm das Gefühl geben, nicht er habe versagt, sondern andere.

Dann der verantwortliche Beamte im Arbeitsamt: er seinerseits brauchte einen schönen Erfolg und keinen Krach, da er sich just zu diesem Zeitpunkt um die Leitung der Amtsfiliale in Singen bewarb. Mittlerweile hat er sie auch. Für ihn lag das Peinliche daher auch weniger im Inhalt des Papiers, der ihm egal sein konnte, als im Verteiler. Natürlich konnte er uns nicht gut sagen, daß es eigentlich nur die Weiterleitung des Papiers an seine Vorgesetzten in Konstanz war, die ihn störte. Er warf uns vielmehr ersatzweise vor, daß wir auch die IG Metall in Singen und damit eine weitere Öffentlichkeit informiert hätten. Das sei ein »Vertrauensbruch«. In Wirklichkeit lag der Vertrauensbruch oder, geschäftsmäßiger ausgedrückt, der Vertragsbruch anderswo. Das Arbeitsamt hatte dem Berufsfortbildungswerk diesen Auftrag zugeschlagen: das war die Leistung. Wo aber war die Gegenleistung? Statt der Gegenleistung hatten wir ihm ein Kritikpapier geliefert.

Umgekehrt mußte jetzt der Manager im Berufsfortbildungswerk befürchten, sein Geschäftsfreund im Arbeitsamt werde endgültig abspringen. Das war keineswegs ganz ungefährlich für ihn. Er befand sich noch ganz am Anfang seiner Karriere und konnte sich einen Rückschlag dieser Art kaum leisten. So mußte er alles daran setzen, seinen Partner zu versöhnen; zumal abzusehen war, daß dieser bald noch an Einfluß gewinnen würde. »Sie fordern Deinen Kopf«, hat er mir gesagt, denn wir duzten uns. Aber ich nehme an, er hat ihnen den Kopf angeboten. Dabei hatte ich das Papier der Arbeiter gar nicht geschrieben. Aber ich will nicht unfair sein, irgendwas mußte passieren, und die Arbeiter konnte er nicht entlassen, die waren ja schon arbeitslos.

IV

Genau betrachtet haben sie sich also gar nicht gegen die Arbeiter gestellt. Es war keine Form des Klassenkampfes, wenn dieser Begriff noch einen Sinn haben soll. Das ist das Erschreckende daran. Unterdrücken wird man nur jemanden wollen, den man ernst nimmt, *den man überhaupt als eine Kraft, als eine Realität wahrnimmt*. Sie haben die Arbeiter nicht gemaßregelt, um sie einzuschüchtern und zurückzudrängen. Sie haben es getan, weil es hier schlecht anders ging. Es war nicht der Zweck, sondern das Mittel. Es war der einfachste Weg, sich wechselseitig seine Verbundenheit, seine Verläßlichkeit, seine Loyalität zu demonstrieren.

V

»Nach meiner Auffassung hast Du Deine Pflichten als Arbeitnehmer des BFW gröblich verletzt. Deine Aufgabe als Sozialbetreuer der Lehrgangsteilnehmer hätte sich sicherlich nicht im Katalogisieren der entstandenen Probleme erschöpfen dürfen. Mit Recht können wir von dir erwarten, daß Du

1. die entstandenen Probleme - zumindest soweit Du dazu in der Lage bist - inhaltlich mit den Teilnehmern diskutiert hättest.

2. im Rahmen einer kooperativen Zusammenarbeit die entsprechenden Referenten auf die Problematik aufmerksam gemacht hättest (dies auch dann, wenn die Kursteilnehmer der Meinung sind, daß sie diese Probleme mit den entsprechenden Lehrern selbst diskutieren wollen) und, soweit Du dies nicht für sinnvoll erachtet hättest, Deinen fachlichen Vorgesetzten ausführlich informiert hättest.

3. Die Kritik am Arbeitsamt . . . direkt an den Zweigstellenleiter zur weiteren Bearbeitung gegeben hättest.
4. Die konzeptionelle Kritik mit dem Zweigstellenleiter un-
mittelbar besprochen hättest.
5. und nicht zuletzt mit den Kursteilnehmern über Vorgehensweise und mögliche Konsequenzen dieser Vorgehensweise diskutiert hättest.

Nachdem uns nun ein ganzer Katalog widersprüchlicher
Informationen von verschiedenen Kursteilnehmern, Lehrern
und Dir vorliegt, bitten wir Dich um schriftliche Beantwor-
tung folgender Fragen:
1. Welche Intentionen hatte dieser Kritikkatalog?
2. War Dir bekannt, daß dieser Katalog veröffentlicht werden sollte?
3. Warst Du bei der Erstellung des Verteilers beteiligt, oder
hattest Du Kenntnis davon?
4. Wer hat dieses Papier vervielfältigt? . . .

Wir sehen uns leider gezwungen, diese gesamte Angelegenheit zusammen mit Deinen Antworten an die disziplina-
risch vorgesetzte Bezirksgeschäftsstelle in Stuttgart weiter-
zuleiten. Der Unterzeichner kann nicht verhehlen, daß er
enttäuscht ist.« (Schreiben meines Chefs an mich, nur unwe-
sentlich gekürzt; Kommentar eines Gewerkschaftsmitglieds:
»Das . . . Schreiben halte ich für würdig, einen Platz in der
Gruselkammer frühkapitalistischer Arbeitgebermanieren
einzunehmen, nicht aber für den Versuch der Klärung eines
sachlichen Dissenses über gewerkschaftliche Bildungsarbeit . . .«)

»Wenn von den anfangs 22 Teilnehmern jetzt nicht einmal
10 übrig geblieben sind, so ist das m. E. nicht zuletzt auf das
destruktive Verhalten dieses Lehrers zurückzuführen.
In dieser Situation habe ich den Kursteilnehmern mehrfach
angeboten, mit Herrn . . . über seinen Unterrichtsstil und
sein herrenhaftes Auftreten zu sprechen. Man hat das aber
abgelehnt: man wolle das lieber selbst und über die beiden
Sprecher in die Hand nehmen; wenn ich mit dem Lehrer rede,
verschärfe sich die Situation vielleicht noch. Ich habe das akzeptiert und mich daran gehalten. Im Gegensatz zu der von
Dir (in Punkt 2. Deines Schreibens) vertretenen Auffassung

meine ich, daß ich als Sozialbetreuer nicht versuchen sollte, die Interessen der Kursteilnehmer ohne ihre Einwilligung und über ihren Kopf hinweg zu vertreten. Konkret gesagt: ich bin nicht bereit, mit Herrn . . . *über* diese Leute zu reden, wenn diese lieber direkt *mit ihm* sprechen wollen. Das ist m. E. eine Frage von grundsätzlicher Bedeutung. Die von Dir (in den Punkten 1.-5.) entwickelte Auffassung meiner Aufgabe als Sozialbetreuer lehnt sich, wie mir scheint, eng und unkritisch an das klassische Konzept der Sozialarbeit an und läuft in der Praxis darauf hinaus, die Leute auf den Status von Klienten herunterzudrücken. Arbeitslose sind, wie wir alle wissen, sowieso schon in Gefahr, den Glauben an sich und ihre Kraft zu verlieren. Gewerkschaftliche Bildungsarbeit sollte peinlichst alles vermeiden, was dieser verheerenden Tendenz zur Entmündigung Vorschub leisten könnte. Ich begreife, wenn mir das Arbeitsamt eine Funktion zuweisen möchte, die etwa in der Mitte zwischen Fürsorge und Kontrolle liegt. Von Dir und vom Berufsfortbildungswerk erwarte ich dagegen Anleitung und Unterstützung in einer prinzipiell anderen Richtung: in Richtung - in den Worten des neulich von der IG Metall in Singen veröffentlichten kulturpolitischen Programms - auf ›mehr Solidarität mit den Arbeitslosen‹«. (Auszug aus meiner Antwort)

»Obwohl das BFW eine gemeinnützige Bildungseinrichtung ist, also die Erzielung von Gewinnen nicht zum Zielsystem gehört, ist die Durchführung von Lehrgängen sehr kostspielig - so teuer, daß insbesondere die Arbeitslosen die Teilnahme nicht oder unter unzumutbaren finanziellen Opfern finanzieren könnten. Den Gewerkschaften ist eine Finanzierung beruflicher Fortbildungsmaßnahmen wohl kaum zuzumuten (spezifisch gewerkschaftliche Bildungsarbeit, die vom DGB und seinen Einzelgewerkschaften finanziert wird, wird von anderen gewerkschaftlichen Einrichtungen durchgeführt). So ist das BFW denn voll und ganz auf die Eigenfinanzierung seiner Lehrgänge durch Lehrgangsgebühren etc. angewiesen. Es liegt deshalb nahe, daß es sich bemüht, Kostenträger zu finden, die die Lehrgänge und die Lehrgangsteilnahme (mit Vollzeitunterricht) ganz oder teilweise finanzieren. Dabei wird die Vergabe von Mitteln von den Kostenträgern im allgemeinen an Auflagen gebunden. Im Bereich des Berufsfortbildungswerkes Bodensee-Oberschwaben werden weit über 90 % der Lehrgänge und Lehrgangsteilnehmer von der Arbeitsverwaltung gefördert. Die Anerkennung als förderungsfähiger Lehrgang im Sinne des Arbeitsförderungsgesetzes setzt die Erfüllung einer Vielzahl genau definierter Kriterien voraus - u. a. die Durchführung von Unterricht (oder eben sozialpädagogischer Begleitung) unter vorher definierten Zielsetzungen, die penible Einhaltung der Unterrichtsstunden und -tage, eine systematische Anwesenheitskontrolle der Lehrgangsteilnehmer (die schließlich im Vollzeitunterricht Unterhaltsgeld vom Arbeitsamt erhalten und weitgehend Arbeitnehmerstatus besitzen).« (Auszug aus einem Brief meines Vorgesetzten, in dem er seine Politik und meine Entlassung zu rechtfertigen sucht)

Briefwechsel

I

»Besonders wichtig: Durchsicht über betriebliche Abläufe, betriebliche Sicherheitsbestimmungen. Außerdem sollten sie lernen, nach Arbeitsanweisungen ohne Meister sich zu betätigen, so daß sie am Ende dieses Praktikums entweder in der Lage sind, eine Umschulung vorzunehmen oder als gute Metallhilfsarbeiter zu arbeiten. Besondere Beachtung auf Pünktlichkeit und Arbeitswillen legen, mit abschließendem Kurzbericht.

Umschulungsfähig schätze ich höchstens
vom Fachlichen aus   10
vom Gesundheitlichen aus   5
und vom Moralischen aus   4.
Ausbildungsrichtung: Bauschlosser ... Herr ... schlägt als Ausbildungsbetrieb Ziegler & Dietrich und Alu Singen vor. Singen 6. 2. 1981.«

Das ist ein Auszug aus einer Aktennotiz, die ein Lehrer der Gewerbeschule Singen über eine Gruppe von arbeitslosen

Arbeitern angefertigt hat. Für den Leiter des örtlichen Berufsfortbildungswerks des DGB, das diesen Lehrgang im Auftrag des Arbeitsamts durchgeführt hatte. Ich habe mir den Zettel schnell fotokopiert, weil ich dachte, mir sei da zufällig eine geheime Kommandosache in die Hände gefallen. Aber das Papier flog dann noch tagelang unbeachtet im Büro herum. Ich habe nicht gewagt, es den Arbeitern zu zeigen. Ich habe Angst davor gehabt, sie mit diesen genauen Stückzahlen zu konfrontieren. Ich glaube, es war ein schwerer Fehler (ich würde sogar sagen: ein Verrat, wenn die Verratsthese nicht so in Verruf geraten wäre). Es wäre bestimmt zu einem Konflikt gekommen. Die Leute lassen sich viel gefallen, sie lassen sich fast alles gefallen, aber nicht diese Sorte von Anmaßung. Das können sie im Erziehungsheim versuchen oder in einem Arbeitslager, aber nicht mit Menschen, die noch frei herumlaufen. Sie hätten diesen Lehrer zur Rede gestellt. Sie hätten ihn gefragt, wer denn der eine sei, der zwar einigermaßen gesund sei, auch fachlich etwas tauge, aber nicht moralisch. Wenn er es nicht sofort gesagt hätte, hätten sie ihn möglicherweise geschlagen.

Aber die volle Bedeutung des Textes erschließt sich einem nicht aus der Lektüre. Man muß wissen, daß die Kursteilnehmer bis zuletzt nicht einmal wußten, ob das Praktikum nun überhaupt stattfinden würde und in welchen Betrieben es dann stattfinden würde. Der Text suggeriert, hier werde umsichtig und vorausschauend geplant. Besser gesagt: man suggeriert es sich selbst, man will sich glauben machen, man gestalte die Zukunft seiner Klienten. In Wahrheit war alles unsicher. Kein einziger von den Männern, die dann ein Praktikum gemacht haben, hat im Anschluß daran wirklich Arbeit bekommen. Ich habe mit mehreren Meistern darüber gesprochen: sie haben mir ausnahmslos gesagt, diese Leute hätten nicht die geringste Chance. Sie seien zu wenig qualifiziert, zu langsam, physisch zu schwach, geistig zu unflexibel. Niemand hat aber auch anschließend die Möglichkeit zu einer Umschulung erhalten, dazu fehlten schon die Ausbildungskapazitäten.

Ich begreife den besonderen Wert, den man »auf Pünktlichkeit und Arbeitswillen« legt. Es ist der Haltepunkt, der einzige Realitätskontakt dieser Autosuggestion. Kein Selbst-

212

betrug kommt ganz ohne Wirklichkeitssinn aus. Es ist ja
wirklich wahr, daß die Leute der Arbeitsdisziplin entwöhnt
sind. Das geht ganz rasch: kaum hat man die Arbeit verloren,
verliert man auch schon die Disziplin. Wir haben hier einen
festen Punkt, eine menschliche Grundtatsache vor uns, an die
wir uns halten können, wenn auch sonst alles ins Wanken gerät.

II

»Die Tätigkeiten sollten nicht in einer Lehrwerkstatt, sondern in der Produktion durchgeführt werden. Es handelt sich
um eine Gruppe von sieben bis acht Personen. Davon muß
bei drei bis vier Personen von gesundheitlichen Einschränkungen ausgegangen werden. Dies bedeutet, daß sie maximal
vier Stunden stehen können und keine allzu schweren körperlichen Arbeiten verrichten können. Ein Einsatz im Zwei-
Schichtbetrieb ist möglich. Die Lehrgangsteilnehmer würden
durch unseren Sozialpädagogen während dieser Zeit betreut.
D. h. konkret, daß sie wöchentlich nach Bedarf ein- bis zweimal im Betrieb von unserem Sozialpädagogen betreut würden. Dessen Aufgabe ist nicht die einseitige Interessenvertre-
tung der Lehrgangsteilnehmer, sondern der Interessenaus-
gleich zwischen den Belangen der beruflichen Fortbildung
und den persönlichen Belangen der Arbeitnehmer.«
Unser Sozialpädagoge bin ich, mit Verlaub. Es ist ein Zitat
aus einem Schreiben meines Chefs im Berufsfortbildungswerk an das Personalbüro der Aluminium-Walzwerke - aus
einem ersten Entwurf besser gesagt. In der endgültigen Fas-
sung fehlt dann der letzte Satz. Ich nehme an, weil ein Durch-
schlag dieses Briefes an den Vorsitzenden der IG Metall ging,
der vielleicht für diese schlecht verhüllte Anbiederei wenig
Verständnis gehabt hätte. Auch sonst formuliert der Text
keine einfachen Mitteilungen, wie er es zu tun vorgibt, sondern Euphemismen, die den Arbeitgeber beschwichtigen sollen. Man hat ein feines Gespür dafür entwickelt, was der
Adressat hören will. Ausbildung der Arbeitslosen in der Produktion, nicht in einer Lehrwerkstatt: sachlich war das gegenstandslos, es war überhaupt nie die Rede davon gewesen,
daß die Firma diese gescheiterten und verbrauchten Arbeiter

eventuell auch in ihren eigenen Lehrwerkstätten schulen
könnte. Das hätten sie nie gemacht. Und das wußten wir. Der
Brief versucht die faktische Grenze unserer Wiedereinglie-
derungshilfen in eine konzeptionelle umzudeuten: Wir sind
genau wie Sie der Meinung, daß diese Leute ruhig richtig her-
angenommen werden sollten, elektrisiert, geschockt vom
Rhythmus der Maschinen, in ihrem eigenen Interesse. Man
täte ihnen wahrlich keinen Gefallen, wollte man sie irgendwie
schonen. Wie gesagt: genau wie Sie.

Der Pferdefuß der Halbinvalidität: es wäre sinnlos, ihn
ganz verstecken zu wollen, aber man kann ihn ein wenig einziehen. Von den neuen Kursteilnehmern, die wir kurz vor
Beginn des Betriebpraktikums über ihre Leistungsfähigkeit
befragt haben, geben fünf schwere körperliche Schäden an:
»Folgeschäden Knochenbruch, vier Stunden maximal stehen,
Sehnenentzündung am Handgelenk, keine schweren Arbeiten, Magen (zu viel Säure), keine starken Gerüche, Schwierigkeiten beim Treppen- und Leitersteigen« (Schreiner, etwa 40
Jahre); »Bandscheibenschaden, ca. vier Stunden stehen, keine
körperlich schweren Arbeiten« (Lagerarbeiter, knapp 40
Jahre); »Augen schlecht, drei Zehen abgestorben durch Unfall, zwei Stunden maximal stehen, 30 Prozent Arbeitsunfä-
higkeit« (ungelernter Arbeiter, Ende 40); »Wirbelsäulen-
schäden, Knieschaden, keine ausschließlich stehende Tätigkeit, keine schweren Arbeiten« (Metallfacharbeiter, 40
Jahre); »Schäden an Wirbelsäule, keine dauernd schwere Arbeit, keine einseitige Steh- oder Sitztätigkeit, Verdauungsbe-
schwerden, schlägt aufs Herz« (Tischler, 50 Jahre). Die Arbeiter übertreiben nicht etwa, im Gegenteil: sie glauben, ein
Interesse daran zu haben, ihre Leiden herunterzuspielen. Einige von ihnen haben bei früheren Vorstellungsgesprächen
schon versucht, sie ganz zu verschweigen - und sind dann
prompt von einem Betriebsarzt entlarvt worden. Von zwei
weiteren Leuten, die angegeben haben, sie hätten »keine Beschwerden«, weiß ich aus persönlichen Gesprächen, daß sie
simulieren. Sie haben schwere Zusammenbrüche hinter sich.
Überhaupt habe ich in dieser Zeit erkannt, daß der Hauptun-
terschied zwischen Intellektuellen und Arbeitern physischer
Natur ist: 40-jährige Universitätsdozenten oder Lehrer sind
unvergleichlich besser erhalten als 40-jährige Arbeiter.

Von den sechs Leuten (zu Beginn hatte der Kurs über 20
Teilnehmer), die wir schließlich für das Praktikum auswäh-
len, sind vier nicht gesund, unter ihnen auch die drei, die das
Praktikum bis zum Ende durchstehen werden. Das Schreiben
des gewerkschaftseigenen Berufsfortbildungswerks greift
also nur den verzweifelten Versuch der Arbeiter auf, sich
trotz ihrer Gebrechlichkeit und ihres Alters zu verkaufen. Es
lebt ja auch davon. Es lebt davon, daß es Menschen gibt, die
immer wieder gegen ihr Schicksal anrennen, und wenn es
noch so hoffnungslos ist.

Ich mußte die Leute dann an ihrem Arbeitsplatz besuchen.
In der Produktion arbeiteten sie nicht, wie auch? Man versuchte, sie irgendwie zu beschäftigen, da sie ja nun schon einmal da waren. Einen fand ich an einem Metallblock, an dem er
schon seit Tagen feilte, im Stehen, acht Stunden. Ich bot ihm
an, den Meister noch einmal auf seine Behinderung hinzu-
weisen, er lehnte aber ab.

III

»Am 16. 6. hat Herr . . . das Praktikum von sich aus abgebro-
chen . . . Die Zusammenarbeit mit ihm war aus folgenden
Gründen unbefriedigend:
1. Herr . . . war an regelmäßiger Arbeit nicht interessiert,
   seine Einstellung zur Arbeit ist nicht befriedigend. Vorge-
   gebene Arbeiten führte er nur unter dauernder, ständig
   präsenter Kontrolle aus.
2. Großes Interesse hatte Herr . . . dagegen an Material- bzw.
   Metallabfällen, die er für private Nutzung käuflich erwarb
   bzw. erwerben wollte.
3. Für die Mitarbeiter in der Zentralen Mechanischen Werkstatt war es nicht motivierend, laufend von Herrn . . . zu
   hören, daß er DM 1200,- vom Arbeitsamt erhalte, dafür
   aber nicht arbeiten müsse.
Herr . . . versuchte mehrfach, an verschiedenen Stellen unseres Hauses durchzusetzen, daß ihm Sicherheitsschuhe zur
Verfügung gestellt werden. Über die Form seiner Forderung
und über die Art seines Auftretens entstand erhebliche Verärgerung. Den Wunsch nach Sicherheitsschuhen erfüllten wir
Herrn . . . nicht. Dieser Vorgang war dann auch der Anlaß,

daß Herr . . . am 16. 6. - ohne sich in der Werkstatt zu verab-
schieden - den Betrieb verließ . . . Eine Kopie dieses Schreibens erhält das Arbeitsamt . . .«

Das ist nun aus einem Schreiben der Aluminium-Walzwerke an das Berufsfortbildungswerk (23. 6. 1981). Wie man
sieht, ist es viel selbstbewußter abgefaßt als sein gewerk-
schaftliches Gegenstück. Unterzeichnet ist es von einem
Adeligen, aber das will nichts besagen. Er hat den Anschluß
an die modernen Zeiten gefunden. Auch werden die Zeiten
langsam wieder aristokratischer. Beim Verlassen des Werks
ließ er mich abfangen. Warum ich denn nicht zuerst zu ihm
gekommen sei. Rhetorische Frage, er war verstimmt. Er war
mißtrauisch. Ich frage mich, ob er vielleicht ein Hellseher sei,
denn er fragte ganz intuitiv nach meiner Arbeitsplatzsicher-
heit, als ob er ahne, daß das meine schwache Stelle war. Ob
ich dort noch länger bleibe. Er wiederholte: ob ich dort wirklich noch länger bleibe. Mein Gott, ich war doch schon entlassen, was ich dem Aas aber in einer Anwandlung von
Mannhaftigkeit verschwieg.

Dabei war er doch gar nicht der Leidtragende. Eher schon
war es jener Arbeitslose. Aber vielleicht hat er gemerkt, daß
auch dieser es nicht war. Jedenfalls nicht in dem katastropha-
len Ausmaß wie er, als leitender Angestellter eines so bedeutenden Unternehmens, es eigentlich hätte erwarten dürfen.
Zunächst einmal: der Mann war nicht geflogen, sondern gegangen. Der ganze Brief ist im Stil eines Entlassungsschrei-
bens verfaßt: hart folgt Grund auf Grund, aber dann folgt
keine Entlassung.

Wer also ist der Leidtragende?

Während man weiter nach ihm sucht, trage ich schnell einige Details nach, die jenen Arbeitslosen wohl endgültig ent-
lasten dürften. Schon bei meinem ersten Besuch hatte er mich
nämlich mit einem schwer entzifferbaren, aber irgendwie raffinierten Lächeln zu einem silbrig schimmernden Haufen von
Aluminiumteilen geführt. Zu diesem Zeitpunkt konnte ich
aber natürlich noch nicht ahnen, daß ihm dieser Ausschuß
tatsächlich wichtiger war als die Produktion selbst. Als ich
ihn zwei Wochen darauf zum zweiten Mal besuchen wollte,
war er dann zwar schon weg. Aber der Meister nahm mich

beiseite und erzählte mir alles im ruhigen Ton abgeklärter
Verständnislosigkeit. Seine Männer müßten sehr schwer arbeiten, sie stünden unter einem dauernden Termindruck,
diese Werkstatt sei einer der strategisch wichtigen Punkte im
Betrieb. Wenn einer sich da nicht einfüge und auch noch
große Reden führe über den Sinn und Zweck usw., könne er
die Leute schon verstehen. Er zeigte mir durch die Scheibe
seiner Kabine einen Haken, der von der Decke herabbau-
melte, wohl eine Hebevorrichtung für besonders schwere
Stücke. Einmal hätten sie ihm gedroht, ihn daran aufzuhän-
gen. Das sei natürlich entschieden zu weit gegangen, er habe
ihnen das auch gesagt, wir lebten hier schließlich in einem zi-
vilisierten Land, aber verstehen könne man es.

Einigermaßen rätselhaft bleibt für mich die Sache mit den
Sicherheitsschuhen. Sie will nicht so recht in das Gesamtbild
passen. Hier scheint sich die Situation plötzlich umzukehren:
hier ist plötzlich er es, der dieses vierwöchige Betriebsprakti-
kum und das alberne Gerede von den damit verbundenen
Chancen ernstzunehmen scheint, und hier ist der Betrieb es,
der das alles offenbar für Firlefanz hält.

Die erdrückende Macht der Arbeit

I

»Zum *Vorhaben Arbeitslosenzentrum Singen*
Notwendigkeit unbestritten. Dient jedem längere Zeit Arbeitslosen besonders positiv. Aber auch jedem weiteren Arbeitslosen. Jeder Arbeitslose hat dringende persönliche Anliegen, die in einem solchen Arbl.zentrum oder = A. Ring die
allein richtige Resonanz. Diese Einrichtung ist auf Mittel wie
SPENDEN angewiesen. Es könnten natürlich auch Zuwen-
dungen kommunaler Stellen sein. Zu SPENDEN: Ist eine
SPENDE für das Arbeitslosenzentrum eingegangen, so darf
sie in den Augen des Leistungsträgers - also des Arbeitsamtes
nicht eine Einnahme sein, deren dieses Amt sich bemächtigen
möchte. Das AA darf nie auf den Standpunkt kommen, daß

hier die Arbeitslosen in den Genuß von Geldern kommen, die sie sich zusätzlich zu ihren Arbeitslosenzuwendungen unter den Nagel reißen möchten. Die Mittel sind für die zentrale Einrichtung der Arbeitslosen. Keine stete Bargeldauszahlstelle an jedermann, aber doch auch ein Hilfsfond für plötzlich in zu starke Not Geratene. Von unter den Nagel reißen dieser Mittel, die wie eine zu hohe Nebeneinnahme angesehen werden könnte, die man uns abkassieren müßte, kann keine Rede sein. Schon aus Gründen der Unantastbarkeit einer solch gemeinnützigen Einrichtung, die auf einen Fundus, Reserven angewiesen ist, wenn keine Mittel vorübergehend eingehen, darf ein Antasten des finanziellen Rückgrats von niemand möglich sein. Die Einrichtung eines solchen Arbeitslosenzentrums dient gemeinnützigen Zielen, ist also gemeinnützig schlechthin. SPENDEN erzielen durch Anschreiben von renommierten Firmen z. Beispiel. Die Einrichtung dieses Arbeitslosenzentrums ist zugleich auch Bildungsstätte, was sich aus vielen persönlichen Kriterien, die da behandelt werden, ergibt. Der Kreis der Arbeitslosen kann oder sollte auf ähnliche anders Benachteiligte und weitere Interessierte erweitert werden. Das sollte im Aushängeschild dieser Einrichtung zum Ausdruck kommen und würde das Verständnis einer aufgeschlossenen Öffentlichkeit vergrößern. Im gleichen Maße Kritik daran verkleinern!

Die Notwendigkeit dieser Einrichtung ist unbestritten, da man an die negativen Auswirkungen von Arbeitslosigkeit Einsamkeit, Hilflosigkeit denken muß, die hier positiv gelenkt werden. Auch wenn es keine kirchliche oder sozialamtliche Einrichtung darstellt, sollte sie ebenbürtig anerkannt sein von überregionalen Stellen. Die Tätigkeit des Zentrums wird mit Sicherheit Menschen, die ihre Eigenständigkeit verloren, wieder zu fruchtbarer Intensität verhelfen und weiteren Aufgaben gewachsener zu sein. Es ist keine Geldverteilungstelle, die dem AA ein Dorn im Auge sein könnte, sondern das Bildungs- und Problemzentrum aller derer, denen so ein Treffpunkt bisher fehlt.

Die Arbeitslosen selbst sind aber nicht in der Lage Unkostenfaktoren für eine solche Einrichtung zu tragen, für die Erhaltung dieser Einrichtung, die Unkostenfaktoren aller Art hat, tragen sie die Verantwortung - man muß an Heizko-

sten, Licht, Strom Einrichtungsgegenstände, Bezahlung von
Helfern in Form von Buchführern, Organisatoren u. a. mehr.
Die Arbeitslosen helfen sich in größten Notlagen aus dem
Fond von SPENDEN. Das Arbeitslosenzentrum oder der
erweiterte Kreis, der da hinzukommt, muß in schlechten Zeiten von Kapitalreserven weiter existieren können!«

Auch wenn er gänzlich frei von grammatikalischen Unebenheiten wäre, wüßte man doch gleich, daß dieser Text nur
von einem Arbeiter stammen kann. Ein Sozialarbeiter oder
ein evangelischer Pfarrer hätte gesagt: der Arbeitslose hat
große persönliche Probleme, aber nicht: er hat dringende
persönliche Anliegen. Ein Anliegen hat immer etwas Geheimes oder Heimliches, auch dann, wenn es öffentlich vorgetragen oder sogar herausgeschrien wird. Es liebt das Dunkel
und die Diskretion. Man weiß nie so ganz genau, was ein
Mensch da nun wirklich im Schilde führt. Oft genug weiß er
es sogar selber nicht. Anders die Probleme: sie sind höchstens
komplex, verwickelt, Forschungsaufgaben eher als Geheimnisse. Und wenn sie auch sehr persönliche Formen annehmen
können, so sind sie doch nie privat. Sie sind und bleiben das
Eigentum der Gesellschaft, auch wenn das uneinsichtige Individuum sie oft ein ganzes Leben lang beharrlich als die seinen betrachtet.

Oder der Sozialarbeiter hätte von Bedürfnissen gesprochen, dann aber nicht von großen oder dringlichen, sondern
von berechtigten. Er wäre dann weiter auch nicht so hastig
von den Problemen zu den Spenden übergegangen. Er hätte
überhaupt die Spenden nicht dermaßen in den Mittelpunkt
gerückt.

Aber ich möchte den Text nicht zerpflücken. Man muß ihn
als Ganzes würdigen. Es ist ein Text ohne Phrasen. Auch
dort, wo er von der Not der Arbeitslosen spricht, bleibt er
wortkarg und trocken, gerade dort. Es ist ein Text ohne *cant*.
Er versucht nicht, sensibel zu sein und das Elend nachzuempfinden. Er braucht es nicht. Er ist nicht aus einer Distanz heraus geschrieben, die sich selber aufzuheben trachtet. Ein paar
Stichwörter genügen ihm, und sie zielen nicht auf das Seelenleben, sondern auf die Situation der Arbeitslosen. Er setzt
dort ein, wo der professionelle Diskurs über Arbeitslosigkeit
aufhört: wo der Zustand der Passivität und der Hilflosigkeit

bereits überwunden ist und der Blick sich schon wieder nach vorn auf eine Praxis aus eigener Kraft richtet.

Wo wir reden würden, schweigt dieser Text, und umgekehrt. Während wir wohl die therapeutischen Möglichkeiten einer solchen Arbeitsloseninitiative unterstreichen würden, insistiert er auf den rechtlichen und politischen Aspekten: den Restriktionen des Arbeitsförderungsgesetzes, dem Mißtrauen und der Feindseligkeit der Öffentlichkeit, dem Individualismus der Arbeiter. Wir stellen uns Menschen vor, die ihre Erfahrungen austauschen und sich auf diese Weise gegenseitig aus der Isolation herausholen. Wir verweilen bei diesem schönen Bild, obwohl es bestenfalls einen glücklichen Moment festhält: niemand wird ernstlich annehmen, eine Arbeitsloseninitiative könne allein von der Kommunikation leben. Unser Verfasser hat hingegen offenbar Menschen im Auge, die mit jedem Schritt in ein offenes Messer zu laufen drohen: das häßliche Bild von Leuten, die sich aus Ignoranz und aus Gier dauernd selbst schaden und alles wieder kaputtmachen, was sie gerade erst aufgebaut haben. Er schlägt seinen Kollegen nicht vor, den Panzer abzulegen und sich einander zu öffnen, er schlägt ihnen vielmehr vor, sich zu organisieren.

II

Ich hebe hier mit Nachdruck die Authentizität des Textes hervor, aber er ist nicht in einer wirklich freien Situation entstanden. Er ist im Rahmen oder richtiger am Rande meines Unterrichts formuliert worden. Er ist auch nicht das Produkt einer kollektiven Verständigung. Er ist vielmehr das Ergebnis einer individuellen Improvisation ohne erkennbare Entstehungsgeschichte und auch ohne Folgen. Der Autor, ein älterer Mann, hatte sich damit auch bereits verausgabt. Er hat danach nichts mehr zur Verwirklichung des Projekts beigetragen. Er hat sich im Gegenteil völlig auf sich zurückgezogen. Die Verachtung für die eigenen Leute, die nur noch daran zu denken vermögen, wie sie vielleicht zu etwas Bargeld kommen könnten, steht ja schon zwischen den Zeilen. Nur ist sie da noch Moment einer Warnung vor dem gemeinsamen Feind, der einen eben zerstören wird, wenn man sich gehen läßt. Später hat sich dann die Verachtung von der Solidarität losgerissen. Der Mann hat die Rebellion seiner Kollegen gegen die Lehrer und gegen den Lehrgang nicht unterstützt, er hat sie nicht einmal akzeptiert. Intern hatte er anderen vorgeworfen, sie seien selber schuld an diesem schlechten Klima. Sie seien an Fortbildung nämlich gar nicht wirklich interessiert. Sie seien überhaupt an nichts mehr wirklich interessiert.

Wir erinnern uns: Auch sein Arbeitslosenzentrum hatte er ja als »Bildungsstätte« konzipiert. Es scheint da eine Art von Heroismus im Spiel gewesen zu sein: lernen in allen Lebenslagen, lernen auch ohne Aussicht auf einen direkten materiellen Vorteil, lernen aus Selbstachtung. Wissen, polytechnische Bildung - wenn schon nicht als die Macht, wenn schon nicht als die Chance, so doch als die Würde des mittellosen Menschen.

Schließlich ist er dann ganz weggeblieben. Den Ausschlag dazu, so hat man mir gesagt, habe mein persönliches Verhalten gegeben. Ich hatte darauf verzichtet, Anwesenheitskontrollen durchzuführen, und einige hatten das ausgenutzt, einer ganz ungeniert. Die anderen, nicht alle, aber die meisten, hatten von mir verlangt, den Sünder beim Arbeitsamt zu melden. Das hätte aber bedeutet, seine Arbeitslosenunterstützung zu gefährden. Es war ein ziemlich herber Konflikt. Ich verstand diese Leute nicht, und sie verstanden mich nicht. Sie waren drauf und dran eine Arbeitsloseninitiative zu gründen, und jetzt wollten sie allen Ernstes einen Kollegen denunzieren. Warum darf der fehlen, während ich erscheinen muß? Wenn Sie ihn nicht anzeigen, dann tue ich es eben. Ich bin zwar der Ansicht, daß sie mir es übelgenommen hätten, wenn ich den Mann tatsächlich angezeigt hätte. Aber sie haben es mir eben auch übelgenommen, daß ich es nicht getan habe.

III

Vielleicht war die Verwirrung meiner Idee zu verdanken, den Unterricht umzufunktionieren und die Zusammenkünfte des Lehrgangs für den Aufbau der Initiative zu verwenden. Ein überschlauer und kleinmütiger Gedanke, wie mir im Nachhinein klargeworden ist: denn er unterstellt ja unausgesprochen, daß es ohne diese Anlehnung nicht ging. Wir wollten die Räume, den Stundenplan, die Obligatorik des Kurses nutzen, weil wir keine eigenen Räume hatten und weil wir es uns nicht zutrauten, eine autonome Verbindlichkeit zu schaffen. Wir wollten gleichsam die Freiheit im Hafen der Unfreiheit flott machen.

Auf diese Weise kam eine tiefe Zweideutigkeit in unsere Beziehungen. Die Leute waren immer noch eine ganz ordinäre Lehrgangsklasse unter der scharfen Kontrolle des Arbeitsamtes - zugleich aber versuchten sie, sich als freie Gruppe zu konstituieren. Ich selbst war für sie immer noch Lehrer, Sozialarbeiter, Organ des Staates (denn die Arbeiter differenzierten da wenig und betrachteten, auch ohne Kenntnis der neuesten Staatstheorie, das gewerkschaftliche Berufsfortbildungswerk als Anhängsel des staatlichen Arbeitsamts); andrerseits war ich Sympathisant und Berater. Diese widersprüchliche Situation hat die Beziehungen dieser Arbeitslosen untereinander möglicherweise noch rigider gemacht als sie es sowieso schon waren und jeden kleinen Fluchtversuch gleich mit dem doppelten Odium der Drückebergerei und des unsolidarischen Verhaltens belastet. Vielleicht haben einige diese Dinge auch vermengt und hochgespielt, um sich einen moralisch überzeugenden Vorwand für ihr Desinteresse oder ihren Widerwillen zu schaffen. Wenn das doch bloß ein Haufen von Egoisten war, dann hat es auch keinen Sinn, sich dafür zu engagieren. Dann konnte man sich die abschüssige Bahn des Selbstmitleids hinunter gleiten lassen. Vielleicht war es auch Abwehr: auch die Hoffnungslosigkeit schafft sich ihr Gleichgewicht, ihre Lebensform. Wenn sich da nun eine Hoffnung einschleichen will, zumal wenn sie so klein und schäbig ist, dann jagt man sie vielleicht besser fort wie einen verdächtigen Fremden vor dem Haus.

IV

Aber dann war der Kurs zu Ende, und es mußte sich zeigen, ob die Gruppe inzwischen genug Zusammenhalt und genügend Perspektiven entwickelt hatte, um aus eigener Kraft bestehen zu können. Sie hatte es nicht. Die Gruppe zerfiel schon nach ein paar Monaten. Sie zerfiel, obwohl sie sich schneller und leichter als erwartet einen provisorischen Raum für ihre Treffs hatte beschaffen können. Sogar der Oberbürgermeister hatte positiv reagiert und, wenn auch noch ohne Erfolg, »bereits zwischenzeitlich bei mehreren Dienststellen der Stadt überprüfen lassen, ob ein stadteigener Raum mit einem Fassungsvermögen von ca. 30 bis 40 Personen für das Vorhaben bereitgestellt werden kann« (Schreiben vom 25. 5. 1981). Sogar die Lokalzeitung hatte »die ersten Gehversuche« günstig, wenn auch etwas herablassend aufgenommen: »Es ging etwas holprig zu in dieser ersten Versammlung. Noch fehlte dem Versammlungsleiter die notwendige Routine, noch waren die Vorstellungen und Ziele nicht formuliert, eine gewisse Hilflosigkeit machte sich breit. Aber dieses Bild . . . spiegelte genau die Situation der Arbeitslosen in ihrer teilweise verzweifelten Lage wieder.« (›Südkurier‹, 10. 4. 1981) Man sah also, es ging aufwärts. Selbsthilfe kann in der Bundesrepublik immer mit einer guten Presse rechnen, sofern die Leute nicht gerade anfangen, sich selbst zu helfen und Häuser besetzen oder sonstwie gesetzeswidrig handeln. Aber wenn ein Mensch sich am eigenen Schopf aus dem Sumpfe zu ziehen versucht, kann er sicher sein, daß ihm die Umstehenden applaudieren.

So verzweifelt, hilflos und ziellos waren sie auch gar nicht. »Als Nahziele proklamierten sie die Gründung eines Vereins, die Schaffung eines Schutzraumes, in dem sie sich ohne Konsumzwang und unabhängig von den Behörden regelmäßig zum Austausch von Informationen treffen können. Als Fernziel schwebt ihnen vor, . . . eine ›sinnvolle Tätigkeit auszuüben‹, wie etwa bei kleinen Umzügen zu helfen oder auch nicht zu schwierige Möbel instandzusetzen.« (›Südkurier‹, 10. 4. 1981) Das war doch immerhin etwas Konkretes. Dafür gab es auch Vorbilder, von denen man hätte lernen können. Warum ist also dieser Versuch so rasch zusammengebrochen? Ich glaube, weil es Arbeiter waren. Wäre es eine sozial weniger homogene Gruppe gewesen, wäre sie vielleicht lebensfähiger gewesen. Arbeiter schienen sich schlecht vorstellen zu können, daß eine Kleingruppe irgendetwas Sinnvolles erreichen könnte. Sie scheinen nur die Schwäche, die quantitative Irrelevanz, den Mangel an Repräsentativität zu sehen, nicht die Chancen der Unabhängigkeit und Beweglichkeit. Sie denken offenbar in den Kategorien der Masse, des Massendrucks, der Massenformation. Zugleich wissen sie oder spüren sie aber, spüren es an sich selbst, daß sie da lange warten können, daß die Arbeitermassen in Deutschland seit langem unbeweglich, vielleicht handlungsunfähig geworden sind und daß eine Massenbewegung der Arbeitslosen hier auf absehbare Zeit schon gar nicht wahrscheinlich ist.

Daß sie nur ein Dutzend waren, nie mehr, oft weniger, haben sie als eine Absonderung, als eine Exponiertheit empfunden, die schon fast lächerlich war, eine Donquichotterie, die man auf jeden Fall nur ganz kurze Zeit durchhalten konnte. Im Grunde haben sie die ganze Zeit nur gewartet: auf die anderen, auf die Schicksalsgenossen in der Stadt, die ihr schüchternes, unsicheres Zeichen verstehen und daraufhin aus ihrer Anonymität heraustreten würden. Als nichts dergleichen geschah, haben sie sich schleunigst selbst wieder in dieser namenlosen Masse zerstreut und verloren.

Aber es war nicht nur jenes alte und abgesunkene »Gemeinsam sind wir stark«, das sie von innen her lähmte. Sie waren wohl auch nicht in der Lage, sich eine Existenz ohne Arbeit, ohne normale Lohnarbeit vorzustellen. Sie scheinen die ganze Unerträglichkeit eines solchen Lebens in diesen stockenden Besprechungen über eine Alternative noch einmal durchkostet zu haben. Wie unglaubhaft, wie wertlos eine Alternative für einen persönlich ist, merkt man ja erst, wenn man anfängt, sie zu durchdenken und mit anderen zu bereden. Bis dahin ist sie vielleicht eine besänftigend vage Hoffnung, jetzt wird sie eine beklemmend dürftige Aussicht. *Wieder zu fruchtbarer Intensität* kommen: das war eine verklärende Formel für das ernste und angespannte Leben, das man einmal geführt hatte. Mit einem kleinen Möbelwagen durch die Gegend fahren: das hatte eher etwas von einem Sandkastenspiel, etwas Surrogathaftes.

www.ingramcontent.com/pod-product-compliance
Lightning Source LLC
La Vergne TN
LVHW011005200726
843509LV00011B/1000